CLV

Elisabeth Elliot

Im Schatten des Allmächtigen

Aufzeichnungen des Jim Elliot

clv
Christliche Literatur-Verbreitung e.V.
Postfach 11 01 35 · 33661 Bielefeld

1. Auflage 1991
2. Auflage 1993

Lizenzausgabe 1991 by CLV
Christliche Literatur-Verbreitung e.V.
Postfach 11 01 35 · 33661 Bielefeld

Übersetzung: E. Gauthe und E. Frick
Umschlag: Dieter Otten, Bergneustadt
Satz: Rath-Druck GmbH, Wetter (Ruhr)
Druck und Bindung: Mohndruck, Gütersloh

ISBN 3-89397-319-2

VORWORT ZUR DEUTSCHEN AUSGABE

Von der vorliegenden Biographie kann gesagt werden, daß sie den höchsten Anforderungen gerecht wird, die an eine Lebensbeschreibung gestellt werden können: Sie ist wahr in dem eigentlichen und umfassenden Sinn, in welchem unter Menschen überhaupt von gelebter und bezeugter Wahrheit gesprochen werden kann.

Wer hier lesend in den Werdegang Jim Elliots, eines jungen Amerikaners unserer Generation, einbezogen wird – diese Aufzeichnungen reizen uns zur Begegnung und zum eigenen Mitgehen –, der wird das Buch aus der Hand legen mit jenem untrüglichen inneren Wissen: Ich bin wirklicher geworden.

Der größte Teil des Buches besteht aus persönlichen Tagebuchaufzeichnungen und Briefen, die nicht durch den heimlichen Blick auf Veröffentlichung bereits im Ansatz verfälscht und verbogen worden sind. Mit liebevoller Hand sind diese Notizen geordnet und ergänzt worden: liebevoll und doch nüchtern, ohne Pathos und »Heldenverehrung«, und doch mitreißend wie alles wirklich gelebte Leben.

Weil diese an sich schon seltene Kunst der Auslese von seiner eigenen Frau vollbracht wurde, empfangen wir in diesem Buch eine Doppelschau, eine verdichtete Biographie, gesehen und gelebt durch Herz und Auge der beiden Menschen, die sich am tiefsten einer im andern sahen und erkannten.

Wir werden als ergriffene Zeugen hineingenommen in die Werdekämpfe eines jungen Mannes. Klar und keusch zugleich werden auch Rückschläge, Niederlagen, Wunden und Nöte genannt, wie sie keiner umgehen kann, der auf dem Weg der Menschwerdung ist.

Über den persönlichen Gewinn hinaus erfüllt diese Lebensbeschreibung eine noch umfassendere Aufgabe: Sie korrigiert unsere Vorstellungen von der amerikanischen Jugend und vom amerikanischen Christentum. Nicht ein oberflächlicher Muskelheld, sondern ein Mann, gewohnt der Selbstdisziplin und des gründlichen Denkens, erscheint vor uns.

Lebensfroh und tiefgründig, sportlich und intellektuell, voll weltumspannender Interessen und Pläne, im Kampf um sinnvolle Zucht des Leibes und der Seele, in der offenen Auseinandersetzung mit Volk, Gesellschaft, Politik, Kirche, Mission, mit Geschlecht und Liebe, mit Kultur und Wissenschaft, suchend und findend, siegend und verzagend, so steht dieser junge Amerikaner als Vertreter der Besten seiner Generation da und fordert uns heraus.

In den Tagebuchblättern spielt das Wheaton College bei Chicago eine große Rolle. Es ist ein christliches College, das 1960 sein hundertjähriges Bestehen feiern konnte. Heute studieren dort 2000 Studenten in der Arbeitsgemeinschaft mit 140 Professoren. Die Studenten sind zwischen 18 und 25 Jahre alt. Der akademische Standard entspricht etwa dem letzten Gymnasialjahr und den ersten 6 Semestern bei uns. In einigen Disziplinen können Doktorgrade erworben werden, im übrigen die in der angelsächsischen Welt üblichen Grade des Bachelor und des Master. Im Wintersemester 1947/48 unterrichtete ich deutsche Sprache dort und hatte Jim Elliot als Student in meiner Klasse.

Mein persönlicher Eindruck von ihm damals und was ich jetzt aus seinen Tagebüchern und von seiner Frau erfahre, ergibt eine mich nicht überraschende Übereinstimmung. In diesem Leben liegt eine Folgerichtigkeit, die weder Zufall noch Zwang ist, sondern Ausdruck einer letzten Freiheit, wie sie der Christ kennt, dessen Glaube nicht nur eine Fiktion, sondern ein Leben ist.

Auch seine zukünftige Frau, damals Betty Howard, wurde mir bekannt, besonders durch die zwanglosen Zusammenkünfte einiger Studenten, die sich mit mir zum Bibelstudium und Gebet für die Studentenarbeit in Europa zusammenfanden. An Nachmittagen und Abenden sammelten, verpackten und versandten sie ungezählte Pakete von Kleidern und Lebensmitteln an Studenten und Lehrer nach Deutschland, deren Adressen mir vermittelt worden waren. Und eigentlich alle Studenten und Studentinnen, die ich aus dieser Schar kennenlernte, strahlten denselben Geist der Entschiedenheit aus, der Klarheit und Wachheit, wie er uns aus den Blättern der vorliegenden Biographie anrührt.

Hier begegnen wir gelebtem Glauben in unserer Zeit, echtem Christenleben bis in die Konsequenz des Todes, ohne Betonung und Pathos, sondern so nüchtern, selbstverständlich und folgerichtig auf das Letzte und Eigentliche konzentriert, wie ein glaubwürdiger Glaube in unserer Zeit in Erscheinung treten muß.

So nüchtern und selbstverständlich wie auch seine Frau heute als Christin und Missionarin in dem für das Evangelium offenen Stamm der Aucas lebt. Es gibt eine Photographie, auf der man das einzige ihrer jungen Ehe geschenkte Mädchen an der Hand eines Auca-Indianers in den Urwald gehen sieht. Er ist einer von denen, die ihren Vater und dessen vier Freunde mit Lanzen durchbohrt hatten.

Diese Lebensmitteilung ist ein Vermächtnis und im besonderen ein Aufruf an die studierende Jugend Europas und der Welt. Dieses Buch ist notwendig. Das ist das Höchste, was ich über seine Sendung zu sagen vermag.

Hans Bürki

VORWORT

»Und hieran erkennen wir, daß wir ihn erkannt haben: wenn wir seine Gebote halten. Wer sagt: Ich habe ihn erkannt, und hält seine Gebote nicht, ist ein Lügner, und in dem ist nicht die Wahrheit. Wer aber sein Wort hält, in dem ist wahrhaftig die Liebe Gottes vollendet. Hieran erkennen wir, daß wir in ihm sind. Wer sagt, daß er in ihm bleibe, ist schuldig, selbst auch so zu wandeln, wie er gewandelt ist.«

Diese Worte aus dem ersten Johannesbrief, geschrieben etwa im Jahre 90 nach Christus, verkörpern die Wurzeln von Jim Elliots Leben. Gehorsam führt zum Erkennen. Gehorsam ist Ausdruck der Liebe zu Gott. Gehorsam bedeutet, daß wir in Gott sind. Und sind wir in Ihm, so wandeln wir auch wie Er. Manche, die dieses Buch in die Hand nehmen, werden gar nicht behaupten, daß sie Gott kennen. Andere mögen es wohl von sich behaupten, aber in ihrer Behauptung ist, wie Johannes bemerkt, keine Wahrheit, sie sind Opfer der Selbsttäuschung. Wieder andere werden Ihn vielleicht kennen und Ihm gehorchen, sich aber manchmal fragen, was dieses Kennen und dieser Gehorsam für einen Wert haben. Ich glaube, daß dieses Buch allen dreien etwas zu sagen hat. Wenn die, die zu der ersten Gruppe gehören, Gott kennen lernen wollen, werden sie vielleicht erfahren, wie. Die zu der zweiten Gruppe Gehörenden mögen entdecken, daß ihnen vieles dadurch entgeht, daß sie ihre Behauptungen nicht erhärten durch das Tun. Und die aus der dritten Gruppe werden sich vielleicht ermutigt fühlen, auf ihrem Weg weiter fortzuschreiten. Jims Ziel war, Gott zu erkennen. Sein Weg war der Gehorsam – der einzige Weg, der zur Erfüllung seines Zieles führen konnte. Jims Ende war etwas, was manche einen ungewöhnlichen Tod nennen, obwohl er selbst im Angesicht des Todes ruhig darauf hingewiesen hatte, daß viele gestorben sind, weil sie Gott gehorchten. Jim und die anderen Männer, die mit ihm starben, wurden als Helden, als »Märtyrer« gepriesen. Ich kann dem nicht zustimmen. Auch sie selber hätten dem nicht zugestimmt.

Ist der Unterschied zwischen »für Christus leben« und »für Ihn sterben« im Grunde so groß? Ist nicht das zweite die logische Folge des ersten? Außerdem, für Gott leben heißt ja sterben, »täglich«, wie der Apostel Paulus sagt; heißt alles verlieren, auf daß wir Christus gewinnen. Und indem wir unser Leben aufgeben, erhalten wir es.

Die Beziehung zwischen Gott und Mensch ist eine sehr praktische. Sie findet ihr Betätigungsfeld im gewöhnlichen Alltagsleben. Vergessen wir nicht, daß heute jegliche Beziehung zwischen Gott und Mensch auf der Tatsache beruht, daß Gott das Leben eines gewöhnlichen Menschen geführt hat – in einem Stall geboren wurde, in einer Zimmermannswerkstatt gearbeitet hat, von einem kleinen Fischerboot aus predigte, müde an einem Brunnen saß und mit einer Dirne sprach, mit einfachen Männern aß und trank und durch das Land zog, einen schmachvollen Tod auf sich nahm – damit wir Ihn erkennen könnten. Niemand hieß Ihn einen Helden oder Märtyrer. Er tat ganz einfach, was Sein Vater Ihn geheißen hatte, und Er tat es freudig.

Wer Ihn erkennen will, muß mit Ihm den gleichen Weg gehen. Das sind die »Märtyrer« im biblischen Verständnis des Wortes, das einfach »Zeugen« bedeutet. Im Leben wie im Sterben sind wir dazu aufgerufen, daß wir »Zeugen« seien – daß wir »wandeln wie Er«.

Ich glaube, daß Jim Elliot ein solcher war. Die greifbare Grundlage dieses meines Glaubens sind seine Briefe und Tagebücher. Sie sind nicht mein, daß ich sie verschlösse. Sie sind ein Teil menschlicher Geschichte, der Geschichte eines

Menschen in seiner Beziehung zu dem Allmächtigen. Sie sind Wirklichkeit.

»Ich schreibe, wie ich spreche – ohne vorher viel zu überlegen –, und manchmal lasse ich albernes Geschwätz vom Stapel, das ich besser im Tintenfaß gelassen hätte«, schrieb Jim mir 1948. »Es war, glaube ich, Browning, der sagte, als er über etwas, das er in seiner Frühzeit geschrieben hatte, befragt wurde: ‚Als ich das schrieb, wußten zwei, was es bedeuten sollte, Gott und ich. Jetzt weiß es nur Gott.' Scheide deshalb alles Verworrene aus, übergehe es als Fehlgeburten eines Geistes, der zu seinem eigenen Schaden manchmal allzuviel erzeugt.«

Einmal, im Jahr 1952, erwähnte ich Jim gegenüber, daß ich einen Auszug aus einem seiner Briefe an eine Freundin gesandt hatte. Darauf erwiderte er mir:

»Mich begeistert das nicht besonders, daß Du anderen meine Briefe schickst. Ich schreibe nicht gern einen Brief in dem Bewußtsein, daß vielleicht ein anderer, nicht so verständnisvoller Leser wie Du, ihn mit kritischen Augen durchlesen wird. Ich versuche nicht, Dich durch meine Briefe zu beeindrucken. Ich lese sie kaum noch einmal durch, auf Grammatik und Interpunktion achte ich nur wenig, ich weiß auch, daß meine Handschrift sich verschlechtert hat. Ich werde wohl auf Dich vertrauen müssen, daß Du sehr wählerisch sein wirst bei der Auswahl, wenn Du zu meiner Charakterisierung Äußerungen von mir weitergibst an Leute, bei denen man das, womit man ihnen Eindrücke vermittelt, einer sorgfältigen Zensur unterziehen sollte.«

Bei der Auswahl alles dessen, was meiner Ansicht nach beitragen könnte zu einem naturgetreuen Bild des ganzen Menschen, wie ich ihn gekannt habe, wandte ich aber eine solche »sorgfältige Zensur« nicht an. Der Leser wird bemerken, daß gewisse Gedanken sich in den schriftlichen Äußerungen öfters wiederholen. Bei manchen Kapiteln wird er sich vielleicht auch fragen, ob ich nur diejenigen Teile des von Jim Geschriebenen darin aufgenommen habe, in denen sich ein Wachstum seiner Seele zeigt, dagegen jene Teile wegließ, die mehr das »Menschliche« an seinem Wesen zeigen würden. Zu beidem – zu den Wiederholungen wie zu den langen Stellen, wo er sein Verhältnis zu Gott überprüft – würde ich sagen: Ich habe mich bemüht, so zu verfahren, daß meine Auswahl möglichst genau den Ton von Jims Äußerungen als Ganzem wiedergibt, so daß die ausgewählten Stellen über ein bestimmtes Thema oder während eines bestimmten Zeitabschnitts im gleichen Umfangsverhältnis zueinander stehen, wie es sich in den betreffenden Briefen und Tagebüchern auch findet.

Als er zwanzig Jahre alt war, betete er: »Herr, gib meinem Leben Gedeihen, nicht daß ich hohen Rang erlange, sondern daß mein Leben ein offenes Zeichen dafür sei, was es bedeutet, Gott zu kennen.« Und solch ein offenes Zeichen war sein Leben, wenigstens für mich, die ich inniger damit verbunden war als irgend jemand sonst. War dieses Leben außerordentlich? Ich lege dieses Buch vor, auf daß der Leser selbst entscheiden möge. Lautet seine Antwort ja – findet er, daß dieses Leben von Christus geprägt war und sieht er darin etwas Außerordentliches – was sollen wir dann sagen von dem Stand der heutigen Christenheit?

EINLEITUNG

Als Student schrieb Jim im Jahre 1949 diese Worte: »Der ist kein Tor, der hingibt, was er nicht behalten kann, auf daß er gewinne, was er nicht verlieren kann.«

Sieben Jahre später, an einem heißen Sonntagnachmittag und fern von dem Collegezimmer, in dem jene Zeilen geschrieben worden waren, beendeten er und vier andere junge Männer ein Mahl aus gebackenen Bohnen und Mohrrüben. Sie saßen zusammen auf einem Streifen weißen Sandes am Curaray-Fluß, tief im feuchten Tropenurwald Ekuadors, und warteten auf das Kommen einer Gruppe von Männern, die sie liebten, mit denen sie aber noch nie zusammengetroffen waren – von wilden, steinzeitlichen Kopfjägern, jetzt in der ganzen Welt bekannt als Aucas.

Zwei Tage vorher hatte eine jahrelang gehegte Hoffnung sich zum Teil erfüllt. Drei dieser Indianer waren auf dem Sandufer, auf dem die fünf Männer jetzt saßen, mit ihnen zusammengetroffen. Die erste freundliche Berührung, seit langem erwartet und sorgfältig vorbereitet, war durchaus ein Erfolg gewesen. Der junge Mann und seine beiden Begleiterinnen traten aus dem Sumpfdickicht jenseits des Flusses und nahmen nach kurzem Zögern die dargebotene Hand Jim Elliots an, der sie dann durch den Fluß führte zu den anderen weißen Männern. Im Anfang waren die Angehörigen dieses nacktgehenden Stammes mißtrauisch gewesen, und mit Recht. Sie hatten von weißen Männern gewußt, die auch in solch großen Vögeln durch die Luft geflogen waren gleich dem, der jetzt hier auf dem Sandufer stand, und es hatte sich erwiesen, daß ihnen nicht zu trauen war. Aber irgendwie hatten die Indianer jetzt während der fünf langen Wochen, da diese Weißen hier versucht hatten, ihnen ihre freundliche Gesinnung zu zeigen, gespürt, daß hier keine »Fallgrube« war. Die weißen Männer hatten bei den Aucas zuerst Geschenke abgeworfen, wie der Stamm sie auch in früheren Jahren schon erhalten hatte – Machetas (eine Art von schweren Buschmessern), Kochtöpfe, Bänder, Wollstoff. Dies waren hochwillkommene Dinge, und die Indianer hatten angefangen, auf das Geräusch des gelben Ayamu, der in regelmäßigen Abständen auftauchte, begierig zu warten (ob allerdings ein Volksstamm, der nicht weiter als bis drei zählt, einen Sieben-Tage-Rhythmus erkennen kann, ist fraglich). Wenn sie das Geräusch des Motors hörten, waren sie von überall herzugelaufen, aus den Maniokpflanzungen, aus den großen, ovalen, mit Blätterdach versehenen Häusern, vom Fluß her weiter unten, wo sie mit den Kanus zu fischen pflegten. Da waren sie schon wieder – diese merkwürdigen, bleichgesichtigen Männer, die ihnen zuwinkten und riefen und dann an einer Leine einen Eimer herabließen, aus dem man sich die wundervollsten Sachen holen konnte. Und was war das jetzt? Plötzlich erschallte eine Stimme in der Luft – in ihrer eigenen Sprache! Der Mann sprach zu ihnen:

»Kommt her! Wir sind eure Freunde. Wir haben euch gern. Wir sind eure Freunde!«

War es möglich, daß diese Männer nicht die Absicht hatten, einem das Land wegzunehmen, die Ernten zu vernichten, die Angehörigen zu töten, wie andere es getan hatten? Einige begannen, der Stimme zu glauben. Es kam ihnen ein Gedanke. Warum sollte man die Männer nicht ermutigen? Würde es sich nicht lohnen, herauszufinden, was sie in Wahrheit wollten? Konnte man nicht vielleicht noch mehr erlangen, wenn man auf das Spiel der Fremden einging?

In der folgenden Woche erwiderten die Indianer das herabgelassene Geschenk durch eine Gegengabe. In den Korb, der vor ihren Füßen kreiste, legten sie einen schönen Federkopfschmuck, kunstvoll geflochten und mit Palmenfasern ringsherum verkleidet. Kurz darauf verfertigte ein besonders unternehmungslustiger Auca ein kleines Flugzeugmodell, das er dem »Piper«-Flugzeug, so getreu er konnte, nachbildete und auf dem Dach seines Hauses aufstellte. Hatte er sich unbemerkt als Späher an das Haus in Arafuno herangeschlichen, dem Ausgangspunkt der ganzen Unternehmungen, wo man ein Modell des Flugzeuges zu eben solcher Besichtigung auf einem Pfahl befestigt hatte? Oder war er ganz von selbst auf die Idee gekommen, ein Modell zu bauen?

Als das Flugzeug eines Tages wieder über ihnen kreiste, vernahmen die Aucas, wie einer von den Männern rief: »Wir sind am Curaray. Kommt, kommt und besucht uns.« Da konnten einige nicht länger widerstehen. Noch immer von Zweifeln und alteingefleischter Angst vor diesen weißen Männern hin- und hergerissen, blieben sie zwei Tage unschlüssig – von dem Dschungeldickicht aus, in dem sie sich genau so unsichtbar zu machen wissen wie die gefleckte Pardelkatze ihrer Urwälder, erkundeten sie vielleicht die Lage. Am dritten Tag jedoch siegte ihre Neugier – oder irgendwelche sonstigen Motive – über ihre Angst: Der Aufforderung der fünf Männer folgend, die am Ufer hin und her gingen, traten aus dem Dickicht drei Indianer, ein junger Mann und zwei Frauen.

Wer waren diese weißen Männer? Brüder der Affen, die sich mit ihren behaarten Armen und Gesichtern in den Schlinggewächsen wiegten? Brüder des Gürteltiers, das eine sicherlich sehr unbequeme Kleidung trug und niemals nackt ging? Söhne vielleicht des Schöpfers der Sonne, da sie ja vom Himmel kamen? Aber dabei lachten sie, sprachen Worte, die man nicht verstehen konnte, schenkten einem Sachen zum Essen. Zum Essen? Offensichtlich ja – sie schmeckten gut, wenn auch völlig anders als alles, was sie bisher kannten (Würstchen, Brot, Limonade, Senf; mit ihrer eigenen Kost, der trokkenen, schweren Maniokwurzel, dem Tapirfleisch,den Erdnüssen, konnte man dies kaum vergleichen).

Und dieses wundervolle Wasser! Einer der Männer goß dem Indianer ein wenig davon in die Hand (unter sich nannten sie ihn »George«), und als er sich damit den Körper einrieb, hörten wie durch Zauberei die Fliegen auf zu stechen. Die fremden Männer machten ständig merkwürdige Zeichen auf ein glattes, weißes Blatt, mit einem dünnen, an einem Ende schwarzen Stäbchen. Dann sahen sie angestrengt auf diese Zeichen und sprachen die Worte, die die Indianer gesagt hatten. Untereinander aber gaben sie nur sonderbare Laute von sich – es waren doch nicht Worte? Doch wahrscheinlich wohl – gegenseitig schienen sie sich zu verstehen, zu unterhalten. Doch es war nicht »hörbar«. Und warum antworteten sie nicht, wenn man mit ihnen sprach?

Das junge Mädchen entdeckte, daß die Oberfläche des Ayamu glatt war; sie war wie – nein, sie war anders als alles, was das Mädchen kannte. Wie sollte man es den anderen beschreiben, wenn man heimkam? Wie ein Platanenblatt? Ja, aber ein Platanenblatt war nicht so groß und fest. Verzückt rieb sie ihren Körper an dem glatten Rumpf.

Und wie vor allem konnte dieses Wesen fliegen? »George« mußte es herausbekommen. Er guckte in seinen Kopf, dann in seinen Bauch. Mit den Flügeln schlagen konnte es nicht. Wie konnte es sich bewegen? Mit Gebärden und Geplapper überzeugte er den Piloten, daß er sich nicht fürchte, daß er fliegen wolle. Höher, immer höher stiegen sie hinauf mit beängstigendem Krachen, bis weit über die Bäume. Wie fremd schien die Welt seinen kurzsichtigen Augen – denn der Urwaldindianer weiß nichts von weiten Räumen, fernen Horizonten. Er kennt nur den braunen Schlamm zu seinen Füßen, die Höhe eines Baumes, die kurze Strecke eines Flusses bis zur nächsten Biegung. Vielleicht hat er zuweilen einen Baum erklettert und über das grüne Blättermeer gespäht, um nach dem Rauch zu suchen, der ihm die Lage eines Hauses anzeigt, aber niemals hat er etwas Ähnliches gesehen wie diese weite Fläche, die sich unter »George« jetzt unermeßlich ausdehnte.

Plötzlich hefteten sich seine Augen auf eine Stelle, wo der Schauplatz sich veränderte – Leute, winzig kleine Leute liefen dort umher. Sie sahen so klein aus wie die weißen Männer früher, wenn sie über ihn hinweggeflogen waren. Ja, das mußten seine Leute sein. Das Flugzeug kreiste niedriger. Ja, natürlich – dort war sein Bruder, sein Vater, seine alte Großmutter. Aufgeregt schrie er ihnen etwas zu, und sie beobachteten ihn staunend. Jetzt schraubte sich das Flugzeug wieder höher. Er war so außer sich vor Freude, daß er immer weiter schrie, auch auf dem ganzen Rückflug bis zum Fluß, wo sich plötzlich unter ihm der glatte, weiße Sandplatz dehnte und ihm jetzt entgegenstieg. Mit einem Knirschen, das durch Mark und Bein ging, traf das Flugzeug auf den Boden, hüpfte eine Strecke weiter, dann blieben die Bäume schließlich stehen. Da waren auch wieder die zwei Frauen. Wie sollte er den beiden schildern, was er zu sehen bekommen hatte?

Am späten Nachmittag kam das junge Mädchen zu der Überzeugung, daß es Zeit sei, diese fremden Leute, die anscheinend kein Verlangen nach ihr hatten, zu verlassen. Sie ging den Sandstrand entlang und entfernte sich. »George« rief ihr nach, aber nein, sie blieb fest. Schließlich, als sie im Wald verschwand, folgte er ihr. Später ging auch die ältere Frau, und über die steilen Hügel und durch die sumpfigen Niederungen eilten sie zu ihrem Dorf, um atemlos von ihren Erlebnissen zu berichten. Doch hinten im Halbdunkel sah man alte Häupter mit verfilztem schwarzem Haar, die sich schweigend, aber ablehnend hin und her bewegten, als sie die Erzählung hörten. Zwischen den Holzpflöcken, die sie in den Ohrläppchen trugen, bildeten sich finstere Pläne.

Am Ufer das Curaray warteten am nächsten Tag die fünf Männer voller Spannung, daß ihre Freunde wiederkämen. Wie am Tag vorher gingen sie am Strand auf und ab und riefen die wenigen Sätze, die sie von der Aucasprache gelernt hatten; sie hatten sie herausbekommen von einer Aucafrau, die von ihrem Stamm geflohen war und jetzt auf einer Farm in der Nähe der Missionsstation lebte. Doch auf die Rufe antwortete nur das Schweigen des Urwaldes, der den gewundenen Fluß auf beiden Seiten säumte. Einmal fiel ein Baum, und das Krachen steigerte die Spannung. Aber nichts geschah. Schließlich sah Jim Elliot auf seine Uhr.

»Also, Brüder, ich gebe ihnen noch fünf Minuten. Wenn sie dann nicht auftauchen, werde ich hinübergehen!«

Die Klugheit hielt ihn davon ab, seine Drohung auszuführen, doch auch der ganze lange Nachmittag brachte ihrem Harren keinen Lohn.

Die »Nachbarn« hielten offenbar noch Konferenzen ab – sollten sie wieder zu den weißen Männern gehen und sie einladen in ihr Dorf? Wer sollte hingehen? Sie konnten nicht wissen, mit welch gespannter Sehnsucht sie erwartet wurden.

Der Sonntagmorgen dämmerte herauf mit wolkenlosem Himmel. Wieder hatte Gott den Gebeten Erhörung geschenkt. Der Fluß war nicht gestiegen, der schmale Landesstreifen nicht zerstört, und das Wetter war zum Fliegen günstig. Nate, der Pilot, stieg auf. Nachdem er eine Zeitlang über dem Indianerdorf gekreist hatte, entdeckte er etwa zehn Aucas, die sich am Fluß in Richtung der vier Fremdlinge bewegten.

»Es ist soweit, Freunde!« rief er erregt, als das Flugzeug wieder auf dem Sandstrand landete. »Sie sind unterwegs!«

Durch Funk wurde Nates Frau von der Begegnung unterrichtet; um 16.30 Uhr sollte sie wieder am Apparat sein.

Nach dem Mittagessen machten sich die Männer daran, auf dem Sand einen Miniatur-«Dschungel« und das Modell eines Hauses aufzubauen: daran sollte den Wilden demonstriert werden, wie sie einen Landestreifen anlegen konnten, falls sie daran interessiert wären, daß die weißen Männer zu ihnen kämen und bei ihnen lebten. Dann sangen die fünf Missionare gemeinsam, wie sie das so oft getan hatten, freudig und spontan:

»Wir traun auf Dich, du Schirmer und Beschützer, wir gehen nicht allein ins Feindesland. Du machst uns stark, wir sind in Dir geborgen und traun auf Dich! Du hast uns ausgesandt.

In Deinem Namen, Retter und Befreier, der Du hoch über alle Namen bist, zieh'n wir hinaus; Du sich're Burg und Feste, Du Herr des Himmels, Heiland Jesus Christ.

Wir gehn im Glauben, fühlen unsre Schwachheit, wir brauchen Deine Gnade Tag für Tag. Wir preisen und anbeten Deine Liebe, von der uns keine Macht je trennen mag.

Wir traun auf Dich, Du Schirmer und Beschützer! Dein ist die Schlacht, und Dein wird sein der Ruhm, wenn siegreich wir dereinst durch Perlentore einziehen dürfen in Dein Heiligtum.«

Indem sie sich und alle ihre sorgsam ausgedachten Pläne in die Hände dessen gaben, der sie so unverkennbar bis hierher geleitet hatte, warteten sie auf die Aucas.

Am gleichen Nachmittag, noch vor 16.30 Uhr, fluteten die stillen Wasser des Curaray über die Leichen der fünf Kameraden, erschlagen von den Menschen, deretwegen sie gekommen waren, um sie für Christus zu gewinnen.

Die Welt sprach von einer grauenvollen, herzbeklemmenden Tragödie. Die Welt erkannte nicht die Wahrheit in Jim Elliots Glaubenssatz:

»Der ist kein Tor, der hingibt, was er nicht behalten kann, auf daß er gewinne, was er nicht verlieren kann.«

PORTLAND, OREGON 1927 – 1945

STARKE WURZELN

»Die gepflanzt sind im Haus des HERRN, werden grünen in den Vorhöfen unseres Gottes.«

Um die Mitte des 19. Jahrhunderts war das Buschwaldgebiet von Ontario zwischen Huron- und Eriesee noch ziemlich unberührt. Unter den vielen, die durch die Aussicht auf gutes, billiges Land dorthin gelockt wurden, befand sich auch die Familie Elliot aus dem südlichen Grenzgebiet Schottlands. Hundertfünfzig Kilometer westlich von Toronto siedelten sie sich bei Molesworth an, einem winzigen Dorf mit zwei Krämerläden, einer Schule, einem Gasthof, zwei Hufschmieden und zwei Kirchen. Unter diesen letzteren entschieden sich die Elliots naturgemäß für die schottisch-presbyterianische. Die Entscheidung war bedeutungsvoll, denn dort begegneten sie den MacAllisters, einer Familie aus Nordschottland. Sonntag für Sonntag trafen sich die acht Elliotkinder mit den elf MacAllisterkindern. Diese Freundschaften führten schließlich zu vier Elliot- MacAllister-Ehen.

Eines dieser Paare, John und Margaret Elliot, besaß ein auf einem Hügel gelegenes, von Obstgärten und Weideland umgebenes kleines Holzhaus. John war ein eifriger Viehhändler, geachtet wegen seiner ehrlichen Geschäftsmethoden und darauf bedacht, daß seine acht Kinder den Wert rechtschaffener Arbeit kennenlernten. An Gelegenheit hierfür fehlte es nicht. Vieh war in den Ställen zu füttern während des langen Winters von September bis Mai, ein großer Schuppen hinter der Küche mit Brennholz zu füllen, Feldfrüchte zu säen, zu behacken, zu ernten und zu speichern, Ahornsaft zu sammeln und einzukochen, und natürlich waren Kühe zu melken und acht Hühner zu füttern. Hinzu kam oft noch Hausarbeit, denn die Mutter der Kinder litt des öfteren an heftigem Asthma, und diese Anfälle machten es schließlich nötig, daß der älteste Sohn, Fred, aus der Schule genommen wurde und zu Hause half. Da ihm so die restliche Schulausbildung versagt war, wurde er ein eifriger Leser und erwarb viele praktische Fertigkeiten, wenn er seinem Vater bei Zimmermannsarbeiten und beim Instandhalten der Maschinen half.

Als er vierzehn Jahre alt war, ging Fred mit seinem jüngeren Bruder Will nach Saskatchewan, um auf den Feldern bei der Ernte mitzuarbeiten, und von dort nach Britisch-Kolumbien. Fred bekehrte sich mit dreizehn Jahren, als man ihn gelehrt hatte, daß die Wiederkunft Christi nahe bevorstehe, aber erst in Britisch-Kolumbien, unter der Lehre von Harry Ironside, erkannte er, daß das Leben nur lebenswert war, wenn man es völlig an Gott auslieferte. Er beschloß, sein Leben zur Verfügung zu stellen, und begann später mit Harry Ironside zu reisen, wenn dieser bei ländlichen Gemeinden im Nordwesten herumfuhr und predigte.

Um die gleiche Zeit, da John und Margaret Elliot in Ontario heirateten, lockte der Ruf »Auf nach dem Westen!« auch einen jungen Schweizer aus Bern, wo sein Vater Ingenieur bei der Stadtverwaltung war. Emil Luginbuhl kam mit seinem Geld bis Colorado, dort arbeitete er in einem Schmelzwerk, bis er so viel verdient hatte, daß er sich ein kleines Anwesen im Staate Washington kaufen konnte. Eines Tages erhielt er Nachricht, daß die Tochter eines Bandwirkers in Amerika gelandet sei, mit der er in seiner Schweizer Heimat im Kirchenchor gesungen hatte. Sogleich schrieb er ihr, und nachdem er sie dazu gebracht hatte, in den Westen zu kommen, wurden Emil Luginbuhl und Emma Maurer im Hause eines Methodistenpredigers getraut, zwei Kilometer von der jetzigen Stadt Roosevelt, Washington.

Inmitten des weiten Weidelandes des östlichen Washington schuf Emil durch Bewässerung eine schöne Oase; er zog Äpfel, Birnen, Pflaumen, Pfirsiche, Kirschen, Aprikosen, Trauben, Erdbeeren sowie Blumen und Gemüse. Die Fülle war so groß, daß er nicht nur seine eigene Familie versorgen konnte, sondern auch die benachbarten Farmer aus dem Trockengebiet; sie kamen mit Pferdewagen und ließen sich ganze Kisten Früchte und Gemüse geben.

Wo keine Gärten oder Felder angelegt waren, lag Weideland für Schafe – weite, sanft geschwungene Hügel erstreckten sich bis zu den Vorhügeln des Mount Adams, über dem am Abend blaupurpurner Dunst hing. Die beiden Luginbuhlkinder, Jim und Klara, hatten nur eine Stunde am Tag zum Spielen. Für Jim war der Rest des Tages ausgefüllt mit den Verrichtungen in den Ställen und Gehegen, für Klara mit Brotbacken, Hausarbeit und gelegentlichem Schafehüten.

Auf diese Farm mit dem großen, von hohen Pappeln umstandenen Holzhaus kam eines Tages Harry Ironside, der Reiseprediger, mit seinem jungen Freund Fred Elliot. Klara Luginbuhl war achtzehn und, wie sie glaubte, sehr verliebt in den damaligen Werkmeister ihres Onkels. Jedoch drei Jahre später, als sie in Portland Chiropraktik studierte, besuchte sie Gemeindeversammlungen in einer kleinen Baptistenkirche, in der Fred – Harry Ironside hatte ihn ermutigt, öffentlich zu sprechen – predigte, und sie nahm jeden Abend einen anderen Freund mit. Fred bemerkte das hübsche, blauäugige Mädchen am Montag und nahm an, ihr Begleiter sei ihr Erwählter. Am Dienstag jedoch hellte sich sein Gemüt auf, als er an ihrer Seite einen anderen sah. Als er am Mittwoch einen dritten wahrnahm, kam er zu dem Schluß, daß er doch noch Hoffnung haben könne, und er fragte sie, ob er sie am Donnerstag nach Hause bringen dürfe. Darauf sahen sie sich täglich. Ostern sandte Fred ihr eine Lilie, und es begann ein Briefwechsel, der drei Jahre anhielt, und danach, als Klara 1918 ihr Examen gemacht hatte, heirateten sie.

Ihr Heim richteten sie sich in Seattle ein, wo Klara sich als Chiropraktikerin betätigte und Fred als Evangelist im Bezirk Puget Sound. 1921 kam ihr erstes Kind auf die Welt, Robert. Im Jahre darauf zogen sie nach Portland, Oregon, in ein kleines Haus, das Klaras Vater vor Jahren als Sommerhaus gekauft hatte. Dort wurden drei weitere Kinder geboren, im Jahre 1924 Herbert, 1927 Jim und 1932 Jane.

Klara hatte ihren Praxisraum direkt neben dem Wohnzimmer ihres Hauses, so daß sie ihren Finger stets am Puls der Familie haben konnte, denn als ihre hauptsächliche Verantwortung betrachtete sie die Kinder. Der Gedanke, Babysitter anzustellen, kam ihr gar nicht in den Sinn. Was die Familie nicht gemeinsam tun konnte, wurde einfach nicht getan. Die Elliotkinder wurden schon in Gottesdienste und in die Sonntagsschule mitgenommen, wenn sie sechs Wochen alt waren. »Ich finde, es schadet Kindern gar nichts, still zu sitzen und einen ganzen Gottesdienst für Erwachsene anzuhören«, erklärte Klara, »das ist gut für ihre Nerven.« Und wenn irgendwelche Einwände gemacht wurden, daß man sie nicht »mit Religion überfüttern« dürfe, ließen sich die Eltern nicht beirren. Sie wollten für ihre Kinder das Beste («außer Geld, das zum Fluch werden kann«, sagten sie), und sie ließen es ihnen zuteil werden. Fred Elliot las seinen Kindern jeden Tag aus der Heiligen Schrift vor; er suchte vor allem, ihnen die Herrlichkeit Christi zu zeigen, und war stets bemüht, ihnen nicht Gesetzesfrömmigkeit oder eine Liste von Verboten zu vermitteln. »Ich betete, sowohl mit ihnen als auch für sie«, sage er. Und jedes der Kinder vernahm schon früh Jesu Ruf und entschloß sich, Ihm zu folgen.

Jim war etwa sechs Jahre, als er eines Abends auf dem Heimweg von einem Gottesdienst zu seiner Mutter sagte: »Jetzt, Mama, kann der Herr Jesus kommen, wenn Er will. Er könnte unsere ganze Familie mitnehmen, denn ich bin jetzt gerettet, und Jane ist noch zu klein, sie kann noch nichts von Ihm wissen.«

Er begann, seinen kleinen Freunden zu erzählen, an was er außer der Errettung sonst noch glaubte – er setzte sich auf die Schaukel auf dem Rasenplatz und »predigte« ihnen.

Das Haus Elliot stand immer weit offen für Freunde, auch für Missionare aus allen möglichen Ländern der Erde. Auf die vier Kinder hatte dies einen tiefgehenden Einfluß, es lehrte sie die Tugend der Gastfreundschaft und gab ihnen Gelegenheit, vielerlei Arten von Menschen kennenzulernen. »Die Kinder hatten Besuch immer sehr gerne, auch wenn sie dann ihre Betten abtreten mußten«, sagte Jims Mutter, »und weil sie zu Hause so oft mit neuen Menschen zusammenkamen, waren sie auch in der Öffentlichkeit frei von Gehemmtheit.«

In der Erziehung der Kinder wurde vor allem anderen auf Gehorsam und Ehrlichkeit geachtet, während Unfug und Streiche manchmal übersehen und manchmal durch ein kurzes Schelten getadelt wurden. Die Eltern regten sich nie über etwas auf, nur dann, wenn sie vorhatten, auch durchzugreifen, denn sie fanden, daß leere Drohungen etwas Unehrliches und verderblich für das Gerechtigkeitsgefühl der Kinder seien. Wenn die Kinder vierzehn Jahre waren, wurde ihnen gesagt, von nun an seien sie für ihr Tun Gott verantwortlich, da sie Ihn angenommen hätten als Erlöser und Herrn ihres Lebens. »Und glaubt nicht, ihr würdet irgendwann mit etwas durchkommen, weil wir nichts davon wissen«, sagte ihnen ihre Mutter. »Gott weiß es doch, und Er hat Seine eigene Art zu strafen.«

Sie lernten auch das Leben draußen schätzen, im Winter rodelten sie auf dem Mount Hood, im Sommer veranstalteten sie Picknicks an der zerklüfteten Küste von Oregon oder fuhren zu Besuch auf den alten Hof der Familie Luginbuhl im Staat Washington. Die Eltern nahmen sie mit zu Viehausstellungen, brachten ihnen bei, wie man Obst, Gemüse und Tiere zieht, und nahmen teil an ihren Freuden. Jedes Kind hatte seine eigenen Hobbies, bei Jim war es das Bauen von

Segelschiff- und Flugzeugmodellen, Briefmarkensammeln und Bücherlesen. Er interessierte sich auch lebhaft für Haus und Garten, sowohl für die Farbe der Vorhänge, für die Frühstücksecke oder den Teppich fürs Wohnzimmer, als auch für die Stechpalmen und die Rosenbüsche draußen. In der Schule hob seine Lehrerin seine zeichnerischen Leistungen hervor und behängte die Wände des Klassenzimmers mit seinen Bildern. Kunstinteresse war jedoch nicht das, was sein Schulkamerad Dick Fisher bei ihm wahrnahm:

»Ich war Schulhofwart, das heißt, wenn alle Schüler da waren, hatte ich den Fahrradschuppen abzuschließen. Auf Jim mußte ich immer warten. Ich sehe ihn noch vor mir, wie er jeden Morgen, wenn es schellte, angerast kam – erst die 80. Straße herunter, dann um die Ecke an der Adventistenkirche fegend und auf dem Kies des Kirchplatzes rutschend und schließlich in voller Fahrt den Schulhof überquerend, bis er unter heftigem Bremsen und in einer großen Staubwolke vor dem Fahrradschuppen stoppte, vom Rad heruntersprang, etwas murmelte, daß er sich verspätet habe, und sich bedankte, um dann in die Schule zu entschwinden. Das war während eines ganzen Jahres alles, was ich von dieser Verkörperung der Eile, des Ungestüms, der Unbekümmertheit kennenlernte.«

REDNER UND ALTWARENSAMMLER

Als Jim auf die Polytechnische Oberschule in Benson kam, wählte er als Hauptfach architektonisches Zeichnen. Die Schulzeitung war durchsetzt von seinen Leitartikeln, auch von Berichten über sein Auftreten als Star in verschiedenen Schulaufführungen. Ein Lehrer, der bei einer dieser Aufführungen Regie führte, sagte: »Einen so begabten Amateurschauspieler habe ich noch nie gehabt. Nach der Aufführung haben einige der anderen Lehrer mir zugeredet, ich müsse Jim unbedingt dazu ermutigen, zum Theater zu gehen.«

Er stand auch in dem Ruf, der beste Redner von Benson zu sein. Anläßlich von Präsident Roosevelts Tod bekam er wenige Stunden vorher die Mitteilung, er solle eine Rede vorbereiten für eine besondere Versammlung, die für den Nachmittag anberaumt war. Einer seiner Lehrer erklärte nachher: »Er hielt die beste Rede, die ich von einem Schüler je gehört habe – und eine der besten, die ich überhaupt von irgend jemandem gehört habe.«

Auch Jims Volksschulkamerad Dick Fisher war auf die Schule in Benson gekommen. Über seine Eindrücke von Jim erzählt er folgendes:

»Ich selbst war lang und dünn. Jim war etwas kleiner, hatte aber eine gute Figur und brünettes Haar und sah gut aus – die Mädchen schauten ihn immer zweimal an. Was ich am meisten an ihm bewunderte, war sein scharfer Verstand. Er begriff äußerst rasch, sowohl im Unterricht als auch sonst, während ich immer einen Kilometer hinter ihm zurückblieb.

Er versuchte dann, mir die Dinge in ganz einfachen Ausdrükken zu erklären . . .

Nach der Physikstunde hatten wir Zeichnen, und das Klassenzimmer war ungefähr fünf Häuserblocks entfernt. Mitten durch die Schule zu segeln auf überfüllten Korridoren, und zwar in den fünf Minuten bis zum nächsten Schellen, war nicht einfach. Ich sehe Jim noch vor mir, wie er sich schiebend und drängend seinen Weg bahnte mit vorgestrecktem Kinn, ein Bild zielbewußten Vorwärtsstrebens.

Auf seinen Schulbüchern hatte er zuoberst meistens eine kleine Bibel liegen, und es bedurfte nur zweier oder dreier Zuhörer, daß er sie aufschlug und zu reden anfing. Vor dem Mittagessen betete er immer, und er ließ keine Gelegenheit vorübergehen, mit mir über Jesus Christus zu sprechen und ob ich an den Himmel, die Hölle, das künftige Leben glaube und so weiter. Wenn er für eine Zusammenkunft eine Rede vorbereiten mußte, zog er mich in ein leeres Zimmer, trug mir seine Rede vor und verlangte von mir ein kritisches Urteil. Anfangs lachte ich so sehr, daß er außer sich geriet, doch im Laufe der Zeit entwickelte er die richtige Vortragsweise, wuchtig und donnernd (sehr geeignet zum Wachhalten der Hörer).

Als die Rationierungen der Kriegszeit sich auf die öffentlichen Verkehrsmittel auszuwirken begannen, gingen Jim und ich dazu über, beim Nachhauseweg von der Schule per Anhalter zu fahren. Wir sparten dadurch nicht nur täglich einen Groschen, sondern hatten auch mehr Zeit, uns zu unterhalten und die großen Dinge dieser Welt zu erörtern. Eines Abends erzählte Jim mir von seiner Absicht, Präsident zu werden – ein Gedanke, mit dem er sich eine Zeitlang ganz im Ernst befaßte.

Einmal nahm mich Jim nachmittags mit nach Hause zu seiner Familie. Bei diesem ersten Besuch bemerkte ich vor allem, wie viele Pflichten Jim zu Hause hatte und wie planvoll und methodisch er die Arbeiten erledigte. Er mußte Hühner,

Ziegen und Kaninchen füttern, die Heizung stochen, den Hof in Ordnung bringen, die eine oder andere Besorgung machen. Im Nu hatte er mich angewiesen, einen Teil der Arbeiten zu übernehmen; Jims Führerfähigkeiten machten immer weitere Fortschritte.

Jim und Dutch (Werner Durtschi) interessierten sich für Fußball, und nach längerem Hin- und Hergerede brachten sie auch mich dazu, mitzumachen. Jim spielte als Verteidiger. Im Fußballdreß, kommt mir immer vor, habe ich nie etwas derart Komisches gesehen wie ihn. Er erinnerte mich an einen großen Elch mit X-Beinen, der gerade aus dem Wasser kommt. Der einzige Ruhm, auf den er in der Mannschaft Anspruch erheben konnte, war, daß er viel mehr Dreck auf seinem Gesicht zu vereinigen verstand als alle anderen.

Jim wollte unbedingt mit Dutch und mir eine Zelttour machen. Nach verschiedenen Gängen zu den Altwarenhändlern am Hafen zwecks Einkauf von Ausrüstungsgegenständen fuhren wir an einem Freitagnachmittag nach der Schule per Anhalter los. Zu dritt sah man uns dastehen, Jim, Dutch und mich, jeder mit einem Gepäcksack und einer Flinte mit einer leeren Konservenbüchse oben drauf, um den Regen abzuhalten – für jeden Autofahrer eine verwegen aussehende Gesellschaft. Wir hielten immer eine Gebetsgemeinschaft, ehe wir auf eine Campingtour gingen, und ich dachte oft: Wenn wir einen Schutzengel hatten, dann mußte er bei uns recht viel auf den Beinen sein, und sehr viel Schlaf bekam er nicht.

Uns drei zusammen hätte keiner mitgenommen, deshalb versteckten zwei sich im Gebüsch, und der dritte winkte. Einmal, als ein Wagen anhielt, liefen wir alle drei hin, und der Fahrer fragte: ‚Wie viele sind es?', und wir sagten, daß wir nur zu dritt wären und außerdem sehr klein – wir brachten es auch fertig, uns noch hineinzuquetschen zu den vieren, die schon drinnen saßen.

Am nächsten Tag, als wir an einem Golfplatz entlanggingen, hörten wir eine Ente quaken. Wir liefen über die kurzgeschnittene Rasenbahn. Jim war vorneweg, und als er die Ente sah, jagte er ihr eine Kugel in den Steiß, aber dann versagte seine Flinte. Dutch feuerte hinter meinem Rücken, die Kugel ging über die Ente hinweg. Den nächsten Schuß gab ich ab, und ich traf das Tier im Flug, so daß es etwa fünf Meter vom Ufer im See landete. Jim nahm einen Stock und versuchte, es herauszufischen, da hörten wir von hinten einen Schrei, und als wir uns umdrehten, sahen wir eine Frau, die wie wild mit den Armen fuchtelte und etwas schrie von einer Lieblingsente. Uns wurde ziemlich mulmig, aber Jim war entschlossen, unseren Siegespreis heranzuholen, was ihm schließlich auch gelang, obwohl er dabei einigermaßen naß wurde. Bis wir uns aus dem Staube machen konnten, war die Frau schon ziemlich nah herangekommen, ganz außer sich schrie sie ‚Mörder' und heulte, und so setzten wir uns eilig in Bewegung, liefen wieder über den Rasenstreifen und auf eine schützende Hügelwelle zu. Wir kamen uns ein wenig grausam vor, aber wir hatten uns gedacht, jede Ente, die fliegen könne, sei eine Wildente und somit ein jagdbares Wild für uns; die gute Dame allerdings in ihrem Kummer tat uns leid, und wir baten den Herrn, sie zu trösten. Ein anderes Mal, als wir versuchten, über einen Stacheldraht zu kommen, um einen Bussard aus der Nähe zu besehen, den ich geschossen hatte, kam ich aus Versehen an den Abzug meiner Flinte. Der Schuß ging durch Jims Haare. Das wirkte eine Zeitlang einigermaßen dämpfend auf uns.«

Jims älterer Bruder Bert betrieb ein einträgliches Geschäft als Altwarenhändler, bei dem sich Jim und Dick Fisher samstags beteiligten. Bert steuerte den Lastwagen, während die beiden Jüngeren oben auf der Ladung saßen und mit ausrangierten Neonröhren nach vorüberfliegenden Möwen schlugen oder die am Vormittag gesammelten Altwaren nach brauchbaren Dingen durchwühlten. Auf diese Weise brachten sie genügend Ziegelsteine zusammen, daß sie sich einen Bratrost im Freien bauen konnten, genügend alte Flaschen, um am Supermarkt für den Erlös eine stattliche Anzahl Fleischpasteten zu erstehen, und außerdem eine gut sortierte Kollektion von Gebrauchsgegenständen, unter anderem verschiedene Herde, ein Bett, Stühle, einen Bettvorleger aus einem kompletten Bärenfell mit Kopf und sogar eine Garnitur Leichensezierinstrumente, welch letztere Jim auf den Gedanken brachte, Unterricht im Ausstopfen zu nehmen. Unter seinen ersten ausgestopften Beutetieren befand sich eine Möwe, die er auf einer der Sammelfahrten zur Strecke gebracht hatte.

Wenn die beiden, schwer bepackt mit ganzen Ladungen von Flaschen, den Supermarkt betraten, um sie zu verkaufen, machten ihnen die, die an der Kasse Schlange standen, eiligst Platz. Bei kaltem Wetter trug Jim eine Helmmütze mit herabbaumelnden, wollenen Ohrschützern, eine Schaffelljacke mit Wollkragen, eine Überhose und alte Schuhe mit abgetretenen Hacken – und alles duftete nach der Ladung auf dem Lastwagen.

»Wir gingen meistens jeden Samstag zweimal hin«, erzählt Dick Fisher. »Die armen Mädchen an den Ständen waren nicht erfreut, wenn sie uns kommen sahen.«

»Später«, berichtete Fisher weiter, »begannen wir uns für die Frage der Sklaverei in Afrika zu interessieren. Während ich der Ansicht war, daß man Gewalt anwenden müsse, um die Sklaverei zu brechen, interessierte Jim sich mehr dafür, wie man die Frage missionarisch angehen könnte. Ich wies sofort auf die Gefahren von Kannibalensuppe hin (nach einem altmodischen Rezept besteht sie aus einem Teil Missionar auf hundert Teile Wasser); Jims Widerlegung dieses Einwandes war sein Vertrauen auf den Herrn, durch den, wie er sagte, im Laufe der Zeiten viel mehr Menschen befreit worden seien als jemals durch Gewehre.

Jemand hatte Jim eine Sammlung von Gedichten geschenkt, und er fing an, Stellen aus bekannten Werken auswendig zu lernen. Immer wenn ich in der Stadt war, ging ich ihn abends besuchen. Er saß dann an seinem Schreibtisch, und wenn ich hereinkam, fing er an mit ‚Sprach der Rabe: Nimmermehr'.

Ich hörte dann mit offenem Mund und staunend zu, wie er mit großartigem Gebärdenspiel die ganze Sache rezitierte.

Bei Frauen war Jim immer sehr auf der Hut, er fürchtete, sie seien nur darauf aus, den Mann von seinen Zielen wegzulokken. ‚Männliche Wesen, die sich zähmen lassen, sind fürs Wagnis wenig brauchbar', sagte er warnend. Sooft eine junge Dame bei einer Geselligkeit zu freundlich wurde und ich anzubeißen schien, hörte ich eine leise Stimme neben mir: ‚Nimm dich in acht, Fisher, nimm dich in acht!'

Als ich von Portland fortgegangen war und in Washington im Ministerium arbeitete, schlug Jim vor, daß wir uns unsere Briefe in Gedichtform schreiben sollten, zwecks Vervollkommnung in Stil und Satzbau. Ich konnte bei weitem nicht so gute Verse schreiben wie Jim, besaß auch keinen solchen Wortschatz, aber ich lernte von ihm soviel wie möglich. Dann beschloß ich, statt immer nur der Nehmende zu sein, ihm meinerseits auch etwas beizubringen. Ich besorgte mir ein Buch über die Sprache der Tschinukindianer und sandte ihm ein Exemplar. Wir fingen an und schrieben unsere Briefe in der Tschinuksprache. Auf diese Weise entgingen sie auch der Zensur.«

Während ihrer Zeit in Portland machten Fisher, Dutch und Jim gemeinsam Touren, und zuweilen waren sie wochenlang unterwegs, ohne daß die Eltern wußten, wo sie steckten. Doch nicht immer ließ Jim sich überreden, diese Eskapaden mitzumachen, besonders wenn sie übers Wochenende gingen, denn er nahm seine Verantwortlichkeiten hinsichtlich des Gottesdienstes sehr gewissenhaft. Wenn sein Vater und Bert unterwegs waren, auf Evangelisationsfahrten in Arizona, fand Jim, daß er zu Hause sein sollte, um zu helfen, und daß er auch an den Sonntagsversammlungen teilnehmen sollte. Von solchen Fahrten schrieb sein Vater ihm oft Briefe; sie beeindruckten Jim sehr.

Fisher erzählt folgende Episode:

»Eines Freitagabends, als Jim und ich per Anhalter nach

Hause fahren wollten, hatten wir einige Schwierigkeiten, einen Wagen zu finden, der uns mitnahm. Da es regnete, standen wir am Eingang eines Ladens und liefen vor, sobald ein Auto ankam. An der Straßenecke war ein Haltschild, und jeder Wagen mußte stoppen. Nach einer Reihe falscher Alarme und leichter Verwirrung unsererseits kam ein älterer Herr angefahren. Während er nach links blickte, um festzustellen, ob der Weg frei sei zum Überqueren der Hauptstraße, öffnete Jim die Wagentür, und wir saßen drinnen und hatten hinter uns die Tür schon zugemacht, bevor dem Fahrer aufging, was geschehen war. Freundlich grinsend fragte Jim: ‚Wie weit fahren Sie?' ‚Sechzigste', stotterte der alte Herr. ‚Das reicht für uns', sagte Jim, und wir fuhren mit bis zur sechzigsten Straße, wo der Fahrer hielt und uns hinausließ. ‚Vielen Dank für die Fahrt', sagte Jim, doch der alte Herr blickte drein, als ob er es sei, der mitgenommen worden war und sich zu bedanken hätte. Jim und ich konnten uns vor Lachen kaum noch halten, aber diesen Trick versuchten wir nicht wieder.«

Die Schuljungenstreiche lenkten Jims Aufmerksamkeit nicht von seinem Ziel ab, Gott zu dienen. Werner Durtschi, der Dritte im Bunde, erinnert sich an folgendes: »Eines Tages, kurz vor Jims letztem Schuljahr, sah ich ihn um den Sportplatz laufen und trainieren. Ich fragte ihn, wozu er das tue. Er sagte: ‚Körperliche Übung ist für manches nützlich.' Er kräftigte seinen Körper für die Strapazen des Missionarlebens.«

Ein anderer Klassenkamerad, Wayne McCroskey, erzählt: »Jim und ich waren Mitglieder des Rednerklubs, dessen Satzung unter anderem bestimmte, daß man mit Ausschluß bestraft würde, wenn man eine zugewiesene rednerische Aufgabe nicht erfüllte. Der Klubvorsitzende gab uns während der Wahlkampagne Roosevelt – Dewey eine politische Rede auf, aber als Jim aufgerufen wurde, sagte er, er habe keine Rede. Der Vorsitzende machte ein besorgtes Gesicht, denn Jim war die kräftigste Stütze des Klubs.

‚Jim', sagte er, ‚du kennst die Regeln. Wenn du keine Rede hältst, werde ich keine andere Wahl haben, als dich auszuschließen. Also komm schon. Vorbereitung hast du ja nicht nötig. Halt uns eine Stegreifrede über deinen Kandidaten.'

Jim sah ihm genauso gerade in die Augen und sagte: ‚Ich habe keinen bevorzugten Kandidaten, und ich halte auch keine Rede', und indem er aufstand, ‚es wird mir aber ein Vergnügen sein, dir die Gründe zu erklären, wenn du dieses wünschst.'

Dem Vorsitzenden ging mit einemmal ein Licht auf. Jim hatte ihm von seiner Auffassung erzählt, wie er die Bibel verstehe – daß ein Jünger Jesu sich nicht an Krieg und Politik beteiligen könne. Verlegen erwiderte der Vorsitzende: ‚Das ist nicht nötig, Jim. Ich glaube, wir alle verstehen deine Gründe, und ich verzichte auf die Einhaltung der Regel. Du bist entschuldigt.'

Obwohl ich auf dem gleichen Standpunkt stand wie Jim, wäre es mir nie in den Sinn gekommen, meine Mitgliedschaft im Klub aufs Spiel zu setzen wegen eines so geringen Anlasses. Jims Haltung war die Haltung Esthers: ‚Komme ich um, so komme ich um.'«

Der zweite Weltkrieg war während Jims Oberschulzeit schon im Gang, und obwohl er nie einen Stellungsbefehl bekam und daher nicht gezwungen wurde, sich offiziell als Kriegsdienstverweigerer zu bekennen, stand seine Meinung über diese Frage fest. Er war der Überzeugung, die Gemeinde Christi habe, im Gegensatz zur israelitischen Gemeinschaft in der Zeit des Alten Bundes, alle nationalen und politischen Bindungen abgelegt – in den Worten des Neuen Testaments:

»Denn unser Bürgerrecht ist in den Himmeln, von woher wir auch den Herrn Jesus Christus als Heiland erwarten.«

Jim war der Ansicht, daß der Grundsatz, den Jesus ein für allemal am Kreuz demonstriert habe, nämlich keinen Widerstand zu leisten, befolgt werden müsse, sowohl im öffentlichen wie auch im privaten Leben.

Das Kriegsproblem gehörte zu denen, die er mit Klassenkameraden und Lehrern ausgiebig erörterte, und natürlich verminderten die Ansichten, die er vertrat, seine Beliebtheit. Das gleiche geschah, als er einen jungen chinesischen Prediger, Mun Hope, zu einer Schülerversammlung einlud. Der junge Chinese hielt vor dem gesamten Lehrkörper und sämtlichen Schülern eine unverfälscht biblische Predigt über Sünde und Gericht. Die beiden genannten Faktoren zerstörten – nach dem Urteil von Fisher – Jims (ursprünglich beträchtliche) Chance, Klassenführer zu werden.

WHEATON, ILLINOIS 1945-1949

AKADEMISCHER TITEL

»Die Erkenntnis bläht auf, die Liebe aber erbaut. Wenn jemand meint, er habe etwas erkannt, so hat er noch nicht erkannt, wie man erkennen soll; wenn aber jemand Gott liebt, der ist von ihm erkannt.«

Mancher Student, der an die Universität kommt und ins College einzieht, hat keine klare Vorstellung, wozu er nun eigentlich da ist. Er soll, wie es verschwommen heißt, »Bildung erwerben«, aber das haben viele auch ohne Universitätsstudium getan, und viele sind zur Universität gegangen, ohne Bildung zu erlangen. Der Gedanke des Bildungserwerbs tritt dem neuen Studenten in einer verwirrenden Vielfalt von Formen gegenüber – Vorlesungsverzeichnis, Arbeitspläne, Aufnahmeprüfungen, feierliche Empfänge durch die Fakultät; der Wirbel der Einschreibungstage mit den Schlangen wilddrängender Studenten, die sich für die ausgewählte Vorlesung eintragen wollen, bevor der Lautsprecher krächzend verkündigt, daß weitere Einschreibungen für »Einführung in die Geschichte« nicht mehr möglich sind; Lehrbücherverzeichnisse, Anmeldungen bei Professoren, die fürs erste bloße Namen sind, Pflichtfächer und Wahlfächer; die Stände der Gruppen und Organisationen; Gebühren für Sport, für chemische Laborplätze, Essensmarken, Zimmerschlüssel – alle diese Dinge sind in dem allgemeinen Ausdruck »Bildung« irgendwie mit eingeschlossen, und ein Student, auf dessen Wertskala gesellschaftliche Aufnahme und gesellschaftliches Ansehen ziemlich oben stehen, wird leicht in einen Strudel von außerlehrplanmäßiger Betriebsamkeit hineingezogen, von dem er oft nur mühsam wieder freikommt.

Als Jim Elliot im Herbst 1945 in das Wheaton College in Illinois einzog, lag sein Ziel klar vor ihm. Vor allem hatte er sich ganz Gott übergeben, und er war sich klar, wieviel Zucht diese Übergabe unter anderem erfordern würde.

»Niemand, der Kriegsdienste leistet, verwickelt sich in die Beschäftigungen des Lebens, damit er dem gefalle, der ihn angeworben hat.«

Hierdurch schieden viele Fragen und viele »gute Dinge« automatisch aus, damit für solche, die seinen Plänen nützlich waren, Platz würde. Die anderen Studenten, wenn sie kein fest umrissenes, zentrales Ziel hatten, verfolgten oft zu viele der ihnen dargebotenen Nebenziele.

Diese Zielstrebigkeit war das, was seinen Mitstudenten besonders an ihm auffiel. Wenn manche meinten, er sei »einseitig«, weil er so offen über Christus sprach, fanden andere ihn aus dem gleichen Grund besonders »religiös« und wollten,daß er bei den Neueingetretenen »Gebetsleiter« würde. Jim ließ sich durch keine dieser Meinungen beeindrucken.

Jim war überzeugt, daß Gott ihn nach Wheaton geführt hatte. Er war nicht einfach deshalb hingegangen, weil der Vater ihn geschickt hatte. Es gab niemand, der ihn »finanzierte«; Jim wußte nicht einmal, wo das Geld für sein Studium herkommen würde. Aber Gott belohnte dies Vertrauen, und die nötigen Mittel kamen zusammen, teils durch einen Freund, teils durch ein Stipendium und eine Halbtagsstelle, so daß er im November schreiben konnte: »Diese Erfahrung mit dem Geld fürs Studium gehört zu denen, wofür ich Ihn unaufhörlich preisen kann für Seine stete fürsorgliche Güte. Ihm sei Ehre und Dank.«

Seine Nahrung wählte er sorgfältig aus: frisches Obst und Gemüse, am liebsten roh; wenig stärkehaltige Sachen, wenig süße Nachspeisen. Er aß zwar zu schnell, aber keine großen Mengen; hierin folgte er den Regeln für das Ringertraining und auch seinen eigenen Ideen über Abhärtung des Körpers für künftige Missionsarbeit.

Die einzigen Berichte, die wir über seine beiden ersten Studienjahre haben, stehen in seinen Briefen an die Familie. Neben sehr knappen Bemerkungen über das, was er tat, waren sie stark duchsetzt mit Gedanken über die Ewigkeit und zuweilen auch mit guten Ratschlägen für eines der Geschwister; ein Beispiel dafür ist folgendes, das er im Frühherbst dieses Jahres an seine Schwester Jane schrieb:

»Beginne jeden Tag mit stiller Bibellese und Gebet. Bunyan hat mit Recht gesagt: ‚Entweder wird die Sünde dich von diesem Buch abhalten, oder dieses Buch wird dich von der Sünde abhalten.' Wenn du auf die Oberschule kommst, verteile unter denen, mit welchen du zusammentriffst, sofort biblische Traktate. Tu es ungeniert und von Anfang an, es ist leichter so, als wenn du versuchst, damit anzufangen, wenn du mit der Schule schon halb fertig bist.Lern in der Trambahn Bibelstellen auswendig, kauf die Zeit aus! Sie ist kostbar, weil sie so schnell dahinfliegt. Das sind simple Wahrheiten, ziemlich abgedroschen, aber ich wünschte, jemand hätte sie auch mir gesagt, als ich damals mit der Oberschule anfing.

‚Strebe danach, dich Gott bewährt zur Verfügung zu stellen als einen Arbeiter, der sich nicht zu schämen hat, der das Wort der Wahrheit in gerader Richtung schneidet.'«

Jim stellte seinen Wecker jeden Abend so, daß er am nächsten Morgen Zeit zum Beten und zum Bibelstudium hatte. »In der Bibel«, schrieb er, »wird nie etwas zu ‚altem, abgedroschenem Zeug', denn sie ist ja Christus in gedruckter Form, das ‚lebendige Wort'. Wir stehen morgens nie auf, ohne uns das Gesicht zu waschen, aber wir vernachlässigen oft die innere Reinigung durch das Wort des Herrn. Es weckt uns auf zum Innewerden unserer Verantwortung.«

Eine der Früchte dieses ersten Jahres im College war eine neue Wertschätzung seines Elternhauses. Im Mai schrieb er: »Dies ist das Frühjahr meines neunzehnten Lebensjahres. Langsam ist mir die Erkenntnis gekommen, daß ich an diesem Punkt nicht angelangt bin dank meiner eigenen Anstrengungen, noch durch den stetigen Lauf dieses leichtfüßigen Läufers, der ,Zeit', sondern durch das stille, unmerkliche Geführtwerden von einer treuen Mutter und einem Vater-Prediger, der nicht soviel Zeit auf das Erziehen der Kinder anderer verwandt hat, daß er keine Zeit mehr gehabt hätte für seine eigenen.

Auf meinem Kalender steht ,Muttertag', und auch der ,Vatertag' ist nicht fern. Und so werden die Leute ein paar Stunden innehalten, um die zu ehren, für die an 365 Tagen im Jahr ,Kindertag' ist und die nicht wagen, ihr liebendes Mühen um jener Ehrungen willen zu unterbrechen. In den Blumengeschäften wird großes Gewühl herrschen, ein Regen von Nelken wird niedergehen, und am Mittwoch darauf wird alles vergessen sein, bis ein weiterer Mai hereinbricht. Auch ich halte inne, obwohl nicht mit Blumen, denn solche sind rasch welkende Gefühlsregungen, verglichen mit der unwandelbaren Treue elterlicher Fürsorge. Ich danke Euch und unserem Vater im Himmel, der uns geliebt hat mit unergründbarer Liebe.«

»Es ist ein nützliches Jahr gewesen«, schrieb er am Ende seines ersten Studienjahres, »ich bin meinem Erlöser nähergerückt und habe Schätze entdeckt in Seinem Wort. Wie wunderbar zu wissen, daß Christentum mehr ist als ein Stammplatz in der Kirche mit Kissen oder eine dämmerige Kathedrale, daß es eine wirkliche, lebendige, täglich sich erneuernde Erfahrung ist, die sich fortsetzt von Gnade zu Gnade. Und das Ziel – manchmal fern erscheinend –, aber licht und unvergänglich, erstrahlt es im Glanz der ,Sonne der Gerechtigkeit'.«

Zu Beginn der Sommerferien trampte Jim nach Hause, und in einem Brief erzählte er seinem Bruder, was er dabei erlebt hatte:

»Am Montagabend, in Cedar Rapids, Iowa, tippelte ich mühsam ein längeres Stück zu Fuß, da kam ein Lastauto, ein neuer Studebaker, und gabelte mich auf. ,Wohin fahren Sie', fragte ich. ‚Kalifornien', erwiderte ein handfester Marinefeldwebel. Das Wort hatte eine gute Wirkung, es ermunterte und wärmte mir das Herz, und mir fiel Gottes Wort an Moses ein: *‚Mein Angesicht wird [mit]gehen und dich zur Ruhe bringen.'* Amen, sagte ich im Geist. Dienstagmorgen legten wir uns im Wagen für drei Stunden schlafen, dann machten wir uns wieder auf den Weg, gondelten durch Nebraska und hatten um Mitternacht schon ein gutes Stück von Wyoming hinter uns. In Caspar, Wyoming, wohnte der verflossene Schwiegervater des Feldwebels, er hatte eine Kneipe dort. In deren Hinterzimmer schlief ich in Kleidern auf einem alten, muffigen Sofa. Zwei Eier und schwarzer Kaffee als Frühstück. Nachmittags,an der Gabelung der Straßen 30 N und 30 S griff mich ein Kohlenlastzug auf und nahm mich bis Cokeville mit. Gottes Güte ist beständig. Bei Ihm ‚ist keine Veränderung'. Ein alter Buick hielt, der Fahrer war ein Matrose mit einer ‚Kehle wie ein offenes Grab', wie es in Römer 3 heißt. Er war ein bißchen hirnrissig – das heißt, sein Wagen –, und wir mußten öfters anhalten, um zu tanken und Öl und Wasser nachzufüllen. Ich saß nachher am Steuer, als der Matrose schlief, und drei Meilen vor Boise kam von vorne plötzlich ein knirschendes Geknacke. Ich weckte meinen grabkehligen Matrosen. ‚Was ist das da für ein Geräusch?' fragte ich. ‚. . .' sagte er, ‚möchte ich auch wissen.' Wir schliefen bis um 6 Uhr morgens, dann schleppte uns ein Abschleppwagen in die Stadt. Der Matrose blieb bei seinem Wagen; ich blieb bei Straße 30. Landete in Portland um halb eins. Endergebnis: 20 Wagenwechsel, 70 Stunden Fahrzeit, 1,32 Dollar in der Tasche, und dabei war ich schneller hingekommen als per Bahn! *‚Ehe sie rufen, werde ich antworten.'* Bei keinem der Wagen habe ich mehr als eine Viertelstunde warten müssen. Das war eine glaubensstärkende Erfahrung.«

Den Sommer verbrachte Jim zu Hause und kehrte im September nach Wheaton zurück. In einem der ersten Briefe an die Familie schrieb er:

»Das Erlangen wissenschaftlicher Erkenntnis (die ‚Hoffart des Lebens') ist ein mühevolles Unternehmen, und ich frage mich allmählich, ob es überhaupt der Mühe wert ist. Der Glanz, den die Wißbegier den Dingen gab, ist verblaßt. Was kann der Mensch Besseres kennenlernen als die Liebe Christi, die höher ist als alle Erkenntnis? Ach, lieber schwelgen in der Erkenntnis Christi als sich suhlen im grundlosen Sumpf der Philosophie. Mein Philosophieprofessor sagt, ich dürfe nicht erwarten, daß ich in seiner Vorlesung viel lernen würde – das einzige, was er wolle, sei, den Geist des Forschens bei uns zu entwickeln, um uns dazu zu bringen, ‚philosophische Fragen allgemeinster Art mit klarem, kritischem Verstand zu untersuchen'. Hm!«

26.Oktober. »Ich bin gefragt worden, ob ich im nächsten Jahr den Posten des Geschäftsführers in der Redaktion des Tower, unserer Studentenzeitung, übernehmen wolle. Das würde bedeuten, daß ich sechs Ehrenpunkte und ein Jahr Hörgeldfreiheit bekäme und über ein Betriebskapital von 12000 Dollar verfügen könnte – das hieße aber ebenfalls: zusätzliche Arbeit spät abends, Verringerung meiner Vorlesungen und Beteiligung bei einer Menge äußerlicher Nichtigkeiten, die ich mit meiner nichtkonformistischen Haltung schwer in Einklang bringen könnte.«

Seine Ablehnung des Angebots brachte ihm Protest seitens der Familie ein, auf den er am 2. November erwiderte: »Euer Brief kam zu spät, um mich von meinem Entschluß hinsichtlich des Postens in der Redaktion des Tower abzubringen. Letztes Wochenende war ich wegen dieser ganzen Sache recht verwirrt, aber nachdem ich lange Zeit gebetet hatte, wurde ich ruhig und fand Frieden, indem ich zu der Überzeugung kam, daß es nicht Sein Wille ist, daß ich den Posten annehme. Zwar kann ich für meinen Entschluß auch jetzt noch keinen Grund angeben, nur den einen, daß der Herr auch dem Psalmisten den Weg des Lebens kundgetan hat, und zwar einfach dadurch, daß der Ihn allezeit vor Augen hatte. Psalm 16,11.

Ich wartete vor Ihm, und irgendwie kam mir dann Antwort – ich hoffe fest, sie kam aus Seinem Geist. *‚Das Herz des Menschen plant seinen Weg, aber der HERR lenkt seine Schritte.'* Mein Herz denkt, Ihm zu dienen; Ihm muß ich den nächsten Schritt anheimstellen.«

Beim Zubereiten einer jungen Seele, die sich so zum Dienst für Ihn verpflichtet hat, findet Gott es wohl zuweilen nötig, den Horizont des Betreffenden zu beschränken, bis sein Blick klar ausgerichtet ist. Zwar lernte Jim, noch bevor er das Studium beendete, die Erweiterung des Horizonts zu schätzen, aber während dieser beiden ersten Jahre konnte er den Arbeitsplan im College nicht ohne weiteres als etwas durchaus Positives ansehen. Sein Vater, dessen Schulbildung notgedrungen hatte abgebrochen werden müssen, wollte gern, daß Jim begriff, welchen Vorzug er besaß, daß er studieren konnte, und pries in einem Brief an ihn den Wert der Bildung. Jim erwiderte:

»Du sprichst davon, daß sie ‚unserem Menschsein Fülle gibt'. Sie gibt ihm Fülle, richtig, aber manchmal, fürchte ich, doch mehr in der Art von 1.Kor.8,1: ‚Die Erkenntnis bläht auf.' ‚Geisteskultur', Philosophie, Diskussionen, das Theater in seinen schwächeren Formen, Konzerte und Oper, Politik – alles, was den Verstand in Anspruch nehmen kann, lenkt die Herzen vieler hier im College, scheint mir, davon ab, ein schlichtes Leben in der Nachfolge des Herrn zu führen, obwohl wir gerade davon immer so gefühlvoll singen. Nein, Bildung ist gefährlich, und mir persönlich wird ihr Wert für das Leben eines Christen ziemlich fraglich. Gegen Weisheit sage ich nichts – aber die kommt von Gott, nicht durch Doktorgrade.«

Auszüge aus weiteren Briefen an seine Eltern:

6. Dezember. »Zur Zeit finde ich das Arbeitspensum, das ich zu bewältigen habe, ziemlich groß; es ist fast unmöglich, vor 11 Uhr ins Bett zu kommen. Wenn Ihr für mich betet, würde ich das sehr schätzen hier, denn es ist schwierig, in der griechi-

schen Vorlesung um 7.30 Uhr morgens nicht ins Dösen zu geraten, und noch schwieriger, vor dieser Zeit sich zu sammeln in ernsthaftem Morgengebet und Bibellesen. Gerade das aber ist es, was Paulus meint, wenn er von den Härten spricht, die ausgehalten werden müssen, wenn man ein guter Streiter Jesu Christi sein will, fähig zum Ertragen von Strapazen.«

3. Januar 1947. »Die Wirkungen Eurer Gebete habe ich in diesen letzten Wochen spüren können. Ich bin jetzt überzeugt, daß nichts einen so mächtigen Einfluß auf mein Leben gehabt hat, wie Eure Gebete. Ich mußte heute daran denken, Vater, wie Du uns früher aus den Sprüchen Salomos vorgelesen hast. Zwar kann ich mich nicht mehr genau erinnern, was Du uns in der Frühstücksnische alles vorlast, ich merke aber, daß davon eine große Achtung und Liebe zu den Worten des alten Weisen in mir zurückgeblieben ist. Gott sei gedankt, daß Du Dir die Zeit genommen hast – der Wert solcher Dinge ist unschätzbar.«

27. Januar. »In der letzten Zeit habe ich oft für die Oberschülergruppe gebetet, denn ich erkenne mehr und mehr, welche Art von Führung ich damals gebraucht hätte in jenen unbesonnenen goldenen Tagen der Freuden und der Kümmernisse, als jedes Problem so ungeheuer groß war und jede Einzelheit geladen mit Bedeutung. Ich glaube, die ‚problematische Jugend' wäre kein so schwieriges Problem, wenn wir nur mal ein paar Jahre in unsere eigene Vergangenheit zurückdächten, bis zu der Zeit, als unser häufigster Kummer eine zerbrochene Fensterscheibe war und unsere größte Freude eine Apfelschlacht. Ich glaube, wenn wir die verirrten Schäflein geduldig betreuen, auch durch Fürbitte, werden sie zur Herde zurückkehren. Es dauert immer einige Zeit, bis sich Ausgelassenheit zu Ehrerbietung wendet, und man muß die Wahrheit oft wiederholen, um jugendliche Wildwässer in bleibende Kanäle zu lenken. Man muß achtgeben, daß das Tun des Guten nicht zu einer Last wird. Gerade ‚nachdem ihr den Willen Gottes getan habt', ist Geduld besonders not.«

Jim hatte während seines ersten Collegejahres angefangen zu ringen, weil er glaubte, daß die Beteiligung bei einem Sport dazu beitrüge, ihn zu einem Streiter Jesu Christi auszubilden. Wie der Apostel Paulus gesagt hatte:

»Ich zerschlage meinen Leib und knechte ihn, damit ich nicht, nachdem ich anderen gepredigt, selbst verwerflich werde.«

Jim hatte keine ringerische Vorbildung von der Oberschule her, aber er trat in seinem ersten Jahr in Wheaton in die Universitätsriege ein und galt auf der Matte als raffiniert und verwegen. Seine Biegsamkeit brachte ihm den Namen »Gummimann« ein. Oft, wenn sein Gegner überzeugt war, Jims Arm oder Bein sei nahe am Brechen, bemerkte er mit ungläubigem Staunen, daß sein Gesicht völlig unbekümmert war.

»Es ist bestimmt ein gutes Gefühl«, hatte Jim an seine Mutter geschrieben, »wenn man beim Studium nicht aufgeschwemmt und schlaff ist. Ich glaube, wenn man körperlich auf Draht ist, wird die gesamte leibliche Entwicklung gefördert, auch das Denken. Wie das Pferd bei Hiob kann man sich seiner Stärke freuen.«

Seine Mutter jedoch war nicht überzeugt davon und wies in ihren Briefen immer wieder warnend auf die Gefahren des Sports hin, den sie, wie die meisten Mütter, so »überflüssig« fand.

Während seines zweiten Jahres in der Mannschaft schrieb Jim:

»Die erste üble Folge dieses ‚gottlosen' Tuns, wie es Granny (eine ältere Freundin in Wheaton) nennt, zeigte sich am Samstag. Es ist eine Schwellung der inneren Ohrränder, in der Fachsprache ‚Blumenkohl' genannt, in Ringerkreisen nicht als sehr gefährlich angesehen. Granny fand es schrecklich, daß ich, wenn ich zu einem Ringkampf gehe, Kirchenlieder singe, und als ich ihr nachher erzählte, daß wir vor einem Kampf immer beten, zerbrach fast ihr Glaube.«

Bald wandte er sich wieder den Themen »Bildung« und »Gottes Pläne« zu.

8. Februar. »Nein, Vater, die Bücher von Darby habe ich hier nicht bekommen, und wenn, hätte ich nicht die Zeit, sie zu lesen. Das ist auch der Grund, warum ich unzufrieden bin, daß ich mich hier mit Allgemeinbildung beschäftige, denn in einer Zeit, wo mein Geist noch rasch aufnimmt, muß er sich nun mit Dingen befassen wie Descartes' rationalistischer Erkenntnistheorie oder der verschwommenen Hypothese von Laplace, während ich doch viel lieber ein Studium betreiben würde, das sich um die Dinge Gottes dreht. Wie dem auch sei, der Vater droben weiß am besten, was gut und richtig ist, und ich bin überzeugt, daß Er mich hierhergestellt hat; mein Auftrag ist, hier still zu arbeiten, bis die Wolkensäule sich bewegt und weiterführt, und Seine Pläne auszuführen zu der Stunde, die Er setzt.«

22. Februar. »Einige andere in meinem Haus und ich haben angefangen, auf unseren ‚Buden' gemeinsam zu beten, und wie wunderbar sind diese Erlebnisse! Die ersten Früchte der Herrlichkeit selber. Bei diesen Zusammenkünften ist das bei Studenten so beliebte Diskutieren und Palavern durch den Geist gereinigt, und sobald wir im Gespräch auf eine Not stoßen, die Gott beheben kann, beugen wir sofort die Knie und sagen Ihm davon. Das sind Augenblicke meines Collegelebens, die mir noch im Gedächtnis bleiben werden, wenn die ganze Philosophie sich längst aus meinem Hirn verflüchtigt hat. Gott sitzt noch auf Seinem Thron, wir treten hin zu Seinem Fußschemel, und zwischen Ihm und uns ist nur die Länge eines Knies, wenn wir das eigene vor Ihm beugen!

Diese Woche habe ich meine Noten bekommen, sie waren, wie erwartet, schlechter als im vorigen Semester. Ich will mich nicht entschuldigen, ich gebe zu, ich habe die Arbeit etwas vernachlässigt um des Bibelstudiums willen – in diesem einen Fach möchte ich einen Titel erlangen, den Titel ‚v.G.a.', von Gott angenommen.«

15. März. »Die Studentische Vereinigung für Äußere Mission besucht zur Zeit die Gruppen der Inter-Varsity Fellowship

(Christliche Studentenvereinigung in den USA und England) an allen Universitäten in unserem Gebiet. Gestern bin ich zum erstenmal dabei gewesen. Ich wüßte nicht, wann mir jemals soviel Freude widerfahren wäre. Nachmittags um 3 Uhr fuhr ich los, im Wagen eines Team-Mitglieds, um Viertel vor 8 Uhr begann die Versammlung. Wir fuhren zu sechst, einer als Gesangsleiter, die anderen fünf, um etwa je zehn Minuten zu sprechen. Einer sprach über den dringenden Bedarf an männlichem Nachwuchs für die Außenmission; unter anderem brachte er Statistiken über Bevölkerung, Sterbeziffern, die geringe Zahl der Bewerber (ein männlicher auf 18 weibliche), und wies auf die Notwendigkeit hin, daß die Diener Gottes sich auch auf andere Länder verteilen. Ich selber sprach über den Heiligen Geist in der Missionsarbeit. Ein anderer behandelte die Methoden: Radio, Übersetzen, ärztliche Betreuung, Unterricht, Berufsleben, Filme, Benutzung von Flugzeugen, Häuserbau usw. Einer aus Afrika nahm die praktische Seite – daß man Widerstandsfähigkeit braucht gegen Versuchung und Krankheit, daß man etwas davon verstehen muß, wie man Hütten oder sonstige Unterkünfte baut usw. Zum Schluß kam eine Fragestunde – die Fragen waren vielfältig und anregend. Auf der Rückfahrt machten wir Station, um eine Kleinigkeit zu essen, und stießen auf eine verwirrte Kellnerin. Es zerriß mir das Herz, als ich versuchte, ihr die ,Worte des Lebens' zu sagen, und wenn ich an unser ganzes Land denke, wo viele ebenso verwirrt sind oder noch verwirrter, dann wird mir klar, daß der Omnibus Nr. 39 genauso ein Missionsfeld ist wie Afrika in seinen dunkelsten Zeiten.«

22. März. »Mir fehlt beim Beten die Inbrunst, die innere Kraft, das Leben, nach denen ich mich sehne. Ich weiß, viele finden, es sei Schwärmerei, wenn sie etwas hören, das nicht im Einklang steht mit den üblichen einschläfernden Lobreden, die so oft aus laodicäischen Lippen hervorgehen; ich weiß aber auch, daß diese gleichen Leute Sünde ruhig dulden, sowohl in ihrem eigenen Leben als auch in der Gemeinde,

ohne jedes Wimpernzucken. Kalte Gebete, so wie herzenskalte Freier, kamen selten an ihr Ziel.«

29. März. »Nur noch zwei Tage und wieder wird ein Monat vorübergezogen sein und sich den vergangenen einreihen – und indem es geschieht, möchte ich sprechen: ‚Gedankt sei Gott für diese 31 Tage.' Die letzten Wochen haben Freude in so zunehmendem Maße gebracht, daß ich jeden Abend sagen kann, wenn ich an die Freundlichkeit des Heilands denke: ‚Sie ist heute lieblicher als gestern.' Jeden Abend sind wir hier zusammengekommen, und die vorgesehene Zeit ist meistens überschritten, wenn wir wieder aufstehen und das Gefühl haben, daß eigentlich unsere Gesichter bedeckt werden müßten, weil ein kleiner Abglanz der Herrlichkeit darauf liegt, die der Herr uns geschenkt hat. Das ist für mich Christentum der Wirklichkeit, wenn Kameraden beten und dann sehen, wie unter den Studenten Wunder geschehen. Jeder Tag wird ein Tag mit neu erwirkten Wundern.«

Aus dem letzten Brief in seinem zweiten Studienjahr: »Was für eine grausame Herrin ist die Sünde – sie nimmt unserem Leben die Freude, stiehlt Geld und Gesundheit, macht Versprechungen von kommenden Genüssen und führt einen schließlich auf die verfaulten Planken, die über der Öffnung des Höllenpfuhls liegen. Mit aufrichtigem Loben kann ich heute abend aufsehen zu Gott und mich Seiner herzlichen Güte freuen, daß Er mich erlöst hat von einem sinnlosen Leben der Enttäuschung und von den schließlichen Qualen des ewig nagenden Gewissens, des Bedauerns und der zu späten Reue.«

Es geschah im Laufe dieser beiden Collegejahre, daß Jim die unmittelbare, persönliche Bedeutung von Jesu Gebot klar wurde, hinzugehen und das Evangelium zu verkündigen. Er kam zu der Überzeugung, daß der Befehl auch ihm gelte. Über den genauen Zeitpunkt, wann diese Überzeugung bei ihm durchbrach, ist kein Bericht vorhanden, aber ein kleines, schwarzes Notizbuch mit auswechselbaren Blättern zeugt von seiner Sorge um die Millionen, die noch keine Möglichkeit gehabt hatten zu hören, was Gott getan hat, um den Menschen zu sich zurückzubringen. Das Notizbuch wurde nach Jims Tod am Ufer des Curaray gefunden, die Blätter lagen auf dem Sand verstreut, bei manchen war die Tinte durch das Wasser völlig ausgelöscht, andere waren schmutzig und verregnet, aber doch noch leserlich. Abgesehen von den Namen von Hunderten von Menschen, für die Jim betete, fand sich unter den Notizen auch ein Rezept, wie man Seife macht (aufgeschrieben sicherlich in der Voraussicht, daß er eines Tages ein Pionierleben auf irgendeinem Missionsfeld führen würde); außerdem Notizen für seine eigenen Predigten auf Englisch, Spanisch, Ketschua; Aufzeichnungen über die Aucasprache und statistische Zahlen über Äußere Mission, die er sich in seiner Collegezeit notiert hatte. Nachfolgend ein Auszug:

»1700 Sprachen haben kein einziges übersetztes Wort der Bibel. 90% derer, die sich für das Missionsfeld melden, gelangen nie dorthin. Es ist mehr nötig als nur ein ‚Herr, ich bin willens'. 64% der Menschheit hat noch nie etwas von Christus gehört. In jeder Stunde sterben 5000 Menschen. Die Bevölkerung von Indien ist so groß wie die von Nordamerika, Afrika und Südamerika zusammen. Dort kommt ein Missionar auf 91000 Menschen. In den fremden Ländern gibt es einen Reichsgottesarbeiter auf je 50000 Menschen, während es in den USA einen auf 500 gibt.«

Angesichts des eindeutigen Befehls Christi in Verbindung mit jenen erschütternden Fakten glaubte Jim, daß er, wenn er in den Staaten bliebe, nachzuweisen habe, daß sein Bleiben gerechtfertigt sei.

Er faßte den Plan, in die Äußere Mission zu gehen, wo immer Gott ihn hinführen würde, und unternahm die ersten praktischen Schritte in diese Richtung im Sommer 1947, indem er per Anhalter nach Mexiko fuhr, zusammen mit Ron Harris, einem Collegefreund, dessen Eltern dort als Missionare lebten. Über seine ersten Eindrücke schrieb er seinen Eltern am 23. Juni:

»Mexiko hat mein Herz gestohlen. Wir sind jetzt vierzehn Tage hier bei Rons Familie, und sie haben mich eingeladen, solange dazubleiben, wie ich Lust habe. Im Augenblick wünschte ich fast, es wäre für immer . . . Gott hat mir sehr viel Freundlichkeit erwiesen, daß Er mich hierher geführt und mir Gelegenheit gegeben hat, ein wenig das Arbeitsfeld zu sehen und die Sprache zu hören. Missionare sind sehr menschenfreundlich; worum man sie bittet, das tun sie. Sie selber ordnen sich ganz unten ein und suchen in allem, Ihn zu erheben.«

Jim blieb sechs Wochen bei der Familie Harris. Er machte seine ersten spanischen Sprachstudien, beobachtete die Methoden seiner Gastgeber bei der Missionsarbeit, erhielt von ihnen Ratschläge und machte sich über alles, was er aufnahm, Notizen, sogar über die spanischen Namen von Vögeln, Blumen und Bergen.

Gegen Ende seines Aufenthaltes in Mexiko wurde er gebeten, in einer Versammlung für Kinder zu sprechen. Trotz seiner erst einmonatigen Sprachstudien entschloß er sich, es zu versuchen, und zwar ohne Dolmetscher.

»Das Thema war die Arche Noah und der Regenbogen der Verheißung«, erinnert sich Ron Harris. »Etwa 150 Kinder saßen aufmerksam und ruhig da, während Jim über eine halbe Stunde lang zu ihnen sprach. Hinter ihm war eine Tafel, und jedesmal, wenn er ein Wort nicht wußte, zeichnete er auf die Tafel und fand irgend jemand, der ihm das Wort, das er brauchte, sagte. Durch seinen glühenden Eifer und das bereitwillige Benutzen alles dessen, was er lernte, kam er mit dem Spanischen trotz der kurzen Zeit sehr gut voran.«

Als Jim nach Oregon zurücktrampte, gab es für ihn kaum noch einen Zweifel, daß Latein-Amerika das Land war, in welches Gott ihn rief. Er wußte jetzt, daß er sich nie mit dem »Üblichen« würde begnügen können. Sein Blick war auf die gerichtet, die das Wort noch nie gehört hatten.

UNBEIRRBAR AUF DAS VORGESTECKTE ZIEL ZU

»Nicht, daß ich es schon ergriffen habe oder schon vollendet sei . . . eines aber [tue ich]: Ich vergesse, was dahinten, strecke mich aber aus nach dem, was vorn ist, und jage auf das Ziel zu, hin zu dem Kampfpreis der Berufung Gottes nach oben in Christus Jesus.«

Als Jim 1945 nach Wheaton gekommen war, hatte er gedacht, er würde im Höchstfall vielleicht zwei Jahre bleiben können. Im Herbst 1947, nach seinem Aufenthalt in Mexiko und einigen Wochen zu Hause, war jedoch genügend Geld verfügbar, das Studium in Wheaton fortzusetzen, und er nahm dies als ein Zeichen Gottes, daß er dorthin zurückkehren solle. Sein erster Brief nach Hause trug das Datum vom 15. September:

»Dr. Brooks bat mich, am Samstag ein paar Worte vor den neu gekommenen Studenten zu sprechen, und der Herr gab mir Kraft zum Ermahnen und Ermutigen. Das Thema lautete: ‚Dinge, von denen ich als vorgeschrittenes Semester wünschte, ich hätte sie von jemandem gesagt bekommen, als ich anfing.' Ich erwähnte, daß es im Christenleben neben dem ‚Glauben' und dem ‚Wandeln' auch das ‚Sein' gibt, und ich führte Ermahnungen aus dem Neuen Testament an, wie

> ‚Seid nicht unwissend.'
> ‚Seid nicht solche, die sich selbst betrügen.'
> ‚Seid nüchtern.'
> ‚Seid wachsam.'
> ‚Seid eingedenk des Wortes.'
> ‚Seid standhaft.'

Möge der Herr mir Kraft geben, so zu leben, wie Sein Wort es fordert.«

Entsprechend seinen Ansichten vom Vorjahr entschloß sich Jim, Griechisch als Hauptfach zu nehmen. Erstens ging es ihm darum, in die Ursprache des Neuen Testaments so tief wie möglich einzudringen, um dessen Sinn gründlich zu erfassen, und außerdem glaubte er, daß die Kenntnis des Griechischen ihm sehr viel helfen werde bei dem Übersetzen der Bibel in eine primitive Sprache.

Aus den gleichen Gründen hatte auch ich Griechisch als Hauptfach gewählt, und unser Vorlesungsplan war fast der gleiche – ein recht seltener Fall bei einem College von fünfzehnhundert Studenten und einer so großen Auswahl von Vorlesungen. Eines Tages ging mir auf, daß jener Jim Elliot, der immer in die Vorlesungen über Thukydides, Herodot, die Septuaginta und alte Geschichte kam und auch am Seminar über griechische Dichter teilnahm, der gleiche Elliot sein müsse, von dem mein Bruder Dave seit zwei Jahren immerzu erzählte, einer seiner Freunde aus der Ringmannschaft, von dem er gemeint hatte, ich sollte ihn kennenlernen.

Jim saß in der Vorlesung über alte Geschichte ganz in meiner Nähe, auf der anderen Seite des Mittelgangs. Ja, dachte ich, er sieht tatsächlich wie ein Ringer aus. Fast einen Meter achtzig groß, hatte er den Stiernacken und den starken Brustkasten, wie ich mir dies bei einem Ringkämpfer immer vorgestellt hatte. Das mit Grau gemischte Blau seiner Augen wurde unterstrichen durch den hellblauen Pullover, den er meistens trug, dazu graue Flanellhosen und eine leicht abgetragene Gabardinejacke. Schlips und Socken waren in der Farbe meistens darauf abgestimmt, und ich stellte fest, daß er alles »Feine« und Auffällige vermied, was in meinen Augen schon ein kleiner Pluspunkt für ihn war.

Nach den Vorlesungen unterhielten wir uns manchmal miteinander, und eines Tages im Oktober fragte Jim, ob wir uns nicht einmal abends treffen könnten. Aus dem Impuls des Augenblicks heraus nahm ich die Verabredung, die er vorschlug, an, aber später machte ich sie wieder rückgängig. Dies war kein sehr lobenswerter Schritt, wie ich mir hernach von einigen anderen sagen lassen mußte. Ob ich nicht wisse, daß Jim ein Weiberfeind sei? Ich hätte eine einmalige Gelegenheit zurückgewiesen.

Den Ruf eines Weiberfeindes hatte Jim sich dadurch erworben, daß er alles Unwesentliche rücksichtslos aus seinem Tun ausschloß. Verabredungen, fand er, gehörten zu den Dingen, auf die er gut verzichten konnte. Zudem hatte in diesen ersten Monaten seines dritten Studienjahres Gott ihn angesprochen durch das Wort in Matthäus 19,12:

»Es gibt Verschnittene, die sich selbst verschnitten haben um des Reiches der Himmel willen. Wer es fassen kann, der fasse es.«

Jim war kein Asket und genoß von ganzem Herzen alles das, wovon er glaubte, daß es ihm von Gott gegeben sei, daß er es genieße, aber er hielt es für ratsam, aus seinem Tun und Unternehmen alles auszuschließen, was die Macht besaß, ihn von der Erfüllung Seines Willens abzulenken. Die Regeln aus dem 1. Korintherbrief waren in seinen Augen unumgehbar, und es geschah nicht ohne Grund, daß Gott ihm diese Lehren gerade jetzt vor Augen stellte. Ob Gott ihm das verlieh, was er die »Gabe des Ledigbleibens« nannte (ein Ausdruck, den Jim aus 1. Korinther 7, 7 nahm: *»Doch jeder hat seine eigene Gnadengabe von Gott, der eine so, der andere so«),* das wußte er noch nicht; aber jedenfalls versuchte er nicht, diese Möglichkeit von sich hinwegzudiskutieren. Er glaubte, daß Christus allgenügend sei, auch für das volle Sich-Entfalten und Erfüllen der Persönlichkeit, und er war bereit, sich Ihm hierin ganz anheimzugeben.

Jim schrieb in sein Tagebuch: »Das leichte Lachen, die verführerische Musik sich vermischender Stimmen, die lockenden Reize lächelnder Augen – für eine Seele, die Christus geschmeckt hat, ist dies alles ohne Würze. Ich möchte aber trinken von Ihm, und reichlich. Erfülle mich, Geist Christi, mit der ganzen Fülle Gottes.«

Als er sich mit der Geschichte von der Aussonderung der Leviten beschäftigte, in 5. Mose 9 und 10, und daß sie »weder Anteil noch ein Erbe« haben sollten, schrieb er: »Herr, wenn Du mir nur gewähren wollest, daß ich diese Stellung des Ausgesonderten nehme, durch Deine Gnade, so begehre ich kein Erbe. NICHTS, NUR CHRISTUS.«

Als mein Bruder Dave ihn einlud, die Weihnachtsferien in »Birdsong«, unserem Haus in Moorestown, New Jersey, zu verbringen, sagte Jim freudig zu, weil er dachte (wie er später erst bekannte), es sei eine gute Gelegenheit, mich näher kennenzulernen – ein Grund, den er damals ganz für sich behielt. Kein Mensch hätte etwas ahnen können von dem inneren Kampf, den er in jenen beiden Wochen durchmachte: Er hatte die Belehrungen über die Gefahren des »Sich-Bindens« in sich aufgenommen, und zu gleicher Zeit verspürte er ein wachsendes Interesse für meine Person. Ich ahnte aber damals nichts.

Während seines Aufenthalts bei uns schrieb er am 21. Dezember seiner Familie:

»Was Gottes Plan ist, daß Er mich hierher geführt hat, kann ich jetzt nicht sagen, vielleicht werde ich es nie sagen können, solange noch das Ticken von Uhren an das Ohr dringt; aber daß Er führt und daß Sein Plan nicht mißlingen wird, das weiß ich mit Bestimmtheit . . . Hier bin ich im Schoß einer prachtvollen Familie: ein Sohn im Alter von Bob und seine Frau (Phil und Margaret); auf Betty, die heute einundzwanzig wird und in ihrem vierten Studienjahr in Wheaton steht, folgt als nächster Bruder Dave. Dann kommen Ginny, die Fünfzehnjährige mit umgerollten Socken, die genau wie Jane die Augen zumacht, wenn sie lächelt, was bei ihr sehr häufig ist; und Tommy, dreizehn; zusammen mit Jimmy, sieben; sie erhalten uns andere bei guter Laune und heiterer Stimmung. Auch hier finde ich wieder, daß die Kinder Gottes ungeheuer freundlich sind, und diese ganz besonders. Heute morgen bin ich in die ‚Kirche' gegangen, und ich stellte fest, daß ich erschreckend unwissend bin hinsichtlich der alten Gebräuche, die wir bei unseren ‚Versammlungen' so energisch verurteilen und ausmerzen (und die wir dennoch manchmal, ohne es zu merken, beibehalten). Ich kann nicht das Apostolische Glaubensbekenntnis und kenne auch nicht die richtigen Melodien der presbyterianischen Liturgie. Betet für mich. Ich brauche Standhaftigkeit, sowohl seelisch als auch geistlich.«

Meine Familie war von Jim entzückt. Auf uns, die wir aus Philadelphia und Neu-England stammen und die nüchterne und gesetzte Art der Leute aus dem Osten haben, wirkte sein stets bereites, offenes Lächeln, sein kräftiger Händedruck und seine ganze unbeschränkte Offenherzigkeit erfrischend. Er reparierte alles, was der Reparatur bedürftig war in dem schon ziemlich alten Haus, das seit einer Reihe von Jahren für uns acht die Heimat war. Einer kleinen alten Dame, die damals Küchenhilfe meiner Mutter war, half er beim Geschirrabtrocknen. »Der wird sich alle Herzen erobern«, sagte sie von Jim. »Wenn er eine Gabel findet, die nicht gut gespült ist, sagt er nicht, ich soll sie nochmal spülen, sondern tut es selber.« Trotz ihrer Taubheit konnte die alte Dame es hören, wenn Jim sang. Er wußte Hunderte von Kirchenliedern auswendig und ließ bei allen möglichen Gelegenheiten ungeniert seinen kräftigen, etwas spröden Bariton ertönen.

Er ging mit meinen kleineren Geschwistern zum Rodeln und Schlittschuhlaufen und schippte für meinen Vater Schnee. Daß er etwas Besonderes für mich getan hätte, kann ich mich nicht erinnern, außer daß er mich abends immer lange wach hielt durch seine Unterhaltung, wenn die anderen schon längst im Bett lagen. Wir redeten über die verschiedensten Themen – über seinen Standpunkt in der Frage des Kriegsdienstes (als meine Mutter ihn harmlos gefragt hatte, ob er schon gedient habe, hatte er mit solcher Heftigkeit erwidert: »Nein, Ma'am«, daß sie ganz verblüfft gewesen war), über neutestamentliche Grundsätze der Gemeindeführung, über Frauen, Dichtung und viele andere Gegenstände, wobei er Ansichten vertrat, die ich ungewöhnlich fand. Mir gefielen diese langen Diskussionen – teilweise machten sie mir deshalb Freude, weil ich in so vielen Dingen damals anderer Ansicht war als er. Auf jeden Fall, ich fand, Jim Elliot sei eine ausgesprochene »Persönlichkeit«, und er gefiel mir.

Als wir wieder in Wheaton waren, bemerkte Jim, daß ich meine Thukydides-Aufgaben immer an einem bestimmten Tisch im Arbeitssaal machte. Von da an setzte er sich ziemlich regelmäßig zu mir. Es gab Momente, wo ich das dunkle Gefühl hatte, den größeren Teil der Arbeit täte ich , aber der Gedanke, daß ihn andere Erwägungen als die der reinen Nützlichkeit bestimmen könnten, kam mir in keiner Weise. Wir fanden, daß es eine wirksame Methode war, rasch ganze Seiten griechischer Texte durchzuarbeiten.

Als er mir Monate später sagte, sein Interesse für mich habe vor den Weihnachtsferien begonnen, war ich überrascht. Ich erfuhr, daß seine persönlichen Gefühle im Zaum gehalten worden waren durch einen Grundsatz, von dem er einmal seinen Eltern schrieb:

»Niemand weist die jungen Leute an, daß sie dem Beispiel Adams folgen sollen. Adam wartete, bis Gott sah, was ihm fehlte. Darauf ließ er Adam in Schlaf sinken, bereitete ihm eine Gefährtin und führte sie ihm zu. Wir brauchen mehr von diesem ‚Schlafen' in Gottes Willen. Denn dann können wir entgegennehmen, was Er uns zuführt, und zwar zu der von Ihm gesetzten Zeit, wenn überhaupt. Statt dessen suchen wir krampfhaft nach einem Partner, wie gierige Bluthunde, und ziehen jeden, den wir sehen, in Erwägung, bis unser ganzes Denken so angefüllt ist mit der sexuellen Frage, daß wir von nichts anderem mehr reden können,wenn wir unter uns sind. Natürlich kann ein junger Mann die Frauen nicht ignorieren, aber er kann sie so betrachten, wie es sich gehört – als Schwestern, nicht als Boxkampfpartner!«

Wie es oft der Fall ist, fand Jim, obwohl er mehr für sein Studium zu arbeiten hatte als je zuvor, daß die stille Zeit mit der Bibel noch wichtiger und wesentlicher war. Er begann, sich morgens vor dem Frühstück eine Stunde mit dem Alten Testament zu befassen, mittags einige Minuten mit Psalmen und an den Abenden mit dem Neuen Testament. Am 18. Januar 1948 fing er an, das, was er dabei lernte, in ein Heft zu notieren.

»Was auf diesen Blättern steht, werden eines Tages, vermute ich, auch andere lesen. Deshalb kann ich nicht hoffen, daß ich bei dem, was ich aufzeichne, völlig ehrlich sein werde, denn dieses heuchlerische Herz will immer eine glänzende Fassade zeigen und wagt nicht hinzuschreiben, was in seinen Abgrundtiefen sich tatsächlich vorfindet. Dennoch bitte ich Dich, Herr, daß Du diese Aufzeichnungen so wahrheitsgetreu werden läßt wie möglich, daß ich mein Herz erkennen möge und imstande sei, bestimmt zu beten im Hinblick auf meine grobe, wenn auch häufig unerkannte Unbeständigkeit. Ich bitte dies, weil mir bewußt geworden ist, daß meine stille Zeit sehr oft nicht so ist, wie sie sein sollte. – Diese Niederschriften sollen entspringen aus frischen, von Gott bei der täglichen Betrachtung Seines Wortes eingegebenen Gedanken.

1. Mose 23 – Abraham nennt sich Fremdling und Beisasse in einem Land, von dem er glaubte und vertraute, daß Gott es ihm zu eigen geben werde. Hier zeigte er zum erstenmal eine wirkliche Neigung, sich auf Erden ein Heim zu bereiten – und wie gering ist dieses Heim –, nur ein Feld, ein paar Bäume und eine Höhle, in der er seine Toten bestatten kann. Herr, zeige mir, daß ich ein Fremdling sein muß, unbekümmert um irdische Dinge und ohne Bindung an sie – wie Abraham, der ‚die Stadt erwartete, deren Baumeister und Schöpfer Gott ist'. Es geschah in der Zeit, als Abraham unter den Hethitern als besitzloser Fremdling lebte, daß diese ihn einen ‚Fürsten Gottes' nannten. Abraham versuchte nicht wie Lot, ein Menschenfürst zu werden, und alle erkannten, daß sein Rang und dessen Erblichkeit (Kennzeichen des Fürsten) nicht von Menschen kamen, sondern von Gott. Ach, daß man Israel genannt

würde, Fürst und Streiter Gottes; nicht mehr Jakob mit dem Weltsinn!

Hilf mir, Herr, nicht zu klagen und nicht den Dingen nachzuweinen, die mir einstmals teuer waren, bei denen Du mich aber lehrst, daß sie nichts anderes sind als Tote (seien es Wünsche, Vergnügungen oder was immer meinem Herzen jetzt noch wert und teuer sein mag), sondern gib mir die Bereitschaft, sie fortzutun aus meinem Blickfeld (Vers 4). Grabstätten sind kostspielig, aber auch ich möchte eine Höhle Machpela besitzen, wo ich Leichname (tote Dinge in meinem Leben) forttun kann.«

Solche Kommentare zu seinen täglichen Lesungen füllten viele Seiten seines Heftes; er nannte diese Seiten »Museen von gepreßten Blumen, mit Ihm gesammelt dort, wo Er mich ‚auf Lilienauen weiden' läßt.«

Im Laufe dieses Jahres ging Jim von der bisherigen Gewohnheit ab, in seine Bibel Anmerkungen zu schreiben oder Verse zu unterstreichen. Er kaufte sich eine neue Übersetzung, und nach einem Jahr war sie zwar stark zerlesen und von vorn bis hinten voller Eselsohren, aber ohne angestrichene Stellen. Dies Verfahren, fand er, half ihm, ständig nach neuen Wahrheiten zu suchen, und es ermöglichte, daß die besonderen Worte, die er brauchte, nicht von einem Rotstift, sondern vom Geiste Gottes unterstrichen wurden.

Jims Bestreben, etwas »Neues« aus der Schrift zu schöpfen, war jedoch nicht immer von Erfolg. Eines Morgens, nicht lange nachdem er das Heft mit den Aufzeichnungen begonnen hatte, schrieb er:

»Gestern hatte ich reichlich Zeit zum Bibelstudium, ich las das Kapitel gewissenhaft und suchte ernsthaft nach Wahrheit, die neu wäre, aber ich muß sagen, daß ich keine fand. Vielleicht suchte ich zu krampfhaft. Vielleicht habe ich dem Geist entgegengearbeitet und ihn durch meinen Eifer fortgescheucht. Lehre mich zu hören, Herr; gib, daß ich nicht versuche, die Schrift nach Wahrheit auszupressen, die Du mir noch nicht erschließen willst. Meine stille Zeit ist noch nicht so, wie ich sie gerne möchte.«

Wenn er den Text gelesen, überdacht und schriftlich festgehalten hatte, wandte er sich zum Gebet. Er hatte Listen von Menschen, für die er betete, für jeden Tag der Woche eine Liste, und wenn die Zeit des Alleinseins in seinem Zimmer zu knapp war, betete er auf dem Weg zum Frühstücksraum oder mittags, wenn er im Speisesaal an der Essensausgabe anstand. Freie Augenblicke, die sich im Lauf des Tages ergaben, wurden benutzt, um für diese Namen zu beten, oder zum Auswendiglernen von Bibelversen, die er, auf Kärtchen geschrieben, in der Tasche trug. Diese Kärtchen behielt er, bis sie ganz zerfetzt waren, und manchmal brachten sie ihm den Vorwurf ein, er sei ein Eigenbrötler, weil es nämlich Zeiten gab, wo die Kärtchen oder das Notizbuch mit den Gebetslisten den Vorrang vor dem Plaudern mit den anderen hatten.

Beim Psalmenlesen tat er sich zuweilen mit einem anderen zusammen.

»Heute mittag viel Freude beim Lesen von Psalm 119 mit Dave und gemeinsamem Gebet«, schrieb er. »Wie sehr hat mich Gott in die Liebe zu ihnen geführt – Bob, Bill und jetzt Dave. Was für wunderbare Zeiten werden wir verleben, hier und in der anderen Welt bei Ihm, wo alle Angst und aller Schrecken ausgelöscht sein werden.«

Es war Mark Aurel, der sagte: »Des Menschen Gedanken färben seine Seele.« Das Bleiben in den Worten Christi färbte Jims Seele, und ihre Färbung blieb den Mitstudenten nicht verborgen. »Sein Lebenswandel gab mir einen starken Anstoß«, schrieb sein Zimmerkamerad. »Ich denke oft daran zurück, wieviel Zeit er im Gebet verbrachte, und wenn ich daran denke, habe ich ein Schuldgefühl, denn er lebte in viel engerer Gemeinschaft mit dem Herrn als sein Zimmerkamerad.«

Denen, die an die althergebrachten religiösen Begriffe gewohnt waren, schienen Jims Ideen manchmal erschreckend. Oft, wenn es im Speisesaal zu privaten Diskussionen kam, sagte einer: »Wie bist du bloß auf eine derartige Idee gekommen, Elliot?« Die Antwort findet sich in seinem Heft:

»In 2. Timotheus 2,9 heißt es: ‚*Gottes Wort ist nicht gebunden.*' Die Theologie dagegen – gebt acht, daß ihr das Wort nicht bindet und in Ketten legt, bloß damit es auch hineinpasse in eure festgelegten Glaubenssätze, Dogmen und aufgebauten philosophischen Systeme! Gottes Wort ist nicht gebunden! Es ist frei, es kann jedem sagen, was es will. Niemand kann es in eine sozusagen amtlich festgelegte Auffassung hineinpressen, von der nicht abgegangen werden dürfte. Verleibt es euch nicht ein als totes Wissen, das nur Theorie bleibt, sondern laßt es leben – als etwas immer wieder Frisches, Neues und Pulsierendes. So, wie es auch das Vorbild der Apostel lehrt . . .«

Jim studierte selbst Gottes Wort, und auch wenn seine Auffassung von dem, was es besagte, nicht im Einklang stand mit der gemeinhin üblichen, ließ er sich dadurch nicht von seiner Lebensführung abbringen.

»Die Richtschnur für mein Verhalten ist nicht gegeben in der Verhaltensweise derer, die um mich herum sind«, schrieb er. »Man soll nicht dem Beispiel derer folgen, die man in der Welt zurückgelassen hat, aber auch nicht derer, die man in der Kirche findet. Richtschnur meines Lebens soll vielmehr das Gebot Gottes sein, wie es in Seinem Wort zu finden ist, und für diese Art der Lebensführung gibt es, so wie ich dic Dinge sehe, überall nur wenig Beispiele.«

Etwa vier Wochen nach der Unterbrechung des Studiums durch die Weihnachtsferien schrieb er in sein Tagebuch:

»1. Mose 28: Gottes Verheißung an Abraham lautete, daß sein Same wie der Staub auf Erden und die Sterne am Himmel werden solle. Die Sterne bedeuten diejenigen seiner Nachkommen, die es durch den Glauben sind, ein Himmels- oder

Gottesvolk mit einem göttlichen Ziel und göttlichen Verheißungen. Ismael gehört nicht zu den Nachkommen im Glauben, ‚denn nach Isaak soll dir [die] Nachkommenschaft genannt werden'. Jakob, der später Israel heißt, gibt seinen Namen dann an alle Nachkommen weiter, auch an die, welche irdisch gesinnt sind. Der Unterschied der Bestimmung macht diese beiden Arten von Nachkommen so wesensverschieden, daß es ein fahrlässiges Mißverstehen der Schrift ist, wenn man behauptet, zwischen ihnen bestehe Gleichheit auf dem Gebiet des Rechts, des Kriegsdienstes oder des Erbes.«

Jims Ansichten über Kriegsdienst und Recht, über Theologie und Philosophie gründeten sich, obwohl manche darin Bilderstürmerei sahen, auf seine einfache, wortgetreue Auslegung der Schrift und deren Anwendung auf das tägliche Leben. Selbst seine Glückwünsche zu Geburtstagen bewegten sich nicht auf der Linie des üblichen Schemas, wie der folgende Brief an seinen Bruder Bert veranschaulicht:

»Für Dich, Bruder, bete ich, daß der Herr dieses Jahr mit Seiner Güte kröne und im kommenden Dir einen Geist heiligen Wagemuts verleihe zum Erheben des schneidenden Schwertes der Wahrheit, und daß Du erfüllt seist von der brennenden Leidenschaft, die der gebildete bürgerliche Christ ‚Schwärmerei' und ‚Fanatismus' nennt; Gott aber sieht darin jene heilige Torheit, die Seinen Sohn durch blutigen Schweiß und heiße Tränen zum Todeskampf an einem rohen Kreuz führte und – zur Herrlichkeit!«

An seine fünfzehnjährige Schwester Jane schrieb er folgendes: »Richte den Blick fest auf den aufgehenden Morgenstern. Laß Dich durch nichts enttäuschen, aber auch nicht in übertriebene Begeisterung versetzen. Lebe jeden Tag so, als ob des Menschen Sohn vor der Tür stünde, und denke bei allem an die Flüchtigkeit des Augenblicks. Wie kann er ausgekauft werden? Wandle so, als würde Dich der nächste Schritt über die Himmelsschwelle führen. Bete! Der Gläubige, der auf den Knien vorrückt, braucht nie zurückzuweichen.«

Jim betete damals viel für Dinge, welche die Missionsarbeit betrafen.

«Manche sind in Unwissenheit über Gott; zur Beschämung sage ich es euch«, schrieb er mit den Worten des Apostels Paulus. »Sie müssen von Ihm hören. Der Herr legt mir schwer die Not der noch unerreichten Millionen Innerasiens auf die Seele. Warum gibt es in der Kirche kein Erwachen? Welch hohe Berufung ist allen denen angeboten, welche beten: ‚Sende mich'.

Unsere jungen Leute gehen ins praktische Berufsleben, weil sie sich zur Missionsarbeit nicht ‚gerufen' fühlen. Aber wir brauchen keinen Ruf; wir brauchen einen Tritt in den Hintern. Wir müssen endlich daran denken, daß wir ‚hingehen' müssen; und nicht mehr ständig klagen, daß die anderen ‚nicht herkommen', nicht in unsere Kirchen gehen. Wer hat Verlangen, in die Eiseskälte einer Eskimohütte zu gehen? Selbst in Gräbern ist keine solche Kälte wie in unseren Kirchen. Möge Gott uns aussenden.«

Er war Mitglied der Studentischen Vereinigung für Äußere Mission und nahm teil an ihren Gebetsversammlungen früh morgens. Am späten Abend, nach der eigentlichen Arbeit, machte er oft noch Liebesgabenpakete für Europa. Doch sein Blick für die Not der Welt umschloß auch die, die direkt vor seiner Tür waren, und Sonntagnachmittags fuhr er nach Chicago hinein und sprach zu denen, die in den großen Bahnhöfen auf ihre Züge warteten, von Christus.

»Keine Frucht bisher«, schrieb er. »Woran liegt es, daß ich so unfruchtbar bin? Nur einen oder zwei, soweit ich mich erinnern kann, habe ich in Gottes Reich geführt. Das ist kein sehr machtvolles Bekunden der Kraft, die uns durch den Auferstandenen verliehen worden ist. Ich fühle mich wie Rahel: ‚Schaffe mir Kinder, oder ich sterbe.'«

Die Liebe zu Gott, glaubte Jim, muß sich bekunden in Liebe zu den Menschen, nicht nur zu solchen, die Ihn noch nicht kennen, sondern auch zu denen, die sich nach Seinem Namen nennen.

»Wenn jemand sagt: Ich liebe Gott, und haßt seinen Bruder, ist er ein Lügner.«

In einer Stadt nicht weit von Wheaton gab es eine kleine Gruppe von Christen, die sich nach schlichtem, neutestamentlichem Vorbild regelmäßig trafen. Jim schloß sich ihnen an; er hoffte, er könne ihnen irgendwelche Hilfe bringen. Sein Tagebuch zeigt jedoch, daß er dort eine ähnliche Enttäuschung über sich empfand, wie bei seinen Bemühungen auf den Bahnhöfen in Chicago:

»*‚Der Mann, den ich erwählen werde, dessen Stab wird sprossen.'* Wenn Du mich erwählt hast, Vater, dann sollte ich grünen und blühen und Frucht tragen für Dich.«

Sein Wunsch wurde nicht erfüllt, wie es scheint, zum mindesten nicht sichtbar, doch die seelischen Bemühungen, die er machte, trugen wenigstens dazu bei, ihn vor dem zu bewahren, was beim normalen Collegestudenten ein Leben unbeschränkter Selbstsucht ist.

Weil er lernen wollte, wie man für Gott lebt, suchte er Hilfe bei älteren Christen und bat sie zuweilen, mit ihm zu beten. »Hatte Gebetsgemeinschaft mit Bruder Harper«, schrieb er einmal, »und ein Gespräch über die göttlichen Dinge. Ein fruchtbares Erlebnis. Herr, zünde an den toten Reisighaufen meines Lebens, gib, daß ich aufflamme und für Dich verbrenne. Verzehre mein Leben, Gott, denn es ist Dein. Ich trachte nicht nach einem langen Leben, sondern nach einem erfüllten, gleich Dir, Herr Jesus.«

Weitere Tagebuchauszüge aus diesem dritten Studienjahr zeigen sein unnachgiebiges Streben zu Gott hin.

3. Februar. »O Gott, bewahre mich vor einem Leben der Leere, das nur die toten Regeln moralischer Gesetze kennt. Gib vielmehr die innige Verbundenheit der Seele mit Deinem göttlichen Leben, damit Frucht entstehen möge, damit wieder

allen offenbar werde, daß Christus wahres Leben wirkt, Leben in Fülle.«

10. März. »Heiland, ich weiß, Du hast mir volle Freiheit gegeben, Dir zu dienen oder meinen eigenen Weg zu gehen. Ich möchte Dir auf ewig dienen, denn ich liebe meinen Meister. Ich will nicht nach meinem Eigenwillen leben. Richte mein Ohr Herr, daß es nur Deine Stimme hört.«

16. April. »O Lamm Gottes, was für ein einzigartiges Opfer bist Du! Wessen Blut hätte nützen können wie das Deine? Blut von Böcken konnte nicht reinwaschen, denn Tiere stehen außerhalb von Gut und Böse. Mein eigenes wäre nutzlos, denn ich bin voll von Bösem. Nur Du bist völlig gut und ohne Fehl, nur Dein Blut konnte eine Wirkung haben.«

An diesem gleichen Tag unternahmen Jim und ein paar andere Studenten eine Fahrt als Evangelisationsmannschaft. Bei einer Bahnkreuzung blieb das Auto mitten auf den Geleisen stehen und wurde wenige Sekunden, nachdem sie hinausgesprungen waren, von einem Güterzug zertrümmert. Jim sandte seinen Eltern einen Zeitungsausschnitt und schrieb folgende Bemerkungen dazu:

»Die Einzelheiten stimmen ungefähr, aber Zeitungsleute wissen ja nichts von den dienenden Geistern, die der Weltenherrscher aussendet, daß sie Diener derer seien, die das Heil erben sollen. Es machte mich recht nachdenklich, daß der Herr mich hier bewahrt hat. Sicher hat Er eine Arbeit irgendwo, in die Er mich hineinstellen will. Ach, daß ich das ergreifen möchte, wozu ich selbst ergriffen worden bin!«

So entrann Jim mindestens zum zweiten Mal dem Tod durch Unfall – das erste Mal bei dem Gewehrschuß, der durch sein Haar gegangen war – und wurde durch ein paar weitere Jahre hindurchgeführt zu einem Tod ganz anderer Art, der auf seltsame Weise vorausgesagt zu sein scheint in den Worten, die Jim zwei Tage nach dem Unfall in sein Tagebuch schrieb:

»(3. Mose 17, 10) Wer Blut genießt, wider den wird Gott Sein Antlitz setzen. So auch bei mir. Wenn ich mein Lebensblut für mich behalten wollte und mich sträubte, es als Opfer hinzugießen – so dem Beispiel meines Herrn zuwiderhandelnd –, dann würde ich erfahren, daß Gott Sein Antlitz unerbittlich gegen meine Pläne setzen würde. Vater, nimm mein Leben, ja mein Blut, wenn Du willst, und verzehre es in Deinem Feuer. Ich will es nicht behalten, denn es ist nicht mein, daß ich es für mich behielte. Nimm es, Herr, nimm es ganz. Gieß mein Leben aus als eine Opfergabe für die Welt. Blut ist nur von Wert, wenn es vor Deinem Altar fließt.«

Das Hochschuljahr war fast zu Ende, als Jim mich eines Tages, zwischen zwei Vorlesungen, in der Halle festhielt. Er drückte mir ein kleines Buch in schwarzem Leder in die Hand. Ich nahm es in mein Zimmer mit und sah, daß es ein Gesangbuch war. Auf das erste Blatt hatte er ein paar Worte geschrieben, einen Bibelvers auf Griechisch, erst in seiner klaren, flüssigen Schrift, dann in kleinen Druckbuchstaben, und darunter stand vermerkt »Lied Nummer 46«. Als ich rasch die Nummer aufschlug, fand ich diesen Text:

Hält etwas mich hier unten fest,
das weg von Dir mein Herze zieht,
so daß es heimlich Deine Näh,
den trauten Umgang mit Dir flieht –
so hilf, daß schnell Dein irrend Kind
in neuer Lieb zu Dir sich find.

Heg ich ein Hoffen, lieb und wert,
das mir Dein Kommen, Herr, verstellt,
das tief im Innern mich mit Macht
will fesseln an die eitle Welt –
so löse mich und mach mich frei,
daß Dich zu schaun mein Höchstes sei!

Dies hungrig Herz füllst Du allein,
stillst alle Sehnsucht in der Brust!
Drum Dein zu sein, sei meine Lust.
Dir dienen, folgen mehr und mehr
sei meiner Seele voll Begehr!

Erst in den allerletzten Wochen, bevor er mir dies Büchlein gab, war mir der Gedanke gekommen, daß Jim sich für mich interessiere. Jedoch auch wenn ich irgendwelche Hoffnungen gehegt hätte, jetzt war für beide klar, für wen er sich entscheiden mußte. Die Entscheidung mußte heißen: Christus – Christus allein.

Ein paar Tage später machten wir am Abend einen gemeinsamen Spaziergang und sprachen darüber, wie sonderbar die Bahn doch sei, auf die uns Gott geführt hatte. Nur einmal hatten wir uns bisher verabredet – zu einer missionarischen Versammlung in Chicago, ungefähr vier Wochen vorher. Wir waren viel beisammen gewesen zu gemeinsamer Arbeit und Gesprächen, hierin hatten wir eine fruchtbare Freundschaft gesehen, aber keiner von uns hatte zugegeben, daß es vielleicht auch mehr sei. Jetzt gestanden wir die Wahrheit ein – wir liebten uns.

Kaum darauf achtend, in welche Richtung wir gingen, traten wir durch ein offenes Gittertor und fanden uns auf einem Friedhof. Wir setzten uns auf eine Steinplatte, und Jim erklärte, er habe mich Gott dargegeben, ungefähr wie Abraham seinen Sohn Isaak. Ich erschrak – denn genau das gleiche Bild hatte mir seit einigen Tagen immer vorgeschwebt, wenn ich über unsere Beziehung nachgedacht hatte. Wir waren beide einer Ansicht, daß unser Weg von Gott bestimmt wurde. Unser beider Leben gehörte gänzlich Ihm, und wenn es Ihm gefiele, das »Opfer« anzunehmen und zu brauchen, so wollten wir nicht die Hand darauf legen, um es zurückzuziehen und für uns selber zu behalten. Mehr war nicht dazu zu sagen.

Wir saßen und schwiegen. Plötzlich wurden wir gewahr – in unserem Rücken war der Mond aufgegangen –, daß zwischen uns der Schatten eines großen Steinkreuzes lag.

Das Datum dieses Abends ist in Jims Gesangbuch vermerkt, es steht neben dem folgenden Liedvers:

»Und willst Du wirklich, daß ich nun verzichte
auf jenes Eine, das mir köstlich schien –
so nimm es hin! Es war ja noch nicht mein! –
Ich lasse Dir ja nur, was längst schon Dein! –
Dein Will' gescheh!«

Nach seinem Examen verbrachte Jim die ersten Tage der Sommerferien allein im Hause seiner Tante in Glenn Ellyn, einer kleinen Stadt nicht weit von Wheaton. Während dieser Zeit überdachte er den Entschluß, zu dem ihn Gott geführt hatte. Daß er richtig sei, stand für ihn nicht in Frage, aber welcher Zwiespalt sich in seinem Innern abspielte, davon zeugt der nachstehende Eintrag in seinem Tagebuch:

18. Juni. »Josua 5 und 6. ‚Geweihtes Gut'. Das ist etwas, was für mich gilt im Hinblick auf Betty. Was uns beide angeht, so ist sie ‚geweiht' worden – nicht der Vernichtung wie damals Jericho, sondern Gott geweiht, als ein lebendiges Brandopfer. Dem habe ich zwar zugestimmt, indem ich sagte, daß Er uns beide ganz zu eigen haben solle, als ‚dem Herrn gebannt'. Aber die verborgene Gefahr lag in dem Behalten von Hoffnungen ('köstliche Dinge', Gold und Silber), von Hoffnungen, daß Er mir Betty schließlich doch noch überlassen würde, daß unser Beschluß, unsern Weg zu Gott getrennt zu gehen, später von Ihm aufgehoben würde und ich so am Leben bliebe. Aber dann wäre es genauso, als wenn ich sie Ihm in Wirklichkeit gar nicht ‚geweiht' hätte, denn ich hätte mir im geheimen vorbehalten, sie eines Tages für mich selber zu beanspruchen. Und hier kommt nun der Satz: *‚. . . hütet euch, von dem gebannten Gut zu nehmen, . . . auf daß ihr nicht ins Unglück stürzt.'* (Vers 18). Ach wie ähnlich auch hier wieder – verscharrt unter dem Zelt lagen im verborgenen die heimlichen Hoffnungen auf etwas, was ich nicht haben darf, die Sehnsüchte, an denen man sich in einsamen Momenten erwärmt. Doch das Kreuz ist unwiderruflich. Es gibt jetzt kein Zurück mehr, auch kein Auf-halbem-Wege- Stehenbleiben. Ich muß weitergehen, schlafend wie Adam, bis Gott sieht, daß ich eine

Gefährtin brauche und sie mir bereitet – falls ich sie tatsächlich brauche. Mach mein Herz fest, Herr, Dir zu folgen und nichts anzurühren, was nicht mein ist.«

DIE FEUERFLAMME

»Da flog einer der Seraphim zu mir; und in seiner Hand war eine glühende Kohle, die er mit einer Zange vom Altar genommen hatte. Und er berührte [damit] meinen Mund und sprach: Siehe, dies hat deine Lippen berührt; so ist deine Schuld gewichen und deine Sünde gesühnt.«

Auf Jims Gebet um Wegweisung für die Sommerferien, von dem er in seinem Tagebuch vor mehreren Monaten berichtet hatte, wurde ihm jetzt Antwort:

»Das Geführtwerden war für Israel auf seiner Wanderung etwas Unbestreitbares (4. Mose 9). Wenn Gott wollte, daß das Volk weiterzog, war dies eindeutig zu erkennen. Sollte mir der Vater Seine Weisung weniger deutlich zu erkennen geben? Das kann ich nicht glauben. Oft kommen mir zwar Zweifel, denn ich kann nichts sehen, aber sicher wird der Geist genauso unzweideutig führen wie die Wolkensäule. Ich muß ebenso bereit sein, hierzubleiben, wie an einen anderen Ort zu gehen, denn Gottes Gegenwart bestimmt den Ort, wo Sein Volk sich aufhalten soll. ‚Wo ich bin, da wird auch mein Diener sein.' Ja, Herr – was also ist's mit diesem Sommer?«

Im Juli 1948 machten Jim und drei andere Wheatoner Studenten – Dave Howard, Roger Lewis und Verd Holstaen – eine Reise als Evangelisationsmannschaft im Rahmen der Studentischen Vereinigung für Äußere Mission. Der Reiseplan führte sie durch die Staaten des mittleren Westens von Michigan bis Montana. In Kirchen, bei Bibeltagungen, in Freizeitlagern und Schulen sprachen sie zu jungen Menschen und legten ihnen dar, wie groß der Mangel an solchen sei, die ihr Leben völlig in den Dienst Jesu Christi stellten. Sie betonten die

Verantwortung der Kirche gegenüber all jenen Völkerstämmen, die noch nie von Christus gehört haben. Jim wollte nicht, daß diese Reise eine bloße Vergnügungsfahrt sei.

»‚Er macht seine Diener zu einer Feuerflamme'«, schrieb er. »Bin ich fähig zu brennen? Befreie mich, Herr, von den unentzündbaren weltlichen Schlacken. Durchtränke mein Wesen mit dem Öl des Heiligen Geistes, auf daß ich aufflammen kann. Aber eine Flamme ist vergänglich, oft von kurzer Lebensdauer. Kannst du das ertragen, meine Seele – ein kurzes Leben? In mir wohnt der Geist jenes Großen, dessen Leben so kurz war und den der Eifer für das Haus des Herrn verzehrte. Und Er verhieß, daß wir getauft würden mit dem Heiligen Geist und mit Feuer. ‚Flamme Gottes, laß mich dein Brennstoff sein.'«

Dieses Gebet fand unmittelbare und tiefgehende Erhörung. »In jenen Wochen«, schreibt Dave, »wirkte Gott in unseren eigenen Herzen, und noch heute höre ich Jim predigen, mit einer Leidenschaft, wie ich sie selten bei jemand erlebt habe. Mehrere Jahre später, als ich überall umherreiste und vor Studenten über Äußere Mission sprach, traf ich immer wieder in Colleges oder Bibelschulen auf junge Menschen, bei denen der Entschluß, Gottes Ruf zu folgen, durch die Predigten von Jim auf unserer damaligen Evangelisationsfahrt hervorgerufen worden war, und die sich jetzt auf den Dienst als Missionare vorbereiteten.«

Die folgenden Auszüge stammen aus Jims Tagebuch während jener Reise:

»Vater laß mich schwach sein, auf daß ich die Kraft verliere zum Umklammern von weltlichen Dingen. Mein Leben, mein Ansehen, mein Besitz – Herr, nimm hinweg von mir die Neigung meiner Hand zum Ergreifen und Festhalten. Ach, daß doch von mir wiche das Verlangen schon nach dem bloßen Streicheln. Wie oft habe ich den festen Griff gelockert, nur um mir das zu erhalten, was ich in ‚harmlosem' Verlangen so schätzte – das streichelnde Berühren. Nein, öffne vielmehr meine Hand zum Aufnehmen des Kreuzigungsnagels, Vater, wie die Hand Jesu Christi – auf daß ich, indem ich alles loslasse, selber losgelassen werde, los von allem, was mich jetzt noch bindet. Auch bei Ihm war das Sinnen und Trachten auf den Himmel gerichtet, ja, auf die Gleichheit mit Dir, nicht auf Dinge, die man umklammert. So gib denn, Vater, daß ich loslasse.«

»In der letzten Zeit hatte ich viele innere Kämpfe – Zweifel, ob Gott sich um die Welt tatsächlich kümmert, wahrscheinlich daher rührend, daß man bei unseren Predigten so wenig Wirkung Seiner Kraft sieht. Gestern morgen mächtigen Trost empfangen, als ich mir vor Augen hielt, daß der Glaube sich auf Tatsachen gründet, vor allem auf die Auferweckung Christi. Wäre Christus nicht auferstanden, so wäre mein Glaube nichtig.«

»Vater, mach mich zum Wendepunkt für andere. Stelle die, mit denen ich in Berührung trete, in die Entscheidung. Laß mich nicht ein Meilenstein auf einer geraden Straße sein; mach mich zu einem Scheideweg, so daß Menschen, wenn sie Christus in mir gegenüberstehen, entweder in die eine oder in die andere Richtung gehen müssen.«

Ein Brief an seine Mutter, der das Datum vom 16. August 1948 trägt, ist in seinem Kreisen um Christus typisch für viele andere:

»Geliebte Mutter und Ihr Übrigen: Dies wird wohl mein letzter Brief nach Hause sein, bevor ich komme, hoffe ich. Das Schreiben unterwegs ist immer ziemlich schwierig.

Wir nähern uns unserem heutigen Ziel. Möchte Gottes Kraft uns auch heute die Gewißheit geben, daß sie mächtig in uns wirkt. Der Geist des Propheten, heißt es, ist dem Propheten untertan – ich habe Mühe, ihn in der Untertänigkeit zu halten. Der Geist ist etwas Flüssiges, er strömt und fließt, sinkt und wogt hoch, je nach den Strömungen der Umstände. Jeden Gedanken zum Gehorsam gegen Christus zu bringen, das ist keine Arbeit, die man mit der linken Hand erledigen kann.

Dienstagmorgen. – Ich freue mich, daß ich Gelegenheit habe, das Evangelium von der überschwenglichen Gnade unseres Gottes vor stoischen heidnischen Indianern zu predigen. Was für eine Auszeichnung, den ‚guten Gott' verkündigen zu dürfen. Ich hoffe nur, Er wird mich denen predigen lassen, die den Namen Jesus noch nie gehört haben. Was sonst in diesem Leben wäre der Mühe wert?«

Am 23. August fährt das Tagebuch fort: »Ich schreibe im Zug, nachdem ich vorher ‚Wachstum einer Seele', das Leben Hudson Taylors, zu Ende gelesen habe. Die vierwöchige Tour ist vorüber, und ich hoffe fest, daß sich in der Ewigkeit zeigen wird, daß die Bemühung Frucht gebracht hat. Noch nie habe ich eine solche Freiheit beim Verkündigen erlebt. Sicher hat die Erhörung und Erfüllung von Gebeten mitgewirkt. Was für ein Gnadengeheimnis, daß Gott mir gestattet, das Schwert zu ergreifen und für Ihn zu streiten, obwohl ich noch ein solches Kind bin. Wie kindisch ich bin, zeigen die Seelenkämpfe heute morgen. Früh um halb sechs stieg ich in Billings in den Zug und schlief unruhig bis neun. Ich wachte auf mit der Erkenntnis, daß ich noch immer im Reich Satans bin. Es war wohl eine von den Frauen, die im Abteil saßen. Sie stachelte den rotäugigen Kobold Begierde auf, und ach, wie gemein und hassenswert komme ich mir vor, nachdem ich jetzt gebetet und in der Schrift gelesen habe. Wie wird erst die Hölle sein, erfüllt von der Raserei ungestillter Begierde, siebenmal heißer gemacht durch die Rache eines zornigen Gottes! Ach, wenn ich denke, daß sie dorthin kommen, diese Männer und Frauen, diese fröhlichen jungen Burschen und Mädchen. Vater, ich bitte dich, bewahre sie; nur aus Gnade bin ich anders. Wann wird die Kraft des Heiligen Geistes mich dahin bringen, daß ich zeuge von dem, was ich gesehen und gehört habe?

In meinen Gefühlen bin ich lebhaft berührt worden durch die Lektüre von Hudson Taylors Liebessieg. Ich kann die Menschen, auch den gottesfürchtigen Menschen, nicht verstehen.

Nachdem er von einer unsichtbaren Macht überwunden ist und willig die unbedingte Herrschaft des einen, absoluten Herrschers anerkennt, so sich selber und die tiefste Sehnsucht seiner Brust befriedigt findend, kann er dennoch in einer wahren Raserei danach lechzen, daß er noch stärker als bisher der Herrschaft einer Frauenliebe unterworfen werde. Vielleicht ist es auch das Verlangen, etwas zu eigen zu besitzen, nachdem er dadurch, daß er Christus als Herrn anerkennt, auf seltsame Weise enteignet worden ist. Und in meinem Inneren empfinde ich genau das gleiche. Ach, daß doch Christus mir alles und volle Genüge wäre. Eigentlich ist Er das ja auch . . . Aber daß ich dort hinweggerissen würde von einem Strom verzehrender Liebe zu Jesus, so daß alles Verlangen sublimiert würde zu dem einen Verlangen nach Ihm.«

Jim kam am 24. in Portland an, blieb nur ein paar Tage und fuhr dann zu einer Bibelkonferenz nach Kalifornien und von dort zurück nach Wheaton.

SIEHE WIR WANDERN IM DUNKELN

»Ich rief zum Herrn . . . Er hörte meine Stimme . . . Er machte Finsternis zu seinem Versteck . . . Er rettete mich . . . Ja, Du läßt meine Leuchte strahlen. Der HERR, mein Gott, erhellt meine Finsternis.«

Nach seiner Rückkehr ins College in der zweiten Septemberwoche 1948 berichtete Jim seinen Eltern in einem Brief von der Einschreibung und von seinem neuen Zimmer:

»Kam hier wohlbehalten an, aber mit dreistündiger Verspätung und konnte mich am Montag für keine Vorlesungen mehr einschreiben, sondern erst am Dienstagmorgen. Belegt habe ich acht Wochenstunden Griechisch (Kirchenväter, Xenophon, Grammatik für Fortgeschrittene, das letztere ist eine fabelhafte Vorlesung mit einem Lehrbuch zu 14 Dollar), Einführung ins Hebräische und zwei Stunden Textkritik.

Mein Zimmer ist nett, allerdings recht klein. Ich bin dort ziemlich viel für mich, denn mein Zimmerkamerad ist der Neffe der Hausmutter, er arbeitet und ißt unten. Mir fehlen aber Bettücher. Decken sind genügend da, auch Handtücher habe ich genug. Kissen gibt es reichlich. Schickt mir bitte bei Gelegenheit drei Bettücher – die ich jetzt benutze, habe ich geliehen bekommen.

Ich war sehr froh, daß ich neulich noch nach Hause kommen konnte. Ich kann in Worten wohl kaum ausdrücken, was ich in der Zeit alles gelernt habe, vor allem in dem einen: Christus als Mittelpunkt sowohl der Familie und der Gemeindeversammlung als auch des Einzellebens. Ja, Er ist allgenug, Er sättigt jede Zelle. Daß wir doch lernten, Ihm den Platz zu geben, der Ihm zukommt, und Ihn herrschen zu lassen . . . Die Zeit ist zu Ende, auch der Raum (wie in der Ewigkeit), ich muß in meine erste hebräische Vorlesung. Herzliche Grüße an Euch alle Jim.«

Eine Woche später, als ich nach Kanada fuhr, machte ich ein paar Tage in Wheaton Station – ich hatte mein Studium dort im voraufgegangenen Frühjahr abgeschlossen. Jim und ich waren übereingekommen, uns in den Sommerferien nicht zu schreiben, aber als wir uns im September wiedersahen, wußten wir, daß das dreimonatige Schweigen ein guter Prüfstein gewesen war. Unsere beiderseitige Liebe war gewachsen, aber welches Gottes Pläne darin seien, darüber war uns ein weiteres Zeichen nicht zuteil geworden. Es war so, wie es Jim mit dem Worte von Jesaja aussprach: *»Wir hoffen auf Licht und siehe, [da ist] Finsternis, auf Lichtglanz, [aber] in dichtem Dunkel gehen wir umher.«*

Eines Abends erlaubte mir Jim, sein erstes Tagebuch zu lesen, ein Heft, das er im Januar 1948 angefangen hatte und das bis zum September jenes Jahres reichte. Zusammen mit dem Tagebuch gab er mir folgende Zeilen:

»Ich glaube, es gibt einiges, was ich zu dieser ganzen Sache sagen sollte. Entschuldige bitte die äußere Form. Keinmal, soweit ich mich erinnern kann, habe ich beim Schreiben an einen etwaigen Leser gedacht, besonders nicht an eine prüfende Durchsicht dieser Eintragungen durch Dich, daher wirst Du ungezählte Rechtschreibefehler und eine fürchterliche Zeichensetzung finden, und manche Gedanken sind so schlecht formuliert, daß ihr Sinn wahrscheinlich nicht verständlich ist. Du mußt bedenken, daß mir meistens unmittelbar vorher gelesene Abschnitte der Schrift frisch vor Augen standen und den Eintragungen einen festen Hintergrund geben, den ein anderer beim Lesen nicht hinzufügen kann, außer wenn er jede kleine Bezugstelle einzeln nachschlägt, und dazu wirst Du nicht die Zeit haben, nehme ich an. Trotz der Worte, die ich als Vorbemerkung eintrug (siehe Seite 23), nämlich hinsichtlich der Möglichkeit, daß andere dies lesen würden, stelle ich beim Durchsehen fest, daß ich an vielen Stellen ehrlicher gewesen bin, als ich gemeint hatte. Wenn Du dieses Tagebuch gelesen hast, wirst Du mich kennen wie kein anderer. Das meiste ist Herzensschrei eines kleinen Kindes zu einem Vater, den ich mit heißem Bemühen zu erkennen suchte. Anderes ist rein theoretisch und wird Dir keinerlei Gewinn bringen. Du selber hast, möchte ich sagen, in meinen Gedanken eine größere Rolle gespielt, als dieses Heft verrät. Es ist nicht geschrieben als Tagebuchaufzeichnung meiner Erfahrungen und Gefühle, sondern mehr als ‚Buch der Erinnerung und Mahnung'; es sollte mich zwingen, Sehnsüchte in Worte zu fassen, damit ich meinen Bitten eine feste und bestimmte Form geben könne. Hierin habe ich versagt, das weiß ich, aber ich will mich nicht entschuldigen. Nicht alles, um was ich gebetet habe, ist mir zuteil geworden, aber wenn der Herr manche Wünsche nicht erfüllt hat, so hat das nur dazu gedient, mein Verlangen zu vertiefen. Denn Er weiß, je ‚hungriger' man ist, desto mehr lernt man den Wert der Speise schätzen, und wenn mir von den Erfahrungen dieses Jahres nichts anderes geblieben wäre, so hat Er in mir einen Hunger nach Ihm selbst geschaffen, den ich nie zuvor erlebt habe. Er verheißt Wasser nur den Durstigen, Sättigung den Unbefriedigten (ich sage nicht, den Unzufriedenen), Fülle denen, die da hungert nach Gerechtigkeit. Betty, wir werden Ihn sehen von Angesicht zu Angesicht, so nah wie Du und ich uns angesehen haben. *‚Deine Augen werden den König schauen in seiner Schönheit, sehen werden sie ein weithin offenes Land.'*

Er kennt unsere Liebe, Er kann sie selber nachfühlen, und ich glaube, Er will nur deshalb unsere Trennung, damit Er uns umso besser zu sich selbst ziehen kann. Wir wollen beide, jeder einzeln, beten: ‚Zieh mich zu Dir, Herr . . .' Dann, Betty, werden wir vielleicht eines Tages zueinander sagen dürfen: ‚. . . Komm, laß uns zu Ihm eilen', beide gemeinsam.

‚Und ich will auf den HERRN harren, der sein Angesicht vor dem Haus Jakob verbirgt, und will auf ihn hoffen' (Jesaja 8,17).

‚Auf dich sind unsere Augen [gerichtet]' (2. Chronik 20,12).«

Von mir hatte Jim seinen Eltern nur sehr wenig erzählt, aber am 26. September schrieb er ihnen folgendes:

»Ich komme gerade von einem längeren Gespräch mit Betty Howard. Ich weiß nicht, was und wieviel ich Euch von ihr geschrieben habe, aber jedenfalls empfinde ich das Zusammensein mit ihr immer als sehr köstlich und beglückend – und zwar nicht wegen Hübschheit oder gutem Aussehen, auch nicht wegen ungewöhnlich großer Unterhaltungsgabe. Was die beiden ersteren Dinge angeht, so besitzt sie keine sonderlichen Reize. Und das letztere – sie weiß sich zwar gut auszudrücken, aber auch als Gesprächspartnerin ist sie nicht so faszinierend, daß sich daraus ihre Anziehung erklären ließe. Ich wundere mich selber, denn objektiv gesehen, ist eigentlich an ihrem ganzen Wesen gar nichts, was mein Interesse so sehr auf sie konzentrieren könnte. Dagegen stellen wir immer wieder fest, daß unsere Denkart erstaunlich übereinstimmt, sowohl in tausend Alltagskleinigkeiten als auch bei vielen Gegenständen wesentlicher Art. Dadurch fühle ich mich mit ihr so stark verbunden wie mit wenigen anderen Menschen. Ein ungeheures Gottverlangen lebt in ihr, in mancher Hinsicht vielleicht größer als mein eigenes. Beide spüren wir, daß wir uns in der gleichen Art und Weise füreinander interessieren, wir haben aber etwas Scheu, davon zu sprechen, weil wir fürchten, es könnten Bindungen entstehen, die nicht in unserer Absicht liegen.

Ich höre schon, wie Ruby (Jims Schwägerin) schallend lacht. Aber Gott hat uns beide schon in diesem Frühjahr zu der Überzeugung kommen lassen, daß wir unverheiratet durchs Leben gehen sollen – Betty durch Jesaja 54, mich durch Matthäus 19,12 und 1. Korinther 7. Es ist kein Trick von Betty . . . Oft schon habe ich versucht, diese Überzeugung, weil sie mir den Kopf vernebelt, in mir auszulöschen, sie bleibt jedoch bestehen und wird danach nur um so deutlicher. Betty reist nun Dienstag ab, und dafür bin ich dankbar, denn wenn ich Griechisch und Hebräisch lernen soll, muß ich einen klaren Kopf haben.

Gott weiß selber, daß ich alle diese Dinge, das sogenannte ‚Liebesleben', schon vor langem ganz in Seine Hand gegeben habe, und ich bin gewiß, daß Er mir den Weg, den Er mir bestimmt hat, schließlich zeigen wird. Ihr Lieben, wenn Ihr je für Jim gebetet habt, so tut es jetzt noch inniger. Ich suche Gottes Willen, ihn allein.

So, genug für heute. Auf alle Fragen werde ich Euch offen Antwort geben, so offen, wie ein eingefleischter Heuchler meiner Art es fertigbringt.«

Als ich nach Kanada abreiste, meinte Jim, wir sollten einen Briefwechsel beginnen. Sein erster Brief an mich trägt das Datum des 2. Oktober 1948 und zeigt, daß seine Zielsetzung die gleiche blieb:

»Es ist schwierig, aus den Nebelflecken, die sich beim Nachdenken über diesen Brief zusammengezogen haben, irgendeinen gescheiten Gedanken herauszuschälen, mit dem ich Dich gleich zu Anfang beeindrucken könnte. Deshalb will ich es gar nicht erst versuchen, sondern so tun, als korrespondierte ich mit Dir schon seit einer ganzen Zeit. Deine Karte habe ich Mittwochnachmittag bekommen: klug, ungeheuer klug. Ich wünschte, ich hätte einen ‚Registrierapparat für Gedanken', so daß ich Dir angeben könnte, was in diesen letzten Tagen alles in mir vorgegangen ist. Ich begann mit jenem Wort, über das ich, glaube ich, mit Dir gesprochen habe, als wir am letzten Vormittag zusammen in der Kapelle waren: zittern.

Und weswegen sollte ein Kerl wie ich zittern? Es ist dreierlei: Du, ich und Gott. Ich zittere vor dem Gedanken, daß ich jetzt, wenn ich Dir vorzeitig meine Gefühle darlege, Dein ganzes Leben beeinflusse. Es kommt mir vor, als müßte es für Dich unmöglich sein, Gottes Absichten mit Dir zu erkennen, ohne daß Du Dich jedesmal durch ein ganzes Labyrinth von mich betreffenden Gedanken und Gefühlen hindurchkämpfst. Was wäre, wenn zum Beispiel Dein Gefühl die Übermacht über Deinen Glauben bekäme? Wer wäre dann dafür verantwortlich zu machen? Nicht Du allein. Denn ich fürchte dies: Wenn ich auch nur einen kurzen Augenblick vom Weg des Herrn abweiche, daß ich Dich dann mitziehen würde und dadurch Schuld hätte am ,Verlorengehen' von zwei Leben.

In mir ist ein Hunger nach Gott, ein Hunger, der mir von Ihm gegeben ist und der von Ihm gestillt wird. Glücklich kann ich sein, wenn ich spüre, daß Er das in mir wirkt, was Sein Wille ist. Was mich zittern läßt, ist, daß ich etwas anderes (zum Beispiel Dich), an die Stelle treten lassen könnte, die Gott einnehmen sollte . . . Ich zittere davor, daß ich in irgendeiner Weise den himmlischen Geliebten kränken könnte. Was immer zwischen Dir und mir geschehen mag, laß es uns immer so halten: Wenn Er es befiehlt, soll alles rückgängig gemacht werden.«

Wir schrieben uns sehr selten. »Spürte ich nicht, wie wichtig es ist, daß man sich in Zucht hält«, sagte Jim in einem seiner Briefe, »so riet ich Dir, dem Verlangen nach Austausch immer nachzugeben. Aber wir lernen Geduld am besten dadurch, daß wir sie üben.«

Auszüge aus seinem Tagebuch zeigen, daß sein Seelenzustand nicht ohne Schwankungen war:

28. September. »*,Er hat mich geführt und mich getrieben in Finsternis, nicht in Licht.'* Ich kann zwar nicht sehen, nicht einmal mit Gewißheit spüren, ob Er mit mir zufrieden ist, aber ich kann auch nicht – bloß wegen des Dunkels – daran zweifeln, daß Er mich führt. Die Führung ist trotzdem vorhanden, nur geht der Weg zu einem Ort, den ich nicht erwartet oder erbeten habe.«

29. September. »Bin heute morgen aufgewacht mit Gedanken aus Apostelgeschichte 5, über das Zurückbehalten eines

Teiles des Verkaufspreises. Ananias und Saphira wurden nicht erschlagen, weil sie nicht gegeben hatten, sondern weil sie nicht das Ganze gegeben hatten, wie sie behaupteten. Heiliger Geist, verhindere, daß ich Dich belüge, nicht Menschen, sondern Gott belüge. Kann ich wissen, was mein Herz mit Betty im Sinn hat? Nein, ich kann es nicht. Du, Vater, kannst es. Enthülle mir mein Inneres, auf daß ich sehe, was Du siehst.«

1. Oktober. »Eine Flut von Frieden heute morgen, als ich Gottes Angesicht suchte. *‚Und er kam und hat Frieden verkündigt euch, den Fernen.'* Herr Jesus, ich danke Dir, daß Du durch Dein Kreuz das Prinzip des Fernseins aufgehoben hast. Du wurdest von Gott verlassen, fortgestoßen, damit Du mich nahe brächtest. GNADE! Alles Gnade.«

3. Oktober. »Niedergeschlagen und bekümmert wegen meiner Kälte, Unaufrichtigkeit und Fruchtlosigkeit. Ach, wie arm, wie leer fühlte ich mich. Ich bin nicht bereit, den König in Seiner Schönheit zu sehen. Ich würde mich schämen, Ihm heute abend zu begegnen. Die Worte des Retters kamen voller Zärtlichkeit: Selig sind, die sich geistlich arm fühlen. Wie ist das möglich? Ja, Gott sieht auf das Ende!«

Ein Brief vom 8. Oktober an seine Eltern erwähnt zwei weitere Fragen, die ihn damals beschäftigten: die Möglichkeit des Eingezogenwerdens und sein brennendes Verlangen, in die Außenmission zu gehen. Auszüge aus seinem Brief:

»Miterben: Mutters Geburtstagsbrief mit den fünf Dollar ist soeben eingetroffen und schon zu einem Quell des Trostes geworden. Irgendwie hatte ich in den letzten Tagen Schwierigkeiten, in Seiner Liebe zu bleiben, aber dann habe ich wieder neu die Wahrheit von Römer 15, 13 entdeckt: ‚Im Glauben' finden wir Freude und Frieden. Gerade das war mir schwergefallen, und ich hatte in der Finsternis an dem gezweifelt, was Gott im Licht so klar gemacht hat. Aber die Seele ist zum Ringen geschaffen, und der Geist ist uns gegeben, daß Er uns aufhilft und stützt. Wie erbärmlich undankbar bin ich für all den Segen, den Er auf mich gelegt hat, für die Zeichen, daß Er mein Leben lenkt. Der Glaube soll das Herzblut des Gerechten sein, aber mein Blutkreislauf ist wohl sehr träge.

Dies ist mein einundzwanzigster Geburtstag. Eigentlich müßte ich jetzt wohl mit seraphischem Feuer und dichterischem Schwung reden, aber dazu bin ich nicht so recht in Stimmung. Der Pullover, den Werner mir schickt, kommt mir sehr gelegen. Das Päckchen wird heute nachmittag wohl eintreffen. Herzlichen Dank im voraus für alles. Ich weiß, daß hinter diesen Gaben Eure Gebete stehen, denn (wie einer der Brüder hier den Satz anwandte) ‚wo euer Schatz ist, da ist auch euer Herz'. Dank für Neils Adresse. Ich warte noch immer auf ein Familienphoto. Die Bettücher sind in Benutzung, wegen eines Kissens hättet Ihr Euch keine Mühe zu machen brauchen, denn ich benutze keins.

Meine Erklärung über Kriegsdienstverweigerung habe ich diese Woche abgeschickt. Dies ist eine Angelegenheit, bei der ich besorgt bin über meine Unbesorgtheit. Aus irgendeinem Grund kann ich nicht mal inbrünstig darum beten, daß Gott mich mein Studium hier zu Ende führen läßt. Es ist mir gleich, was sie mit mir machen. Gestern habe ich gebetet, Gott möchte mich nach Peru oder Brasilien schicken, bevor ich einen weiteren 8. Oktober überschreite. In meinem Innern weiß ich, daß mein Körper etwas mehr Training gut gebrauchen könnte – und vielleicht bin ich befähigt, mehr zu trainieren –, hier jedenfalls scheinen alle darauf eingestellt zu sein. Aber all die Menschen, die in diesem Augenblick dahinscheiden! Sie müssen vom Erlöser hören! Wie können wir da warten? O Herr der Ernte, schicke doch Arbeiter! Hier bin ich, Herr. Sieh mich, schicke mich. Wie taub muß die Taubheit des Ohres sein, das die Kunde noch nie gehört hat; wie blind das Auge, das nicht auf Christus als auf das Licht blickt; wie bedrückt die Seele, welche die Hoffnung auf die einstige Herrlichkeit nicht hat; wie gräßlich das Schicksal des Menschen, der nur Dunkel kennt! Daß Gott uns doch aufrüttle, damit wir uns um diese Menschen kümmern, uns um sie sorgen, so wie Er selbst es auch tut.«

Das Tagebuch fährt fort:

9. Oktober. »,In jeder Stunde brauche ich Dich.' Meine Liebe ist schwach, mein Herz ohne wahre Wärme. Gedanken an Seine Wiederkunft flackern auf und lassen mich zittern. Ach, daß meine Hände nicht so leer wären. Freude und Frieden können nur im Glauben kommen, und das ist das einzige, was ich Ihm heute abend sagen kann. Herr, ich glaube. Ich liebe nicht, ich fühle nicht, ich begreife nicht, ich kann nur glauben. Bring Du den Glauben zum Fruchttragen, Herr der Ernte; ich bitte Dich, laß ihn Ertrag bringen.«

10. Oktober. »Heute ist mir deutlich zum Bewußtsein gekommen, daß ich das Lob anderer Menschen suche. Jetzt am Abend spricht der Herr selbst aus Matthäus 6. Herr, gib, daß ich mich vergesse. Ich möchte nicht unter denen sein, die ihren Lohn schon dahin haben, wenn sie Anerkennung von den Menschen erlangen. Vater, der Du in das Verborgene siehst! Was siehst Du in mir? Reinige mich! Reiß mir die Hülle herunter und zerschmettere sie. Ich bekenne, Vater, daß ich jetzt nicht gesehen werden möchte. Verbirg mich in dem helleren Licht des Sohnes in uns. Und lehre mich beten, in Einfalt beten über die sieben Dinge, die Er uns gewiesen hat: Dein Name, Dein Reich, Dein Wille, mein täglich Brot, meine Schulden, meine Schuldiger, Erlösung vom Übel.«

Mit dem Wachsen seiner Liebe zu Christus erfuhr Jim auch das, was so viele andere gefunden haben – seine Augen wurden aufgetan für Schönheiten, die er bis dahin nicht gesehen hatte. Im Oktober schrieb er mir:

»Ich wünschte, ich könnte Dir die Farben beschreiben. Vielleicht erinnerst Du Dich an die große Eiche, die ihren Saft aus verborgenen Tiefen holt und in die vom Stamm unglaublich weit entfernten Blätter sendet, um sie prall und fest zu machen. Kalte Nächte haben den Fluß des Saftes verlangsamt, und die kleinen standhaften Schildwachen haben sich zusammengerollt und in Sackleinwand gehüllt. An den Wegrändern jauchzen Sträucher in flammendem Rot. Die ganze Landschaft hat etwas Surrealistisches bekommen; starkes, unversehrtes Grün steht dreist neben verblassendem Orange, Gelb sucht vergeblich zu vermitteln. Und schwarze Stare sind wie Pfefferkörner über brennende Sonnenuntergänge gestreut, die wahrlich keiner Würze mehr bedürften. Ich kann mich nicht erinnern, die Schönheit der herbstlichen Natur so genossen zu haben wie gerade jetzt. Vielleicht bin ich ein wenig bewußter geworden als vorher.«

Dann in seinem nächsten Brief an seine Eltern:

»Ich war in Sorge, daß ich neulich, als ich von der Hoffnung auf eine baldige Übersiedlung nach Peru schrieb, etwas voreilig gewesen sei. Heute morgen wurden mir mehrere Worte gegeben, die von dem Thema ‚Eilen' handeln – Sprüche 4, 12: ‚Wenn du läufst, wirst du nicht stürzen'; Jesaja 40, 31: ‚Sie laufen und ermatten nicht' et cetera. Ich weiß zwar, daß das nicht bedeuten kann, ich solle hasten, um aufs Missionsfeld zu kommen; aber es bedeutet, wenn ich mich beeile, um möglichst bald hinauszugehen, daß das Eilen nicht etwas prinzipiell Verkehrtes ist, wenn Gott die Führung hat. Beschleunigung schien mir vor allem wegen der Sprachschwierigkeiten nötig. Wenn ich vorhabe, irgendwann Missionsarbeit unter südamerikanischen Indianern zu tun, sollte ich mich wohl entschließen, nicht nur Spanisch zu lernen, sondern auch die Sprachen von Indianerstämmen. Mit 21 lernt man leichter als mit 25.«

In seinem Tagebuch findet sich unter dem Datum dieses gleichen Tages folgendes:

»Vater, wenn Du mich nach Südamerika gehen lassen willst, um dort für Dich zu wirken und zu sterben, dann bitte ich Dich, laß mich bald gehen. Doch nicht mein Wille.«

Um diese Zeit erhielt er von seinen Eltern Antwort auf seinen Brief über mich. »Jim«, schrieb sein Vater, »ich bin besorgt über jede Sache und jeden Menschen, der Dich auf Deinem

Weg zu den ewigen Gütern und an einem gänzlich gottgeweihten Leben hindern könnte.«

Jim erwiderte: »Ich wünschte, ich könnte das beschreiben, was mir von meiner Seele noch übriggeblieben ist. Ich glaube fest daran, daß Gott uns lenkt durch Ereignisse. Was Betty betrifft, möchte ich es gar nicht anders haben. Gott hat mir das brennende Verlangen gegeben, in die Mission zu gehen, auch als Junggeselle, daran hat sich nichts geändert. Ich wäre völlig einverstanden – und dies sage ich als Lobpreis Seiner großen Gnade – wenn ich Betty nie mehr wiedersähe. Unsere Gemeinschaft war durchaus förderlich und nützlich. Aber was das Gerede über Verheiratung betrifft – darüber kann ich nur bestürzt sein! Ich habe keine klare Weisung, welcher Art die Arbeit ist, die ich tun soll, so daß über die Frage einer Verheiratung noch gar nicht entschieden werden kann. Um Vater mache ich mir Sorgen in dieser Hinsicht. Ich kenne Dein Herz, Padre – es schlägt oft genau wie meines, und Gott hat mich bereit gemacht zum Einsamsein, dank Deiner Fürbitte. Aber können wir nicht Ihm das anheimstellen? Er wird uns nicht ohne Zeichen lassen, wenn Scheidewege kommen.«

Und mir gegenüber kam sein Vertrauen auf Gott in einem Brief vom 24. Oktober zum Ausdruck:

»Die Zuversicht von Philipper 1, 6 – ‚der in euch ein gutes Werk angefangen hat, der wird es vollenden' – befreit mich von aller Besorgnis. Er wird uns nicht im Stich lassen. Oh, Er kann uns unendlich weit auseinander führen, aber sind wir so kindisch, zu meinen, daß Gott, der den ungeheuren Plan unserer Erlösung durch Jesus zu entwerfen vermochte, daß dieser gleiche Gott arme Pilger in Situationen führen würde, die sie nicht ertragen können? Glaubst du, mein Herz, daß Er Gebete erhört? Ja, ich glaube es. Also, wird Er dann nicht ganz gewiß auch Dein beständiges Flehen erhören, wenn Du bittest: ‚Herr, führe mich'? Daß Gott uns führt, glaube ich genauso fest, wie daß Er uns erlöst hat. Ach, daß Er doch nicht so oft zu uns sagen müßte: ‚O ihr Kleingläubigen!'«

Das Tagebuch fährt fort:

26. Oktober. »Betete heute ein merkwürdiges Gebet. Ich schloß mit Gott einen Bund, daß Er entweder das eine oder das andere tun solle: entweder sich aufs Äußerste in mir verherrlichen oder mich erschlagen. Er wird mir in Seiner Gnade nicht etwas Zweitrangiges zuteil werden lassen. Denn Er hat mich erhört, glaube ich, und was ich nun erwarten darf, ist entweder ein Leben als Sohn, der sich opfert (so hat Ihn mein Heiland verherrlicht) oder das Himmelreich – bald. Vielleicht morgen! Was für eine Aussicht!«

Der Oktober endete in einer glücklicheren Stimmung als er begonnen hatte, wie ein Brief an mich vom 31. beweist:

»Es ist ein später Sonntagnachmittag, einer jener grauen, schadenfrohen Oktobertage, die einen deprimieren können, besonders, wenn man die ganze Woche keine Post bekommen hat. Und man wäre deprimiert, wenn Gott nicht im voraus einen Ausgleich geschaffen hätte für Oktobertrübheit und fehlende Post und noch vieles andere, nämlich mit dem, was Nehemia ‚die Freude am Herrn' nannte, die auch unsere starke Feste sein soll. Ich war beinahe beleidigt über die Postvorsteherin, als sie mir sagte, die Post sei schon verteilt, und ich ein leeres Fach hatte. Aber diese sonderbare ‚Freude' ist ein großartiges Universalmittel gegen alle solche Übel.«

TAUMELWEIN

»Christus ist das Bild des unsichtbaren Gottes . . . Er ist vor allem, und alles besteht durch ihn.«

Trotz des Arbeitsdrucks durch das Studium fand Jim mittags Zeit, in der Schrift zu lesen. Am 7. November schrieb er nach Hause:

»Geliebte Familie: Wieder ist es Sonntagabend und hohe Zeit, daß ich etwas zu Papier bringe und Euch wissen lasse, welch große Treue der Vater mir auch weiterhin beweist. Ich kann mich nicht erinnern, daß ich jemals so von Kleinarbeit in Anspruch genommen war, und dennoch befinde ich mich in einem glücklichen Zustand innerer Ruhe. *‚Die auf den Herrn hoffen, gewinnen neue Kraft.'* Natürlich kann ich Ihm jetzt nicht so viel dienen, wie ich möchte, aber ich freue mich der bleibenden Kraftquelle in der Gestalt des Heiligen Geistes. In den letzten Wochen habe ich mich in der Mittagszeit viel mit den Psalmen beschäftigt – übrigens würde ich auch Euch sehr empfehlen, daß Ihr anfangt und Euch mittags ein paar Minuten Zeit nehmt für das Zusammensein mit Eurem himmlischen Geliebten, nach dem Vorbild des Mädchens aus dem Hohenlied: ‚Erzähle mir: Wo läßt du lagern am Mittag? Wozu denn sollte ich wie eine Verschleierte sein bei den Herden deiner Gefährten?' Oft hat die Seele in der Mittagszeit eine Neigung, ‚verschleiert' zu sein, umwölkt von weltlichen Dingen, eingehüllt in diesseitige Gedanken. Ein paar Minuten vor dem Hirten zu verbringen, der Stille Seiner Liebe zu lauschen und Ihm den Zustand unserer Seele zu erzählen, auch wenn sie gerade kühl ist, aber dennoch kurze Rechenschaft zu geben durch einfaches Bekennen – für mich ist das ein großer Segen gewesen.

Was mein Kommen an Weihnachten angeht, so werdet Ihr wahrscheinlich nicht verstehen, wieso ich mich verpflichtet fühle, an der Tagung der Studentischen Vereinigung für Äußere Mission hier teilzunehmen. Und ich möchte Euch nicht langwierig die Gründe auseinandersetzen, sondern nur das eine sagen: Ich hoffe, Gott wird die Tagung zu einem starken Anstoß für das Hinausgehen von Missionaren machen und außerdem zu mir sprechen hinsichtlich eines bestimmten Missionsfeldes. Seit einiger Zeit spüre ich in mir einen starken Zug zur Missionsarbeit bei den Mohammedanern, besonders in den noch nicht erreichten Gegenden von Indien. Aber Er weiß darum, und ich warte ab.

Ich habe mich amüsiert und auch ein bißchen über mich geärgert, als Du schriebst, Mutter, Du hättest wieder meinen Brief vom Frühjahr mit der Beschreibung von Betty gelesen. Es freut mich gar nicht, Dir jetzt die Wahrheit zu gestehen, aber Du hast in Deinem jüngsten Sohn einen guten Heuchler aufgezogen; mit dem Brief damals hatte ich einen bestimmten Effekt angestrebt, und ich glaubte, es wäre mir auch gut gelungen. Ich wollte Euch Spürhunde nämlich von der richtigen Spur ablenken. Einer Eurer Briefe kürzlich zeigt, daß mir das gelungen war und daß ich mir auch im August nichts anmerken ließ. Als ich Euch damals schrieb, hatte niemand außer mir auch nur eine leise Ahnung, daß ich für Betty besondere Gefühle hegte. Sie selber ahnte auch nichts, bis ich es ihr Ende Mai sagte. Auch Dave mußte erst darauf gestoßen werden, und er war baß erstaunt. Fragt mich nicht, warum ich niemand von meinen Gefühlen erzählt habe. Ich fürchtete mich, offen gestanden, denn ich kannte mein eigenes Herz nicht – und ich habe mich ja öfters ziemlich scharf gegen Beziehungen zwischen jungen Männern und Mädchen ausgesprochen. Gegen Gott bin ich in allen diesen Dingen offen gewesen. Ich habe nicht versucht, bei Betty Zuneigung zu mir zu erwecken, obwohl ich manchmal etwas arrangiert habe, was sie beeindruckte. Einmal habe ich mich mit ihr verabredet, Anfang des Frühjahrs; aller übrige Kontakt war alltäglicher Art und betraf das Studium. Das Ganze wird wahrscheinlich weitere Fragen Eurerseits hervorrufen. Ich will mich bemühen, in Zukunft offener zu sein. Du sagst, Mutter, Betty sei kritisch und wolle gern regieren, aber solche Züge hat sie mir gegenüber nie gezeigt. Betty ist der Typ, der, wenn sie einen kennt, gern mit dem Holzhammer zuschlägt, auch wenn sie auf den ersten Blick einen ruhigen Eindruck macht. Sie ist ungeschickt und dominierend, und deshalb neigt sie dazu, andere zu regieren, aber ich kann es nicht erklären. Du mußt sie selber kennenlernen. Vielleicht allerdings wird das gar nicht nötig werden, da mein Leben Gott übergeben ist und ihres auch. Ich muß erst klarere Weisungen bekommen, von Gott direkt oder durch Ereignisse, bevor ich weitere Schritte tun kann in dieser Sache. Er hat mich nicht geführt, hierfür zu beten.«

Am 16. November schrieb Jim:

»Ich habe mich gefreut über Deinen Brief, Padre, finde aber, Du umgehst ganz das Thema, das mich wirklich beschäftigt, nämlich mein eventuelles Hinausgehen aufs Missionsfeld im kommenden Jahr. Das nächste Mal, wenn Dir Erleuchtung kommt, schreib mir doch bitte ein paar Zeilen, wie Du über meinen eventuellen Aufbruch denkst. Und Du, Mutter, laß uns doch nicht mehr diese Reden wiederholen, man müsse zu Hause bleiben und den Leuten von der ‚Not' erzählen. Das würde die Not nämlich nur noch vergrößern. Es gibt ohnehin schon allzu viele gute Prediger, die Abend für Abend den Leuten vorhalten, wie nötig es sei, die verlorenen Seelen der Heiden zu retten, aber diese Prediger haben die Anforderungen eines opfervollen Dienstes als Außenmissionar nie selbst erfahren. Für mich, habe ich das Gefühl, gibt es keinerlei Berechtigung, einen Körper, wie Du ihn mir gegeben hast, auf Kanzelbrüstungen zu lehnen und verfetten zu lassen. Es gibt viel zu tun, und es sind gelernte Arbeiter nötig, um den Bau Gottes zu vollenden. Gott gebe, daß ich einer von ihnen sei. Kann es eine größere Auszeichnung geben, als dabei mithelfen zu dürfen, daß dem Erlöser eine strahlende Gemeinde dargebracht wird?«

Aus dem Tagebuch:

18. November. »,. . . alle Tage des Menschen sind wie Schatten.' Ich finde die Wahrheit dieser Worte jetzt in meinem eigenen Tageslauf bestätigt. Von meinem Fenster aus sehe ich die Sonne aufgehen, davor die Silhouette des Turmes, und ohne ein Gefühl dafür, daß der Tag vergangen ist, sehe ich den grauen Novembertag in Monddämmer zerfließen. Wie wenig, wie kurz sind die Tage, die wir hier auf dieser Erde wandeln – dann kommt der große Schritt in die andere, die wirkliche Welt, wo das Unsichtbare wichtig wird. O meine Seele, wie wird es für dich sein an jenem Tage, wenn du vor dem Gott stehst, der dich geschaffen hat?« Jim war zum Vorsitzenden der Studentischen Vereinigung für Äußere Mission an unserer Universität ernannt worden (Student Foreign Missions Fellowship – FMF), und dies führte, im Verein mit weiteren außerlehrplanmäßigen Tätigkeiten, zu einem sehr umfangreichen Arbeitspensum, das er in einem Brief an mich kurz beschrieb:

20. November. *»,Sie setzten mich als Hüterin der Weinberge ein. Meinen eigenen Weinberg habe ich nicht gehütet.'* So die Braut im Hohenlied. Wie sehr ich dies täglich erfahre, kann nur verstehen, wer Verantwortung kennt. Du wirst fragen, worum es denn geht? Nachfolgend einige typische Beispiele: FMF-Team am Aurora-College (drei Zusammenkünfte – Programmbesprechung und Gebetsgemeinschaft); vollkommene Neuordnung der FMF-Literatur, Pläne für Ankündigung eines neuen praktischen Missionskurses unter Professor Windsor und Dr. Martin; Sonntag abend mit dem Evangelisationsteam zur Baptistengemeinde in Chicago; Montag abend Studentenrat-Versammlung, Dienstag Zusammenkunft der Gebetsgruppenleiter und des Wohlfahrtausschusses; Mittwoch FMF; Donnerstag Kirchenversammlung und Fahrt mit dem Studentenrat zum North-Central-College; Freitag FMF-

Gebetsgemeinschaft, dann Versendung von 800 Bücherpaketen an Missionare in einem Laden. Das dauerte bis nachts halb zwölf, und sie sind noch nicht frankiert! Na ja, ich denke, Du kannst Dir ungefähr ein Bild machen. Ein Joch ist ein gutes Ding für einen jungen Menschen, wie es in den Klageliedern 3, 27 heißt, gut für seinen Nacken und seine Willenskraft, aber drückend für einen eifernden Geist. Besonders wo ich mich aufs Examen vorbereite und es keine einzige Vorlesung gibt, bei der ich sagen könnte: ‚Na ja, den Stoff beherrsche ich.'«

Und in einem Brief an seine Eltern kommentierte er seine Lage wie folgt:

»Nicht, daß die Arbeit mir keine Freude machte oder daß ich mich über meine Verpflichtungen beklagen würde – aber ich fürchte, mein Herz wird zum Schrumpfen und Erkalten gebracht, während mein Kopf erweitert und erhitzt wird! Wahrscheinlich muß man die gleichen Kämpfe auch sonst überall bestehen, aber was ich mir erträume, ist etwas weniger Aktivität und etwas mehr produktive Tätigkeit – solche, die weiter führt als nur bis zu jenem Stück Pergament, das mich zum Bachelor of Arts machen wird.«

Der Brief spricht dann weiter von dem Parteigeist, der die Einheit unter Christen zerstöre:

»Ich bin überzeugter denn je, daß Gott mit jedem einzelnen so verfährt, wie dieser auf Sein Wort eingeht, ohne Rücksicht auf seine Kirchengemeinschaft. Allmählich komme ich zu der Ansicht, daß der Akzent nicht auf die Form des gemeinsamen Gottesdienstes zu legen ist, sondern auf eifriges Erforschen und Befolgen der Schrift. Das allein macht den Menschen Gottes ‚vollkommen, zu jedem guten Werk völlig zugerüstet'.

Entmutigung ist ein Werkzeug des Satans, das zu meiner Veranlagung zu passen scheint, und der Feind weiß das. Wenn ich mir die Arbeit in der Versammlung ansehe und mir klarmache, daß ich jetzt seit nahezu vier Jahren dort bin und kein einziges Mal erlebt habe, daß eine Seele zu Christus geführt wurde, dann wächst in mir die Neigung, die Flinte ins Korn zu werfen und alles sein zu lassen. Eine Evangelisationsversammlung nach der anderen ohne einen einzigen fremden Gast – und was noch schlimmer ist, keiner der Heiligen scheint darüber sehr besorgt zu sein. Nun, alle meine Zweifel und Ängste (Angeln, in denen sich die Tore der Hölle drehen) können Ihn nicht von Seinem Thron stoßen noch Ihn daran hindern, Seine Gemeinde zu bauen.«

Das Tagebuch fährt fort:

24. November. »Was mich aufregt und wogegen sich mein Inneres sträubt, sind die enormen, unerklärlichen Kompliziertheiten des Menschen und die achtlose, wirkungslose Art, mit der wir törichten ‚Fundamentalisten' auf das Schreien von Herzen antworten, die sich nicht verstehen. Ich weiß nicht, was der Prediger Salomon gemeint hat, wenn er sagt: ‚Gott hat den Menschen die Welt ins Herz gelegt', aber das Wort ließe sich anwenden auf das, was ich zur Zeit empfinde. Die Welt mit ihrem ungeheuren Lärm kleiner Einzelheiten ist in unserem Innern! Die Zeit mit ihrem Sturm; der Raum mit seiner scheinbaren Unendlichkeit, die Veränderlichkeit und Ungreifbarkeit der psychologischen und physiologischen Faktoren – und vieles andere. Was kann alle diese Dinge zu einem Sinnzusammenhang verknüpfen? Bestimmt nicht unsere kleinen Kirchgänge noch das Lernen von Lehrmeinungen. Ich würde wahrhaftig verzweifeln, wenn es nicht so etwas gäbe wie dies: *‚Er ist vor allem, und alles besteht durch ihn.'*«

Am 27. November schrieb mir Jim von einem Gespräch, das er am Erntedanktag mit einem anderen Studenten gehabt hatte:

»Er war drauf und dran, das Christentum über Bord zu werfen und Modernist zu werden, entsetzlich verwirrt, weil er sah, wieviel Unchristliches als christlich hingestellt wird. Vorigen Dienstag lief ich ihm zufällig in die Arme, und da ich so manches von seinem Kummer in mir selber verspürte, verabredete ich für gestern ein Gespräch mit ihm. Er meint jetzt, er und ich seien die einzigen Ketzer hier und freut sich, einen so Liberalen wie mich gefunden zu haben, der glaubt, daß ein Mensch, wenn er in die Familie Gottes eintritt, dies nicht mit einem einzigen Ruck und lautem Gejauchze zu tun braucht. Ich selber war auch nicht auf einen Schlag ‚gerettet', bei mir hat es mehrere Jahre gedauert, bis ich zu meinen jetzigen festen Überzeugungen von der Wahrheit Gottes kam. Warum sollte ich also verlangen, daß bei anderen die Bekehrung sich in einem einzigen Augenblick vollzieht? Christus heilte Menschen auf ganz verschiedene Weise. Manche in absentia – Er sprach ein Wort, und es erfolgte eine blitzartige Reaktion. Andere berührte Er, spie, machte Teig, sprach zu ihnen und fragte sie, und dann, wenn sie sagten: ‚Ich sehe die Menschen, denn ich sehe sie wie Bäume umhergehen', wiederholte Er das ganze Verfahren noch einmal. Wer das Licht angenommen hat in einem Augenblick, soll nicht auf den heruntersehen, der Monate im Dunkel tastet. Die Zwölfe brauchten drei Jahre, um das zu erfassen, was ihnen gezeigt wurde. Das Natürliche, das so oft das Geistliche anschaulich macht, lehrt, daß Heilung und Wachstum, ja sogar die Geburt, Zeit erfordernde Vorgänge sind; wir, die wir die Leute nach Versammlungen und Gottesdiensten drängen, vorzukommen und sich für Christus zu entscheiden, wir mit unserer ungeduldigen Erwartung von ‚sichtbaren' Resultaten bewirken, glaube ich, häufig Fehlgeburten.

Vormittags, nach dem Festgottesdienst, ein paar Stunden Hebräisch gemacht, dann Puteressen im Speisesaal. Mittagsandacht (wenn Du noch nicht damit begonnen hast, empfehle ich Dir sehr, es zu tun), dann eine Zeitlang in den Kirchenvätern gelesen und um halb fünf mit Ron zu einem Nachmittagsputer bei Tante. Um Viertel nach sieben wieder zurückgekommen, Zusammensein mit Dave, Art Johnston, Bob Weeber und Bob Sawyer. Ach, wie wunderbar stärkend sind solche Stunden der gegenseitigen Ermahnung, der Herzenserforschung und des Gebets! Rückblickend werde ich in ihnen immer die Bausteine sehen, die das Fundament meines

Lebens gelegt haben. Dieser engen und vertraulichen Gemeinschaft gehen wir verlustig, wenn wir uns immer nur in größeren Massen versammeln – während die ‚zwei oder drei', wenn sie eigens in ‚Seinem Namen' versammelt sind, mit Bestimmtheit finden werden, daß Er mitten unter ihnen ist . . .«

Ein am Tag darauf geschriebener Brief an seine Eltern, der sich mit Christus und der Ewigkeit beschäftigt, ist typisch für viele andere seiner Briefe:

»Der November ist vorüber, und noch immer herrscht kein richtiges Winterwetter hier. Morgens ist es frostig, aber tagsüber meistens klar. Wenn es nur um das Wetter ginge, wäre ich außerordentlich guten Mutes, aber das Arbeitspensum hält mich ständig in Atem und läßt mich hastig nach jedem Augenblick greifen. Die Zeit ist wohl immer so rasch vergangen wie jetzt, und es ist dumm zu sagen: ‚Wie die Zeit fliegt!', wo es immer schon das Wesen der Zeit war zu ‚fliegen' und wir von ihrem Fluß im gleichen Tempo von der Wiege zum Grabe getragen werden und deshalb über ihr Dahingehen nicht erstaunt sein sollten. Nur wird man sich des Tempos umso mehr bewußt, je mehr man zu tun findet und je mehr man die enormen Hindernisse entdeckt, die sich entgegenstellen, sowohl innerlich wie äußerlich. Das Leben? *‚Ein Dampf ist es, der eine kleine Zeit sichtbar ist.'* Und diese Betrachtung treibt mich weiter: *‚Denn noch eine ganz kleine Weile, [und] der Kommende wird kommen und nicht säumen. Siehe, ich komme bald und mein Lohn mit mir.'* Welche Herausforderung! Was wird mein Lohn sein an jenem Tage? Wieviel wird von Seinem ‚flammenden Auge' verzehrt werden müssen? Wie wenig wird bleiben, was zu Seinem immerwährenden Lobpreis ist? Wenn ich meine Tage anschaue – wie kurz sind sie, wie unproduktiv, wie voll von Nebensächlichem, wie wenig wirklicher Ertrag für den Herrn der Ernte.

Ich verbrachte den Nachmittag mit Ron bei . . . Sie waren sehr gastfreundlich und lassen Euch alle vielmals grüßen, besonders Dich, Mutter. E. sagt, sie hätte nie jemand getroffen, der wie Du sei oder auch nur mit Dir zu vergleichen wäre, und ich glaube, das sollte ich mit einem kräftigen Amen bestätigen! Sie haben ein schönes Haus mit hübschen Sachen und zwei nette kleine Kinder, ähneln aber so sehr uns anderen, daß man wiedermal verzagen möchte. Wir sind so völlig gewöhnlich und alltäglich, während wir doch öffentlich bekennen, daß wir um eine Kraft wissen, mit der das zwanzigste Jahrhundert nicht rechnet. Aber wir sind ‚harmlos', und deshalb geschieht uns kein Harm. Wir sind geistliche Pazifisten, unkämpferisch, Kriegsdienstverweigerer bei diesem Kampf auf Leben und Tod mit den Herrschaften und Gewalten unter dem Himmel. Sanftmut müssen wir haben für den Umgang mit Menschen, aber um an der Kampfbruderschaft des Kreuzes teilzunehmen, ist eine eherne Stirn erforderlich, sogar ausgesprochene Dreistigkeit. Wir sind Zuschauer – wir treiben die eigentlichen Kämpfer an und kritisieren sie, selber aber bleiben wir ruhig sitzen und lassen die Feinde Gottes ungeschoren. Die Welt kann uns nicht hassen, wir sind den ihr Angehörenden allzu ähnlich. Ach, daß uns Gott doch gefährlich machte!«

Am 4. Dezember fährt das Tagebuch fort: »Was würde aus unserem Leben, wenn der Heilige Geist uns nicht in Schranken hielte! Du hast wohl daran getan, mein Gott, daß Du mich in Deinen Griff genommen hast. Ich würde diese Welt durch meine Leidenschaft in Brand stecken, wenn Du mich nicht beherrschtest. Und selbst jetzt zittere ich davor, ich könnte, indem ich diesen Dingen erliege, öffentlich sündigen und Deinem großen Namen Schande machen. Höre, meine Seele: ‚*[An dem] Tag, [da] ich mich fürchte – ich, ich vertraue auf dich. Ich werde mich nicht fürchten; was kann ein Mensch mir tun?*' ‚*Denn du hast meine Seele vom Tod errettet, ja, meine Füße vom Sturz.*'«

5. Dezember. »Heute morgen starkes Gefühl von Nutzlosigkeit. Freude durch Gebet; ich bat nicht so sehr um Hinaussen-

dung von Arbeitern, als daß ihre Herzen zubereitet werden und sie Christus erkennen lernen. Was für eine erbärmliche, schäbige Sache ist das Christentum allmählich geworden, mit seiner Verherrlichung von Menschen und irdischen Gütern, von sozialer Stellung und Menschenmassen – o Herr, errette mich von dem Geist dieses ungläubigen Geschlechts. Wie sehr würde ich mich danach sehnen, die Schlichtheit und kraftvolle Schönheit neutestamentlicher Gemeinschaft wieder aufleben zu sehen, aber ein solches Verlangen scheint hier niemand zu haben, also muß ich warten. Ach, laß mich Dich erkennen, Herr – laß mich Dich schauen, nur einen kurzen Augenblick, wie Du thronst in der Herrlichkeit, laß mich darin Ruhe finden trotz all des Verkehrten, das mich hier umbrandet. Ich bitte Dich, führe mich auf den rechten Pfad.

Sein Wort kam klar und deutlich, gleich nachdem ich das obige geschrieben hatte: ‚Habe Zuversicht . . . sei stille . . . laß dein Herz nicht verzagen . . . Habt ihr keinen Glauben, so werdet ihr keinen Bestand haben.'«

Am gleichen Tag schrieb Jim:

»Liebste Familie: Ich war sehr erfreut, daß ich diese Woche zwei Briefe erhielt, von Vater und Bob, mit Deinen beigefügten Zeilen, Mutter. Es ist eine rechte Freude zu wissen, daß Eure Gebete hinter mir stehen. Seid versichert, daß auch ich an jeden von Euch denke . . . Und Deine Sorge, Bob: Auf den Herrn zu warten, daß Er uns in Seine Ernte sendet – wie inständig hoffe ich, daß wir einer solchen Berufung für wert erachtet werden . . . Mach Dir keine Sorge, Bob, Du würdest durch Tropenkrankheiten vorzeitig hinweggerafft werden – wie Dein ganzes Leben, so ist auch die Dauer Deines Lebens in Gottes Hand. Denke daran: Gott läßt Dich nicht sterben, ehe Dein Werk getan ist. Aber laß nicht den Sand der Zeit in Deine Augen kommen, so daß sie nicht mehr die sehen, die noch in der Finsternis sitzen. Sie müssen die Botschaft hören. Ehefrauen, Familie, Beruf, Erziehung, alles muß lernen, sich dieser Regel zu unterwerfen: *‚Laß die Toten ihre*

Toten begraben; du aber gehe hin und verkündige das Reich Gottes.'«

8. Dezember (aus dem Tagebuch). »,*Mit Taumelwein hast du mich getränkt.'* Ich bin merkwürdig erregt. Wovon? Wahrscheinlich sind es nur die natürlichen Kräfte des Lebens. Ich fühle mich ‚ausgegossen' über viele verschiedene Interessen, ich habe ein intensives Verlangen, die Dinge zu tun, und so wenig Kraft und Zeit, sie auszuführen. Ringen zum Beispiel: Liebend gerne würde ich in diesem Augenblick jetzt auf der Matte stehen, weniger um gesehen zu werden, als einfach um meine Kräfte zu gebrauchen, um alles aus mir herauszuholen. Und dabei knie ich hier, nachmittags um Viertel vor drei, und schreibe! Hebräisch: Am liebsten würde ich mir jetzt eine Seite aus dem hebräischen Alten Testament vornehmen und vom Blatt lesen. Das Griechische verliert viel von seinem Reiz, wenn man andere alte Sprachen kennenlernt. Betty: Bekam soeben einen Brief von ihr, hätte großes Verlangen, mit ihr zusammen zu sein oder wenigstens mich hinzusetzen und ihr zu schreiben. Leib, Seele und Geist sind also recht wach, und trotzdem spüre ich keinerlei Lust zu studieren. Vielleicht ist das der ‚Taumelwein'? Vater, gib daß ich mich nicht zersplittere und vergeude in Nebensächlichkeiten, in Dinge, die unwesentlich sind. Laß Dein Wort in Kraft auf mich wirken; sublimiere diese mächtigen Triebkräfte, laß sie mir dienen zum Tun Deines Willens. Mehr als nach allen jenen Dingen verlangt mich nach Heiligung. Lehre mich den Weg des Glaubens.«

»Deine Zeilen«, heißt es in einem Brief an mich vom 9. Dezember, »habe ich gestern erhalten – ich muß gestehen, daß das Warten Ängste und sogar Zweifel in mir hervorgerufen hatte! Salomo, glaube ich, sagt irgendwo: ‚Hingezogene Hoffnung macht das Herz krank', und vielleicht ist dies der Grund dafür, daß meine Stimmung in der vergangenen Woche so schwankend war. Manchmal jubelnd und geschwätzig, voller Verlangen, Ringkämpfe zu machen und die Luft des

Trainingsraumes zu atmen, dann wieder ‚untätig und schwermütig' (Wordsworths ‚Daffodils', glaube ich), große Lust, Hebräisch zu lesen, aber wenig Energie zu konsequentem Lernen. Freude und Zuversicht, dann Verbitterung über alle möglichen Dinge. Hatte richtiggehende Sehnsucht nach Vater und Mutter und nach Befreiung von all den Verpflichtungen hier. Und dennoch, als ich gestern abend im Bett lag, im Dunkeln, die Decke bis ans Kinn gezogen, fühlte ich mich meinem Erlöser so nahe wie je, und ich konnte stille Gemeinschaft mit Ihm haben. Ich glaube, in solchen Dingen zeigt sich das Aufwachsen jener zweiten Art von Glauben, von welcher der bekannte Satz von Spurgeon spricht: ‚Wenig Glauben bringt die Seele zum Himmel, viel Glauben bringt den Himmel zur Seele.'«

Am 11. Dezember schrieb Jim seiner Familie:

»In mehreren Eurer Briefe aus der letzten Zeit klingt die Meinung durch, ich sei nicht glücklich. Ich kann nicht beurteilen, was für Nuancen meine Briefe enthalten, aber ich fürchte, Ihr habt sie falsch verstanden. Es stimmt zwar, daß ich mehr denn je den Druck der Arbeit und der Verantwortungen hier empfinde. Auch die Ungewißheit des kommenden Jahres trägt dazu bei, daß meine Stimmung ernst und nüchtern ist, aber trotz alledem habe ich keinen Grund, Gott zu bitten, daß Er die Lasten und Schwierigkeiten hinwegräume. Ihr braucht Euch keinerlei Sorgen zu machen; meine Seele ist fröhlich in Gott, auch wenn ich dazu neige, die Schwiergkeiten größer zu sehen, als sie sind, und es oft versäume, Ihn zu verherrlichen, der alles löst. Ihr alle macht Euch Gedanken darüber, daß mein Glaube an den einfachen neutestamentlichen Grundsatz, sich zum Gottesdienst zu versammeln, ins Wanken gekommen sei. Sorgt Euch nicht, ich bleibe auch weiterhin der Versammlung treu, und zwar vor allem deshalb, weil ich weiß, daß dort die Normen Gottes gepredigt werden – auch wenn sie nicht immer gelebt werden. Wohlgemerkt, das Predigen wie auch das Danach-Leben ist bei den unabhängigen Gruppen hier in Wheaton ‚besser', aber dieses Predigen fußt oft nicht auf Gottes, sondern auf menschlichen Normen. Der große Fehler liegt darin, den anderen Gläubigen zu predigen: ‚Geht aus ihrer Mitte hinaus und sondert euch ab', mit der unausgesprochenen Aufforderung: ‚und kommt zu uns'.

Mir ist sehr eindringlich zum Bewußtsein gekommen, daß nur Gott jene Mahnung aussprechen kann – denn nur Er steht über und außerhalb unserer Absonderungen, Trennungen, kleinlichen Parteiungen. Unser eigenes Ermahnen sollte sich nach Hebräer 13, 13 richten: ‚Laßt uns zu ihm hinausgehen.' Predigt das, und wir werden uns nicht spalten, sondern eins werden. Unsere Sache ist nicht zu sagen: ‚Geht hinaus und kommt zu uns', sondern: ‚Lasset uns zu ihm gehen.' – Was Betty betrifft: Wäre sie nicht imstande, die neutestamentliche Wahrheit so, wie sie dasteht, als Gottes Wort anzunehmen, auch wenn ein solches Annehmen die Last mit sich bringt, sich außerhalb der Konventionen zu stellen, dann hätte sie für mich keinerlei Anziehungskraft. Allmählich glaube ich sogar, daß mir gerade das an ihr gefällt – daß sie anders ist als ‚der normale Durchschnitt'.«

Aus einem Brief Jims vom 18. Dezember an seine Familie:

»‚Und das Werk der Gerechtigkeit wird Friede sein und der Ertrag der Gerechtigkeit Ruhe und Sicherheit für ewig.' ‚In Stillsein und in Vertrauen ist eure Stärke.' Ich glaube, der Teufel hat drei Elemente zu seinem Monopol gemacht. Lärm, Hast, Massen. Wenn er uns dazu bringen kann, ständig Radio, Klatsch, Gespräche oder sogar Predigten anzuhören, freut er sich. Aber Ruhe möchte er nicht zulassen. Denn er schenkt Jesaja Glauben, auch wenn wir es nicht tun. Der Satan weiß sehr genau, welche Kraft in der Stille liegt. Die Stimme Gottes ist zwar beharrlich, aber leise . . . Deinen Ratschlag, Mutter, daß ich genug schlafen soll, finde ich sehr zweckmäßig. Nicht nur um leistungsfähig zu sein und sich entspannen zu können, sondern auch wegen der Aufnahmefähigkeit für geistliche Dinge muß man ausgeruht sein, sonst liegt auf unserem Tun

kein Segen. Laßt uns dem Teufel hierin widerstehen – laßt uns Lärm vermeiden, soviel es eben geht, und planmäßig danach streben, immer wieder längere oder kürzere Zeit allein zu sein und uns in Gottes Wort ins eigene Angesicht zu sehen . . . Der Satan weiß, wo wir unsere Stärke herbekommen. Wir wollen uns diese Kraftquelle nicht von ihm rauben lassen!«

Das Tagebuch fährt am 22. Dezember fort:

»Ich spüre einen tiefinneren Drang, mich über den Sumpf von Mittelmäßigkeit zu erheben, der meine Tage zu charakterisieren scheint. Vater, wenn diese starken inneren Ströme fleischlicher Natur sind, bringe sie zum Versiegen und vernichte sie. Aber wenn sie sublimiert werden können, in Kanäle geleitet, wo sie Dienst für Dich tun, dann verstärke sie, setze sie in Bewegung, gib ihnen Richtung. Denn ich sehne mich danach (und Du weißt, wie inständig und aufrichtig), daß die Braut Deines teuren Sohnes vollkommen gemacht werde und vollzählig. Ja, Herr, auch wenn ich meine Braut in diesem irdischen Leben verlieren müßte, laß mir Deine Gnade und Kraft zuteil werden, daß ich dem Lamm den Lohn Seiner Leiden darbringe. Wenn Dein teures Haus voller würde, Herr, und müßte mein eigenes hier auf Erden dadurch auch leerer werden, wie reich wäre dieser Lohn!«

»Ich hoffe zuversichtlich«, schrieb er mir am gleichen Tag, »daß der ‚Quell himmlischer Fröhlichkeit' einen aufnahmebereiten Boden für die Fülle seiner Regenschauer in Dir finden wird. Amy Carmichael spricht irgendwo von kleinen Freuden, die wie Blumen am Wegrand hervorsprießen, nur von denen bemerkt, die nach ihnen ausschauen. So habe ich es erfahren seit meinem letzten Brief – kleine Dinge, etwa eine still versinkende Sonne, ein freundlicher Hund, ein bereitwilliges Lächeln.

Ich bin tief durchdrungen von der Freude, die wir in Christus haben, durch die Himmel und Erde heller und schöner werden, wenn wir uns an unseren Besitztümern nur richtig erfreuen würden.

Diese Woche habe ich öfters an die Weihnachtszeit des vorigen Jahres zurückgedacht – wie wir in der einen Nacht in Philadelphia Schlitten fuhren und uns jedesmal, wenn unsere Wege sich kreuzten, ‚Bruder' und ‚Schwester' nannten. Und nicht nur der Ferien wegen kommen mir die nächtlichen Gespräche wieder in den Sinn, die wir in der Küche und im Wohnzimmer in Birdsong führten. Den ganzen Sommer habe ich über jene Zeiten nachgegrübelt, und oft mußte ich eine innere Kehrtwendung machen und mir das Predigerwort ‚Nichtigkeit der Nichtigkeiten' vorsagen. So gern ich in Erinnerungen schwelge, ich muß doch feststellen, daß unsere Meditations- und Konzentrationsfähigkeit dadurch sehr beeinträchtigt wird. Aber die Erinnerung läßt unablässig kleine Wellen auf den Strand des momentanen Bewußtseins plätschern, und man muß den Blick immer wieder neu auf Christus richten; wenn wir unser Herz auf ein einziges Ziel konzentrieren, machen wir es fest und widerstandsfähig.

Freitagnachmittag habe ich meine Seminararbeit für Dr. Stone zu Ende geschrieben. Der Samstag war ausgefüllt mit dem Malen von Plakaten für die Konferenz. Am Montag habe ich Briefe geschrieben, etwas Griechisch gelernt und bin dann mit den Lombardskindern zum Schlittenfahren und Schneeballwerfen gegangen. Gestern fuhr ich mit Onkel Earl nach Chicago, wo wir einen neuen Anzug kauften, denn Onkel und Tante fanden beide, daß ich für Weihnachten einen brauchte. Gut, daß sie hier sind – ich hatte gar nicht bemerkt, daß ich ihn brauchte! Abends ging eine Gruppe von uns ins Büro der Inter-Varsity Christian Fellowship in Chicago, um einige Sachen für die Konferenz zu packen. Um 1 Uhr zu Bett, heute morgen um 9 Uhr aufgestanden. Habe meine und Tantchens heidnische Instinkte bestärkt, indem ich ihr heute vormittag beim Aufstellen des Weihnachtsbaumes geholfen habe. Jetzt muß ich wieder hin, denn ein Missionar aus

Trinidad ist zum Essen da, den ich verschiedenes fragen möchte.

Und jetzt wird unentwegt von Weihnachten gesprochen – eine unheimlich aufgebauschte Angelegenheit, Konglomerat aus Lichterglanz, Weihnachtsmännern, Goldpapier und magerem Tannengrün; wirre Menschenhaufen, angeregt durch Geschäfte, ‚sich abmühend für Wind', ‚Stille Nacht' singend – aber was wissen sie von Immanuel? Wie können sie den Gott verstehen, der einst in Windeln gewickelt wurde? Wie lange noch, Herr, bis sie die Knie beugen werden?

In dieser Woche ist ja Dein Geburtstag. Du wirst, glaube ich, zweiundzwanzig, aber ich finde nicht, daß man Dich deshalb beglückwünschen muß – zweiundzwanzig, das schaffen viele, und weit mehr. Aber dies kann mit Fug gesagt werden, was der Psalmist von Gott sagt: *‚Du hast das Jahr deiner Güte gekrönt* (das vergangene Jahr besonders), *und deine Spuren triefen von Fett.'* Für das kommende lege ich Dir ans Herz, Geliebte: suche Rat bei Ihm. Das nächste Jahr wird für uns beide ein Krisenjahr sein, und jeder von uns beiden muß für sich herausfinden, welchen Weg Er ihm bestimmt hat. Sein Wort ist gewiß – *‚Nach deinem Rat leitest du mich, und nachher nimmst du mich in Herrlichkeit auf.'* Er heißt ‚wunderbarer Ratgeber'. Höre auf Ihn, wenn Er spricht: *‚Ich rate dir, Gold von mir zu kaufen.'* Denke nicht an den Preis; erwirb Sein Gold, und Dein Reichtum wird unvergänglich sein.«

SCHAFE – FÜR DEN ALTAR BESTIMMT

»Und er ließ sein Volk aufbrechen wie die Schafe und leitete sie wie eine Herde in der Wüste. Er führte sie sicher, so daß sie sich nicht fürchteten.«

Das Ende des Jahres 1948 fand Jim als Teilnehmer der Internationalen Studentischen Missionskonferenz an der Universität von Illinois. Ein Brief an seine Eltern schildert seine Eindrücke:

»Gut die Hälfte der Konferenz hier ist vorüber, und meine Gefühle sind gemischt. Mehr oder weniger war ich in der Erwartung hergekommen, eine Zeit intensiver Einkehr und Selbstprüfung zu erleben und daraus hervorgehend eine Hinwendung vieler zu den wirklicheren Dingen – zu den unsichtbaren Schätzen. Mir selbst ist das in gewisser Weise widerfahren, denn beim Beten und Meditieren mittags in einer kleinen Kirche vor dem Universitätsgelände hatte ich die deutliche Gewißheit von der Gegenwart des Herrn. Aber die Schar der 1450 Teilnehmer als Ganzes ist noch nicht ergriffen von dem Geist der unbedingten Erfüllung des Willens Gottes – bis jetzt wenigstens. Es fehlt uns die Stärke und Tiefe des Gefühls, jenes Bewußtsein eines unbedingten Müssens, wie es Christus hatte, der Eifer für Gottes Haus, der Ihn verzehrte. Wenn ich mich hier umblicke in der komfortablen Halle des Studentenhauses, sehe ich alle möglichen Arten von Menschen. In einer Ecke unterhalten sich zwei anglikanische Patres aus Toronto. Ein kleiner, steifer Mennonitenbischof geht an meinem Tisch vorüber. Unmittelbar vor mir liest ein dunkelhäutiger Romane das Programm des heutigen Tages. Links von mir schnurrt ein nervöser Brite hastige Cockneysätze in das Ohr einer stark geschminkten amerikanischen Studentin. Schlichte, grauhaarige Missionarsdamen blicken wehmütig umher. Manche lesen in der Bibel, andere schreiben oder greifen freudig nach vielerlei Gesprächsthemen.

Ich denke gerade darüber nach, was für ein Kräftepotential hier versammelt ist: Studenten aus ganz Amerika und anderen Erdteilen, die eigens hierhergekommen sind, um Missionsfragen zu studieren. Wie lange werden wir noch dasitzen und zergliedern, fragen, streiten, diskutieren, bis Gott uns mit Gewalt in Seinen Griff nimmt und uns hinausstößt zu den anderthalb Milliarden, die noch nie das Wort gehört haben? Aber man kann beten – und darum bitte ich Euch alle. Bestürmt den Herrn der Ernte und bittet Ihn, daß Er die Auswirkung dieser Tagung bis in ferne, noch von Finsternis umfangene Länder dringen läßt um Seines Namens willen.«

Mir schrieb er von der Bedeutung, welche die Konferenz für ihn persönlich hatte:

»Gott hat an mir getan, was ich von Ihm in dieser Woche erhofft hatte. Vor allem wollte ich inneren Frieden und Gewißheit darüber, ob ich als Pionier zu den Indianern gehen soll. Wenn ich jetzt meine Gefühle analysiere, kann ich mit ziemlicher Beruhigung sagen, daß die allgemeine Zielrichtung meiner missionarischen Arbeit der südamerikanische Urwald ist. Außerdem bin ich zu der Überzeugung gekommen, daß es Gottes Wille ist, daß ich die Arbeit im Urwald als Lediger beginne. Daß so wichtige Fragen im Lauf einer Woche geklärt werden konnten, ist für mich ein recht ansehnliches Ergebnis.«

Am 18. Januar schrieb er weiter:

»Die Entscheidung kam mir dadurch, daß ich einen Mann aus dem Innern Brasiliens kennenlernte, der dort eine ähnliche Arbeit getan hat wie die, zu der ich mich befähigt fühle. Er sagte, bei den Verhältnissen, unter denen er dort arbeite, sei es unmöglich, eine Ehe zu führen. Das war alles – keine

Stimmen, keine Bibelstellen, nur der Friede, der über die verwirrte Seele kommt, wenn eine lang erwartete Entscheidung endlich fällt. Ich will damit nicht sagen, Gott wiese mich zu einem ehelosen Leben. Ich weiß nur, was ich für den gegenwärtigen Augenblick wissen muß, und das ist folgendes: Gott will nicht, daß ich mir eine Frau suche, bevor ich nicht ein deutliches Zeichen von Ihm bekomme. Und allem Anschein nach besteht zunächst kein Grund, dieses Zeichen zu erwarten.

Laß mich Dir eine Geschichte erzählen. Als ich im Januar vorigen Jahres von Birdsong zurückkam, war in mir eine starke Zuneigung zu dem jungen Mädchen gewachsen, das Du besser kennst als irgend jemand sonst. Bei einer Selbstprüfung, die ich im Hinblick auf die Frage gehalten hatte, wie Gott diejenigen gebraucht, die sich um des Himmelreichs willen zu Eunuchen gemacht haben, entschied ich, daß niemand von meiner Verbundenheit mit jenem Mädchen etwas wissen solle, auch wenn alle sehen konnten, daß wir viel zusammen waren. Ich kann mich noch erinnern, daß ich dem Herrn bekannte, was ich ‚meine Liebe zu ihr' nannte, und daß ich jeden Tag mich bemühte, zu vergessen und alles in mich hineinzuschlucken. Damals, als ich beschloß zu schweigen, kam es mir vor, als habe ich den ganzen Lauf meines Lebens festgelegt, und ich muß gestehen, ich fühlte mich ein bißchen als Märtyrer. Da kam dieses Lied auf mich zu:

‚Warum so ängstlich sorgen? Du führst mich an der Hand.
Mein Heute und mein Morgen sind Dir ja längst bekannt.
Hab ich das Kreuz genommen, und werden folgen mir
Spott, Einsamkeit und Leiden! – Nichts trennt mich, Herr, von Dir.'

Und in meinem Liederbuch ist am Rand dieser Vers mit Blaustift angestrichen, und daneben steht das angegebene Datum.

Liebste Betty, im Namen dessen, der unser treuer Freund ist, lege ich Dir ans Herz: allen Wankelmut, alle Verwirrung und

Verwunderung tu von Dir. Du weißt, daß auf dem Weg, den Du eingeschlagen hast, das Kreuz steht. Überwinde alles im Vertrauen auf Dein Einssein mit Jesus. *‚Der um der vor ihm liegenden Freude willen der Schande nicht achtete und das Kreuz erduldete.'* Wenn Du auf Ihn blickst, wird der Gedanke an diese einstige Freude auch Dir Kraft und Trost geben in allen Prüfungen, Verfolgungen und Einsamkeiten. *‚Er hat uns gemacht, und nicht wir selbst – sein Volk und die Herde seiner Weide. Zieht ein in seine Tore mit Dank, in seine Vorhöfe mit Lobgesang.'* Wozu gehen Schafe durch die Tore? Was ist ihr Ziel, wenn sie in die Vorhöfe eintreten? Melodisch zu blöken und die Gemeinsamkeit der Herde zu genießen? Nein, jene Schafe waren für den Altar bestimmt. Das Weiden hatte nur den einen Zweck gehabt, sie zu erproben und zu mästen für das Blutopfer. Sage Ihm also Dank, daß Du für würdig erfunden worden bist für Seine Altäre. Gehe ein und beginne das Werk mit Loben.«

Dieser Brief ließ die alte Befürchtung wieder in mir aufleben, daß Jim durch mich von dem Weg, den Gott ihm bestimmt hatte, abgelenkt werden könne. Deshalb schrieb ich ihm und fragte ihn, ob er gewiß sei, daß wir recht daran täten, wenn wir unseren Briefwechsel fortsetzten. Er war dessen gewiß.

»Gott hat uns zusammengeführt durch unseren Briefwechsel, und Er hat mir kein Zeichen gegeben, daß Er etwas anderes will als daß wir damit fortfahren. Wenn Er am Ende dennoch von uns fordert, daß wir uns trennen, wird der Verzicht zwar noch bitterer sein als er jetzt wäre, aber dieser bittere Weg ist dann der Weg, den Er uns bestimmt. Denke an Mara. *‚Und der Herr zeigte ihm ein Stück Holz; das warf er ins Wasser , und das Wasser wurde süß.'* Die Wolke war es, die Israel nach Mara führte.«

GETRIEBEN VON GOTT

»Gehorche, mein Sohn, der Zucht deines Vaters und verwirf nicht die Weisung deiner Mutter! Denn ein anmutiger Kranz für dein Haupt sind sie und eine Kette für deinen Hals.«

Jims Plan, in den Westen zu fahren zur Hochzeit seines Bruders Bert, rückte in den Bereich der Möglichkeit, als seine Professoren sich Anfang Januar damit einverstanden erklärten, daß er seine Abschlußprüfung an einem frühen Termin machte. Auf die Nachricht hin sandten ihm die Eltern Reisegeld und baten ihn zu kommen. Er erwiderte:

»Wenn ich komme, darf ich dann als Vorbedingung einen dringenden Wunsch äußern? Nämlich, daß Ihr für die Tage vor der Hochzeit keinerlei Einladungen zum Essen plant – weder wir bei anderen noch andere bei uns. Ich möchte, wenn es geht, eine Zeit wirklicher Stille mit Euch haben. Da dies vielleicht das letzte Familienbeisammensein in diesem Leben sein wird, finde ich, wir sollten es in ganz besonderer Weise familiär machen, so daß wir reichlich Zeit für gemeinsames Beten und Bibellesen haben. Wenn es eine Woche mit geselligem Betrieb wird, komme ich lieber nicht. Das kann ich hier im College haben. Versprecht Ihr es?«

Er fuhr nach Hause, und wie er es vorausgesagt hatte, wurde es tatsächlich das letzte Familientreffen für die Elliots. Jim war vor allem viel mit seinem Vater zusammen und schrieb mir davon in einem Brief:

»Betty, ich schäme mich, wenn ich an manche Dinge denke, die ich gesagt habe, als wüßte ich etwas davon, was die Schrift lehrt. Ich weiß nichts. Vaters Religion ist von einer Art, wie ich sie nirgends sonst erlebt habe. Seine Theologie ist völlig unentwickelt, aber sie ist etwas derart Wirkliches und Praktisches, daß sie jedes lehrmäßige ‚System' zerschlägt. Er kann nicht definieren, was Theismus ist, aber er kennt Gott. Wir haben viele glückliche Stunden gehabt, und ich kann gar nicht abschätzen, welche Bereicherung es für mich wäre, wenn ich ein paar Monate mit ihm zusammen arbeiten könnte, sowohl praktisch wie geistlich.«

Auf die Beratung durch seinen Vater geht sicherlich der folgende Tagebucheintrag zurück:

31. Januar. »Man übergibt sein Leben nicht in einem Augenblick. Was sich über ein ganzes Leben erstreckt, kann auch nur im Laufe eines ganzen Lebens übergeben werden. Auch bewirkt die Übergabe an den Willen Gottes nicht per se das Erfülltsein mit der Kraft in Christus. Das Reifwerden braucht Jahre, und dem Willen Gottes kann ich mich nur unterwerfen, wenn ich weiß, worin dieser Wille besteht. Das Erfülltsein vom Geist geschieht daher nicht schlagartig, sondern allmählich, nämlich in dem Maße, wie ich erfüllt werde vom Wort, durch welches mir der Wille offenbart wird.

Wenn die Menschen vom Geist erfüllt wären, würden sie nicht Bücher schreiben über ihn, sondern über die Person, die uns zu offenbaren der Geist gekommen ist. Gottes Ziel ist, daß wir uns mit Christus befassen.«

Jim blieb eine Woche in Portland, dann verabschiedete er sich von Bert und seiner jungen Frau, die bald darauf die Vereinigten Staaten verlassen sollten, um nach Peru zu gehen. Der Abschied von zu Hause fiel ihm diesmal ziemlich schwer.

In Wheaton begann er sein letztes Collegesemester. In sein Tagebuch schrieb er am Tag seiner Rückkehr:

»Aus meiner Notiz von vor einem Jahr ersehe ich, wie ich mich damals nach einer Zeit sehnte, wo ich all mein Versagen würde vergessen dürfen. In dieser Hinsicht hat mir Psalm 107 inzwischen viel inneren Frieden gebracht. Gerade heute mußte ich daran denken, wie Gott mich liebt trotz aller meiner Sünde, und daß Er uns verheißen hat, uns in den ‚ersehnten

Hafen' zu bringen. Und Er wird's auch vollführen. Was brauche ich mich dann zu sorgen, daß der alte Adam noch immer in mir lebt? Daß der Stolz mich aufbläht? Daß sich Begierde in mir regt? Die völlige Liebe treibt die Furcht aus, und wenn ich weiß, daß Er mich trotz jener Untugenden liebt, dann schrumpfen sie zusammen und scheinen kaum noch wert zu sein, daß man darüber nachdenkt. Ich weiß um sie. Gott weiß um sie. Ich bekenne sie. Er vergibt sie. Ach, daß ich Ihn gebührend preisen möchte!«

23. Februar. »Wie ich sehe, ist es eine ganze Zeitlang her, daß ich etwas eingetragen habe. Ich war zu beschäftigt, um mir Zeit dafür zu nehmen . . . und außerdem kamen mir nicht jeden Tag neue Gedanken. ‚Zu beschäftigt' – eine böse Ausrede! Vater, vergib mir, daß ich in meinen Anschauungen so akademisch und auf Weltliches gerichtet bin, daß ich so viel Zeit auf die Ausbildung des Verstandes verwende und so wenig wirkliches Interesse für die geistlichen Dinge habe.«

Daß Jim so »beschäftigt« war, kam teilweise von seiner eifrigen Betätigung als Ringkämpfer. Im Februar nahm er an Wettkämpfen in Wheaton und anderen Universitätsstädten teil. Ein Tagebucheintrag aus dieser Zeit zeigt, daß er sich trotz seiner Sportbegeisterung immer bewußt blieb, welches die wesentlichen Dinge sind:

»Auf dem Ringkampfturnier in Cleveland haben wir den zweiten Preis gewonnen, aber was besagt das schon? Nichts bleibt. Siehe, Er kommt! Ein Strahl aus Seinem flammenden Auge wird all unseren glänzenden Marmor und unser strahlendes Gold zerschmelzen. Ein Wort aus Seinem gerechten Mund wird das ganze aufrührerische Menschenvolk zunichte machen. Der Schall Seines rächenden Lachens wird die Bibliothek unserer Weisen einstürzen lassen, und es wird nichts von ihnen bleiben als ein Schutthaufen. Die Weisen wird Er in ihrer eigenen Schlauheit fangen; Berge werden erniedrigt werden. Was wird an jenem Tage bleiben? Siehe, ‚wer den Willen Gottes tut, der bleibt in Ewigkeit'. Gemeinde

Gottes, erwache zu deinem Bräutigam! Und du, Amerika, denke nur nicht, daß du bei dir sagen willst: ‚Wir haben die Einfachen und Niedrigen hochgehalten; wir besitzen die Frömmigkeit als unser Erbe; wir haben Achtung vor den Religionen.' Ich sage dir, Gott vermag sich Gerechte zu erwecken aus den Steinen deiner Straßen. ‚Herr, neige deine Himmel und fahre herab.' Laodicäa, wann wirst du endlich einsehen, daß Fülle ohne Ihn Leere ist? Ach, schreckliche Leere eines vollen Lebens, wenn Christus noch draußen steht.«

Jim hatte das Amt übernommen, für die wöchentlichen Zusammenkünfte der Vereinigung für Äußere Mission Redner zu finden. Er war nicht einverstanden damit, daß manche von ihnen betonten, Missionare müßten vor allem zum Führertum ausgebildet werden. Er schrieb mir hierüber:

»Alle, die jetzt zur FMF kommen, erzählen uns, wir müßten mehr ausgebildet werden als die vorige Missionarsgeneration. Aber im Neuen Testament steht kein einziges Wort von einer solchen ‚Ausbildung zum Führertum'. Dort zielt alle Ausbildung nur darauf ab , daß man jedermanns Diener sei. Was man zu lernen hat, ist folgen, nicht führen. Jesus hat gesagt: *‚Die Ersten sollen die Letzten sein.' ‚Es ist dem Jünger genug, daß er sei wie sein Meister.'* Das ist die Art der Ausbildung, die wir brauchen: lernen, so zu sein wie Er; und wie Er sich verwerfen zu lassen, selbst von wohlmeinenden Fundamentalisten.«

Daß sein Bruder als Missionar nach Peru ging, wurde für Jim zum Anlaß, wieder ‚die Kosten' zu überschlagen, welche die Wahl eines solchen Weges fordert, und einige Zeit vor Berts Aufbruch schrieb er an seine Mutter:

»Ich habe viel im Gebet an Dich gedacht, Mutter, wo Dich Bert und Colleen jetzt verlassen. Die inneren Kämpfe, die Du bei dieser Prüfung Deiner Mutterliebe sicher durchmachst, kann ich nie mit Dir teilen. Ich weiß nur das eine, daß keine Prüfung Dich zu Boden werfen kann, sondern Gott wird getreu sein und einen Ausgang schaffen, daß Du's ertragen und Ihn preisen kannst. Bedenke – das soll nicht pedantisch oder anmaßend klingen, als wüßte ich, was es Dich alles kostet –, bedenke, daß wir uns ja dem verschworen haben, der ein Kreuz trug, und wenn Er Seine Jünger lehrte, legte Er den Nachdruck auf das Opfern, nicht so sehr von weltlichen Gütern, als von Familienbanden. Nichts soll uns von dem Wissen um Gottes Bestimmung für uns abbringen, daß wir durchs Feuer bewährt und stark werden sollen, nach dem Vorbild Seines Sohnes. Es gibt keinen anderen Weg. Unser empfindliches Ich muß erfahren, was Selbstverleugnung ist.«

NEUE FREIHEIT

»So rühme sich denn niemand [im Blick auf] Menschen, denn alles ist euer . . . Ihr aber seid Christi, Christus aber ist Gottes.«

Seit seinen Schultagen hatte Jim sein Verhalten – und wahrscheinlich auch das Verhalten anderer – nach dem beurteilt, was er seinen »Verbotskodex« nannte. Gegen Ende seines letzten Semesters kam er zu der Einsicht, daß dies im Widerspruch zur Lehre des Apostels Paulus stand. Außerdem schied es ihn von einem Teil der Studentenschaft, den er kennenlernen wollte.

Paulus sagt: *»Einer glaubt, er dürfe alles essen; der Schwache aber ißt Gemüse. Wer ißt, verachte den nicht, der nicht ißt; und wer nicht ißt, richte den nicht, der ißt; denn Gott hat ihn aufgenommen. Wer bist du, der du den Hausknecht eines anderen richtest? Er steht oder fällt seinem eigenen Herrn . . . Denn wir werden alle vor den Richterstuhl Gottes gestellt werden.«*

Auf Grund seines neuen Verständnisses dieser Grundsätze ließ Jim nun manche der alten Verbote, von denen er bisher gemeint hatte, sie seien für die Heiligung unerläßlich, fallen. Zwar wandte er die Lehren der Bibel, wie er später erkannte, nicht immer richtig an, aber er begann jetzt, mit einer neuen Freiheit an mancherlei Veranstaltungen teilzunehmen, von denen er sich früher ferngehalten hatte. Hierzu gehörte auch eine Reihe von bunten Abenden, bei denen die Jahrgänge 1949 und 1950 sich gegenseitig zu übertrumpfen versuchten. Am 19. März schrieb er:

»Am Dienstag war der ‚Centennial Day' des Jahrgangs 1949 und außerdem unser alljährlicher ‚Reverse Day', wo die Rollen der Geschlechter vertauscht werden und bei Verabredungen die Mädchen die Männer auffordern, ihnen an der Tür den Vortritt lassen und überhaupt die Kavaliere spielen. Sie waren mit ihren Reifröcken, Tournüren, Spitzen und aufgesteckten Haaren bedeutend interessanter als die Männer. Eines von den Mädchen forderte mich auf, mit ihr das Basketballspiel der Professoren gegen die Studenten anzusehen. Ich ging zu Onkel Earl und lieh mir von ihm Gamaschen, Zylinder, steifen Kragen und schwarze Krawatte, dann holte ich mir einen alten Gehrock mit Schößen und einen Spazierstock (der zu einem Dandykostüm gehörte, mit geschnitztem Hundekopf und eingebauter Gewehrkammer) und verkleidete mich so als eleganter Stutzer. Mit großem Schwung und lautem ‚Heil 49' erschien ich dann auf der Bildfläche. Das ganze College, vom ersten bis zum letzten Mann, war in einer derart heiteren und ausgelassenen Stimmung, wie ich es in meinen kühnsten Träumen nie erwartet hätte. Während der Pause in der Halbzeit wurden von den Professoren allerhand satirische Spottreden gehalten, und wir alle lachten uns halb tot. Merkwürdig, in den ganzen vier Jahren habe ich nie erlebt, daß das ganze College so zu einer Einheit wurde. Ich bekam eine Krawatte, neben etwa zwanzig anderen Getreuen, für dreiwöchiges Durchhalten beim Bartwachsenlassen.«

Am 26. März schrieb er:

»Liebste Familie: Schön, daß ich diese Woche zwei Briefe bekam: Deinen, Mutter, am Montag, und dann heute morgen den gemeinsamen von Dir und Vater. Vielen Dank auch für die zwei Dollar und die Briefmarken. Ich habe zwar nicht die leiseste Ahnung, wann ich Gelegenheit finden werde, die Marken einzuordnen, aber ich werde sie aufbewahren.

Eben ging Sylvia MacAllister vor unserem Fenster vorüber, ich konnte nicht widerstehen, ihr zuzurufen, und lud sie ein, heute abend mit mir ins Kirchenchorkonzert zu gehen. Auch die anderen Studenten haben Verabredungen, und nachher treffen wir uns alle zu Gebäck und Eis. Zur Unterhaltung haben vier von uns ein kleines Harmonikaquartett aufgezogen.

Heute habe ich zum erstenmal gesehen, daß die Knospen anfangen zu sprießen. Draußen ist es grau und feucht, aber wir haben diese Woche zwei warme Frühlingstage gehabt, und alles will aufspringen. Nur noch zehn Wochen Vorlesung. Auch bei den Rivalitäten zwischen den Junioren und Senioren merkt man ein bedrohliches Sprießen. Jeder der beiden Jahrgänge will alles daransetzen, den anderen auf die Palme zu bringen. Mein Zimmerkamerad gehört zu den Junioren. Sie hatten gestern eine große Party, und hinterher kam er mit einem Bogen Papier mit geradezu barbarischen Schmähliedern auf die Senioren an. Die Lichter im Haus werden dunkler – das Publikum verstummt –, der Vorhang geht auf zum ersten Akt –.«

Etwa eine Woche später berichtet er in einem weiteren Brief:

»Das Ringkämpferfest ist morgen abend. Es wird wahrscheinlich sehr fidel werden. Ich werde einige humoristische Gedichte rezitieren und außerdem mit einem Mädchen aus Texas ein paar alte Volkslieder singen. Sie besitzt eine Hawaiigitarre, und so werden wir gut zusammen harmonieren und uns zur allgemeinen Belustigung produzieren, damit die Burschen richtig in Stimmung kommen. Sie belegen einen gleich mit Beschlag, wenn sie merken, daß jemand Vortragstalent hat und außerdem bereit ist, Jux zu machen. Das einzige, was mich dabei beunruhigt, ist, daß ich selber auch Gefallen daran finde.«

Paulus mahnt: *»Seht aber zu, daß nicht etwa diese eure Freiheit den Schwachen zum Anstoß werde.«* Jims Freiheit, sich am geselligen Leben so weitgehend zu beteiligen, daß er sich sogar einen Bart wachsen ließ, wurde zumindest für ein Mitglied der Studentenschaft zum Anstoß. Eines Morgens kam ein Mädchen zu ihm und erklärte, sie sehe in seinem Bart ein Zeichen von Eitelkeit. »Am nächsten Tag verschwand er im Abfluß«, schrieb Jim seinen Eltern.

Das Tagebuch berichtet weiter:

14. April. »Die Kameradschaft mit der fidelen Clique ist verlockend und sehr amüsant, aber heute abend merke ich, daß meine Seele dadurch ziemlich abgelenkt wird und von Erregungen erfüllt ist. Es ist nichts Schlimmes – aber eben auch nichts Gutes. Fast ständig klingen mir die alten Volkslieder in den Ohren. Ein merkwürdiger Bereich, diese meine Seele. Sie ist, glaube ich, nicht so sehr Person als vielmehr neutraler Ort. Sie hallt von allem wider, was in sie eindringt, seien es erhabene Gedanken an den erhöhten Christus oder nichtige Verse irgendeines Dichters. Der Seele ist es anscheinend gleichgültig, womit man sie beschäftigt, es kommt ihr nur darauf an, daß man sie beschäftigt. Hinsichtlich der Auswahl verhält sie sich passiv. Ich wähle, und die Seele nimmt es auf und antwortet – mit klingendem Lachen, Emotion oder Anbetung. Die Seele ist Werkzeug, nicht Wille, sie muß gelenkt werden. An sich hat sie mit Moral nichts zu tun, so wenig wie ein Bett, aber Betten können zum Ort unrechtmäßigen Tuns werden. Du Sohn Gottes, der Du das Verborgene in mir erforschst und kennst – reinige mein Inneres, heilige meine Seele. Die Wahl ist mein, sprichst Du? O ja, die Wahl ist mein.«

Aus einem Brief vom 16. April:

»Mit einer kleinen Clique in die Dünen am Michigansee gefahren. Es war sehr nett. Ich wünschte, ich brauchte gar nicht in Vorlesungen zu gehen, sondern könnte einfach die Gemeinschaft mit den anderen pflegen. Nur so wenige begreifen, was es heißt, bis ins kleinste für und mit Jesus zu leben. Jetzt wünschte ich, ich hätte schon früher verstanden, wie man sie behandeln muß. Anscheinend bin ich erst in diesem Frühjahr auf den richtigen Dreh gekommen.«

Ende Mai fand der alljährliche »Senior Sneak« statt, eine traditionelle Wochenendfreizeit der Angehörigen des Schlußsemesters, bei der es äußerlich sehr zwanglos zuging. Im Jahr vorher hätte Jim sich wahrscheinlich nicht erlaubt, an einem solchen Ausflug teilzunehmen, aber wie er mir schrieb, hatten seine Auffassungen sich geändert:

»Im letzten Vierteljahr kam es zu einer Sprengung meines bisherigen ‚Verbotskodex', von dem mein Tun bis dahin größtenteils bestimmt worden war. Der Herr hat mich von vielen Dingen freigemacht – ‚frommen' Haltungen und pedantischen, kleinen Gesetzen, nach denen ich mein Verhalten früher auszurichten pflegte. Ich erfahre neue Gemeinschaft, neue Freiheit, neue Freude. Allerdings ist das Pendel zu weit ausgeschlagen. Meine Freiheit entwickelte sich in manchen Dingen zur Zügellosigkeit und wurde einigen zum Anstoß.«

Während des »Sneak« schrieb er am 22. Mai an seine Eltern:

»Es ist ein fabelhafter Sonntagnachmittag, ich sitze mit einer Clique von 49ern hier am Michigansee. Noch nie habe ich das Herumstreifen in der Natur so wunderbar erlebt. Durch die frische Nordluft von Wisconsin und das Draußensein fallen alle Gehemmtheiten von einem ab, es herrscht eine wirklich offene und gelöste Atmosphäre.«

Mir berichtete er in einem Brief vom 26. Mai:

»Der Ausflug ist vorüber, und ich bin mir ziemlich unklar, was dabei herausgesprungen ist. Ich habe enormen Spaß gehabt, und mit verschiedenen Burschen, die ich schon immer gerne kennenlernen wollte, bin ich in engeren Kontakt gekommen, sowohl menschlich wie geistlich. Ich bedaure nur, daß ich so töricht war und gemeint hatte, ich könnte eine schöne, unbeschwerte Zeit verleben, ohne auch dann das Schwergewicht auf das tägliche Bibellesen in der Stille des Alleinseins zu legen. Das kann durch nichts ersetzt werden.

Der Abendmahlsgottesdienst, den wir an diesem Wochenende hielten, hätte Dir gefallen. Wir hatten eine riesenhafte Glaskaraffe und einen überlebensgroßen Brotlaib. Nach einigen kurzen Einleitungsworten begannen wir zu beten und bekannte Lieder zu singen, wobei verschiedene führten. McCully brach das Brot und dankte für den Kelch. Es brauchte lange, bis der Kelch und der Brotteller bei den 180

Menschen herumgegangen war, und währenddessen sangen wir. Es gab fast keinen, dessen Seele nicht zur Anbetung bewegt worden wäre. Ach, warum kann der Heilige Geist uns nicht öfter so leiten? Wie lange sollen wir noch auf menschliche Ordnungen vertrauen, die dem Geist Christi vorschreiben wollen, auf welche Weise Er sein Werk in unseren Seelen zu vollführen habe?«

In einem späteren Brief berichtete mir Jim von den Lehren, die ihm beim Gebrauch seiner neuen Freiheit zuteil geworden waren:

»Eine meiner Erfahrungen war folgende: Es drängte mich, mit solchen zusammen zu sein, die geistlich auf einer anderen Stufe standen als ich, und mit ihnen Gemeinschaft zu haben. Aber dann entdeckte ich, daß sich darin ein sehr raffinierter Fallstrick verbarg. Die Gemeinschaft mit ihnen hatte ich gesucht, um ihnen zu dienen, um sie zu fördern; ich wollte diesen ‚Schwächeren eine Hilfe sein'. Wie sehr fühlte ich mich aber dann zurechtgewiesen, als ich dahinterkam, welches das wirkliche Motiv war – ich wollte eine Hilfe sein. Die Liebe läßt nicht zu, daß man sie zu seinem eigenen Ruhm mißbraucht; sie widersetzte sich, als ich mit ihr prunken wollte. Ich habe gelernt, daß wir nicht auf ‚geistliche Stufen' achten sollen, sondern einfach lieben, rein und ohne unlautere Nebenmotive. Andern ‚eine Hilfe sein' – auch darin lauert die Gefahr der guten Werke, nämlich daß wir uns mit ihnen brüsten möchten, sei es auch nur im geheimen vor uns selbst.«

Bis zum Schlußexamen blieben nur wenige Wochen, und Jim suchte zu erkennen, was für eine Aufgabe Gott ihm für diesen Sommer zugedacht hatte. Sein Bruder Bob hatte ihm geschrieben, daß er für sich und seine Frau ein Haus bauen wolle, und Jim freute sich darauf, ihnen dabei helfen zu können.

»Ich glaube sicher, drei Monate Bauarbeit würden eine bessere Vorbereitung für die Mission sein als drei weitere Monate über Büchern. Vor allem spüre ich auch eine starke Verpflichtung gegenüber der Familie, die mich das hat werden lassen, was ich bin, und alle Rechnungen bezahlt hat, ohne zu fragen. Gott weiß, was das Richtige ist. Er wird mir Seinen Willen offenbaren, nicht durch Feuer oder Erdbeben, sondern durch das ruhige Bleiben in Seiner Gegenwart; als Gotteskind lernt man bald, aus ihr Seinen Willen herauszulesen.

Laß uns diese Entscheidungen ernsthaft vor Gott bringen. Wir alle spüren wohl, daß dieses Jahr ein Krisenjahr wird, sowohl für die Familie als auch für das ganze Land. Laß uns nicht zu den Ruhelosen dieser Welt gehören, die hin und her geworfen werden, weil sie keinen festen Grund haben, auf den sie ihr Leben bauen können. Wir können uns rühmen wie David, als es ihm gut ging: *‚Ich werde nimmermehr wanken.' ‚Auf ihn hat mein Herz vertraut, und mir ist geholfen worden; daher frohlockt mein Herz.'*«

PORTLAND – OKLAHOMA – WISCONSIN –
INDIANA – ILLINOIS – PORTLAND 1949-1952

PRÜFUNG DURCH MUSSE

»Als es Gott gefiel, seinen Sohn in mir zu offenbaren, damit ich ihn unter den Nationen verkündigte, zog ich nicht Fleisch und Blut zu Rate . . ., sondern ich ging sogleich fort nach Arabien . . . Darauf, nach drei Jahren, ging ich nach Jerusalem hinauf.«

Als er sein Abschlußexamen in Wheaton mit höchsten Auszeichnungen bestanden hatte, fuhr Jim in den Westen zu seinen Eltern, wo er fürs erste zu bleiben gedachte, wenigstens die nächsten drei Monate. Es war ihm nicht leichtgefallen, sich von den alten Kameraden im College zu trennen, besonders da ihm noch nicht klar war, was Gott in diesem Sommer mit ihm vorhatte. Wenn die bei Promovierten übliche Frage an ihn gerichtet wurde. »Was werden Sie jetzt tun?« dann hatte er keine Antwort. Aber er wußte, wo er sie finden würde. In sein Tagebuch schrieb er am 8. Juli 1949:

»Endlich wieder zu Hause. Gemischte Gefühle: Ungewißheit, wo ich ‚hingehöre', und Dankbarkeit für all die Gnade, die mir Gott in den vergangenen vier Jahren erwiesen hat. Vater, bewahre mich davor, ein Leben zu führen, das sich dem üblichen Schema anpaßt. Zu wem soll ich gehen, um mir Rat zu holen, wie ich mein Leben führen soll? Zu wem, um ein Vorbild zu haben? Zu Dir, Herr? Ja, ich komme zu Dir.«

Gottes Ratschluß war diesmal, daß Jim ein Jahr in Portland bleiben sollte, um dort in der Gemeinde zu helfen, wo er konnte, und vor allem seine Seele durch konzentriertes Bibelstudium vorzubereiten. Er begann, indem er beim Anstreichen des Gemeindesaales half, aber auch diese Stunden nutzte er dazu aus, sich geistlich zu fördern, wie ein Brief vom 12. Juli an Bill Cathers zeigt:

»Als ich neulich hoch oben am Turm des Gemeindesaales stand, zusammen mit Vater, kamen wir darauf zu sprechen, wie man junge Leute auf die Arbeit für Gott vorbereitet. Wir fanden beide, daß die künstliche Bibelschulatmosphäre unbefriedigend sei, und sprachen dann darüber, wie Paulus die, die um ihn waren, dazu ausbildete, andere zu lehren. Als wir nach den Seilen des Flaschenzuges griffen, um unsere Plattform zu einer noch nicht gestrichenen Stelle herabzulassen, sagte Vater: ‚Ja, Jim, bete darüber, und wenn es Gottes Wille ist, gehe ich mit dir und Billy nächsten Sommer nach Montana.' Was meinst Du dazu, Bruder ? Natürlich würde das bedeuten, daß Du Dich zunächst nicht mit Heiratsplänen tragen könntest, denn ich glaube, es ist Gottes Ordnung, daß Jungverheiratete von der Last des Kampfes verschont bleiben sollen, bis sie sich zusammen eingelebt haben. Vergleiche dazu 5. Mose 24, 5. Bete doch darüber, ich werde es auch tun. Wir würden selbst für unseren Unterhalt sorgen, Versammlungen im Zelt und im Freien abhalten oder wo immer sich ein Ohr findet, das zum Hören des Wortes bereit ist, und wenn wir auf Interesse stoßen und den Seelen helfen können, würden wir so lange bleiben, wie nötig ist, um sie zu festigen und zu Gruppen zusammenzuschließen. Wir sollten wissen, wie man das in unserer eigenen Sprache macht, bevor wir es in einer anderen versuchen, findest Du nicht auch?

Die Gedanken in Deinem letzten Brief über gemeinsames Wirken für den Herrn nach dem Vorbild von Paulus und Barnabas waren mir nicht neu. Eine solche Zusammenarbeit habe ich mir im stillen oft gewünscht, und ich wäre gar nicht überrascht, wenn gerade das zu Gottes Zielen gehörte, nämlich den einen durch den Glauben des anderen aufzurütteln. Aber auch hierin dürfen wir warten, bis Er uns Seinen Willen kundtut.

Seit meinem letzten Brief bin ich in mancher Beziehung bewegt worden. Ich habe mich viel mit der Apostelgeschichte beschäftigt, und es verlangt mich sehr, Gottes Wege zu erkennen, das heißt, was in Seinen Augen die richtige Art und Weise ist, für Ihn zu wirken. Wie sehr brauchen wir den Heiligen Geist, daß Er uns einen göttlichen Widerwillen gegen Laodicäa gibt! Und daß wir nicht mißmutig werden, sondern uns die Fröhlichkeit des Herzens bewahren, die das Kennzeichen derer sein soll, deren Gott der Herr ist.

Ich bitte Dich ernstlich im Namen der Fürsorge, die wir füreinander tragen, und der Liebe Gottes, daß Du mich geduldig hinweist und ermahnst, wenn Du bei mir innere Rückschritte wahrnimmst, die ich in der Blindheit meines Fleisches nicht bemerke. Bleibe und ruhe in der Gewißheit, daß Er alles für Dich tut, Billy.«

Am 19. Juli schrieb er mir:

»Diese Tage scheinen Tage des Wartens zu sein, merkwürdig, wie wenn man auf der Stelle träte, bis all die amtlichen Formalitäten sich abgewickelt haben; aber ich bin sicher, daß ich nicht aus Gottes Führung herausgefallen bin.

Wie leicht kommt man in solchen Zeiten geistlich ins Herumtrödeln! Obwohl unter den Gläubigen viel Auftrieb zum gegenseitigen Sichaufrütteln herrscht und die Sonntage mit Gefängnis- und Straßenversammlungen angefüllt sind, besteht ein ausgesprochener Hang, sich die Tage durch die Finger rinnen zu lassen.

Ich habe mich abfinden müssen, in den Vereinigten Staaten zu bleiben, bis ich mich in der Arbeit hier bewährt habe. Die Brüder in der Gemeinde wollen es so haben, also werde ich warten müssen, bis der Weg in die ferneren Regionen frei ist. Aber trotzdem ist die Zeit hier nicht verloren, und ich bin sicher, Du wirst das eher als alle anderen verstehen, Betty . . . Ich vertraue auf die frohe Verheißung: ‚*Gnade und Herrlichkeit wird der HERR geben, kein Gutes vorenthalten denen, die in Lauterkeit wandeln.*'«

26. Juli. »Meinen Stolz bekennen – Hinweis durch die gestrige Lektüre von Brainerds ‚Tagebuch' – ist etwas, was ich von jetzt ab stündlich tun muß. Wie niedrig und gemein waren in der letzten Zeit meine Gedanken. Nicht gerade unfreundlich oder teilnahmslos, aber häßlich, ohne Zucht. Eine Denkart, die man nicht einfach dadurch überwinden kann, daß man den Willen hat, sich ihrer zu entledigen. Wie kann ich es wagen, den Heiligen Gottes in einer solchen Verfassung zu dienen? Herr, weise mich zurecht und erlöse mein Herz von dem Übel.«

4. August. »Ich muß Dir heute viel innere Fruchtlosigkeit bekennen, geduldiger Hirte. Wie oft war ich verärgert, wenn etwas nicht voranging, kleinmütig, kritiksüchtig. Auch habe ich heute abend bemerkt, daß man in solchen Dingen nicht sich selbst lebt – der Sauerteig des Mißmuts durchdringt die ganze Menschengruppe, in der man lebt, und beeinflußt sie. Und dann, demütiger Erlöser, muß ich Dir eine unbeherrschte Zunge und zügellose Lippen bringen, auf daß Du sie reinigst. Ach, daß ich geheiligt wäre! Nur einen Augenblick möchte ich spüren, daß ich Dir, o Herr, in irgendeinem Wesenszug ähnlich geworden bin. Ein Wort von Horatius Bonar hat mich heute abend angesprochen: ‚Heiligkeit ist nicht Strenge oder Trübsinn; diese liegen ihr genauso fern wie Leichtfertigkeit und Frivolität; Heiligkeit ist die Frucht bewußten inneren Friedens.'«

21. August. »Ich fühle heute abend, daß mein Wunsch, groß zu sein, die Absichten Gottes in bezug auf Gutes, das durch mich getan werden soll, zuschanden machen könnte. O Herr, laß mich wieder mit ehrlichem, aufrichtigem Herzen beten: Ich will nicht groß sein – gewähre mir nur, Herr, Anteil an Deiner Güte.«

Im September machte ich auf die mehrmalige Einladung von Jims Mutter hin einen Besuch in Portland, auf der Heimfahrt von Alberta in Kanada , wo ich den Sommer über auf dem Lande missionarisch gearbeitet hatte. Jim holte mich am

Bahnhof ab und fuhr mich zu seinem Elternhaus am Abhang des Mount Tabor, im Angesicht des Mount Hood mit seinem schneegekrönten Gipfel. Das Haus war seit dem Einzug der Familie Elliot im Jahre 1922 stark vergrößert worden; umgeben von Obstbäumen und vielerlei Blumen, schmiegte es sich behaglich an den steilen Hang.

Dort begegnete ich zum erstenmal Jims Mutter. Weiches graues Haar und ein breites, liebevolles Lächeln verstärkten den allgemeinen Eindruck von Mütterlichkeit. Als nächster begrüßte mich Jims Vater, untersetzt, von kräftigem Körperbau; das Grau seiner Haare verriet, daß sie einstmals rot gewesen waren. Dann »Tante Frostie«, eine kleine, etwas steife alte Dame mit leichtem englischen Akzent, für die Mrs. Elliot seit zwanzig Jahren sorgte, und schließlich Jims sechzehnjährige Schwester Jane und sein älterer Bruder Bob, der Chiropraktiker.

Einmal nahm mich Jim an die prachtvolle Küste von Oregon mit, wo wir an einer großen, felsigen Landzunge im Meer schwammen und später an einem Treibholzfeuer saßen und zusahen, wie die Sonne im Stillen Ozean versank. An anderen Tagen ließen wir uns von Autos, die wir anhielten, auf den Mount Hood mitnehmen, paddelten auf dem Kolumbiafluß, fuhren zu den Multnomahfällen.

»Seltsame, aber glückerfüllte Tage«, schrieb Jim später. »Waren nicht auch sie von Dir, Herr? Soll es uns versagt bleiben, eine Liebe, wie wir sie empfingen, in ihrem ganzen Ausmaß auszuleben? Dein Wille geschehe. Aber wie unmöglich scheint es uns, zu warten. Dennoch, wer in Dir ist, für den ist nichts unmöglich.«

Nachdem wir uns an der Omnibusstation »Auf Wiedersehen« gesagt hatten, schrieb Jim in sein Tagebuch:

13. September. »Vor einer Stunde ist sie fortgefahren. Was für Stürme des Gefühls habe ich in dieser kurzen Zeit erlebt. Als ich vom Omnibus nach Hause ging, konnte ich nicht mal die Lichtreklamen lesen, ich konnte die Leute, die mir begeg-

neten, nicht ansehen. Sich von ihr zu trennen, ist schrecklich. Immer, wenn ich sie sehe, habe ich keine Antwort. Nur die, daß ich warten muß. Wie lange? Auf was? Ich weiß es nicht. Du Gott meiner bitteren Stunden, Vater Jesu Christi, der Tränen vergoß, laß mir Führung unmittelbar von Dir zuteilwerden. Darf ich es im Vertrauen erbitten? Ach, laß uns nicht mehr schweigend auseinandergehen. Wie bitter ist Liebe, der man keinen Ausdruck geben darf!

Die folgenden Worte fielen mir ein, als ich am Hang unter den Fichten saß:

Räder trugen sie fort, hinaus in die Stille –
ich kann sie nicht mehr erreichen!
Schon hatte ich Angst, die Dunkelheit ringsum
bekäme Macht über unsere Seelen,
sodaß wir die wirklich bleibenden Dinge
nicht mehr unterscheiden könnten.

Aber nein! Die Sonne, die unsre Tage
so helle machte,
leuchtet nun durch das Licht des Mondes
in unsere Nacht!

7. Oktober. »Heute ist mir klar geworden, daß ich in einer sehr schwierigen Prüfung stehe – es ist die Erprobung durch unfreiwillige Muße. Der Herr hat mir alle äußere Betätigung weggenommen. Keine Arbeit, kein Geld zum Ausgeben, nichts zu tun. Ich habe Angst, daß ich solche Tage nutzlos vergeude. Den heutigen habe ich verbracht mit Schreiben, Lesen und ein wenig Beten.«

16. Oktober. »Sehr glücklich durch die Gemeinschaft mit dem Herrn heute abend. Ich fühle, daß ich jetzt erprobt werde und lernen soll, ‚Überfluß zu haben'. Alles scheint mir zum Besten zu dienen. Ich bin frei von jeglichen Arbeitsverpflichtungen, abgesehen von dem, was das Leben zu Hause an geringfügigen Obliegenheiten mit sich bringt. Ich bin völlig gesund. Der Zustand der Gemeinde ist erfreulich, und es herrscht gute Gemeinschaft. Trotzdem sind noch viele Lasten

abzutragen, wenn ich den Weg des Opfers hier zu Hause wähle. Herr Jesus, Herr des Apostels, der durch Dich alles vermochte, sowohl Überfluß zu haben als Mangel zu leiden, gib mir auch in dieser Woche ein getreues Herz. Laß nicht zu, daß ich Rückschritte mache.«

24. Oktober. »Heute abend, nachdem ich tagsüber viel in Brainerds ‚Tagebuch' gelesen habe, sehe ich, wie nützlich es ist, sich mit den Lebensläufen von Gottesmännern zu befassen. Es treibt mich an zum Beten und mich darüber zu verwundern, wie gleichgültig ich in manchen Zeiten bin, wenn die Kraft Gottes nicht in mir ist. Soeben habe ich über Hebräer 13, 7 nachgedacht, wo die Mahnung steht, derer zu gedenken, die das Wort Gottes gesagt haben: *‚Schaut den Ausgang ihres Wandels an, und ahmt ihren Glauben nach!'* Jetzt erinnere ich mich, welchen Antrieb mir die Lebensgeschichte Hudson Taylors und mancher anderer gegeben hat. O Herr, gib mir Gnade, ‚ihren Glauben nachzuahmen'.«

27. Oktober. »Erfuhr viel Freude beim Lesen der letzten Monate von Brainerds Leben. Wie sehr stimmen seine Gedanken über die ‚wahre und falsche Religion dieser Endzeit' mit meinen eigenen überein. Während der Lektüre sah ich, wie wertvoll diese Aufzeichnungen sind, und ich wurde sehr dazu ermuntert, an ein gottseliges Leben im Licht eines frühen Todes zu denken.«

28. Oktober. »Eine der großen Segnungen des Himmelreichs ist die, daß wir seinen Wert schon hier auf Erden erkennen lernen. Der ist kein Narr, der hingibt, was er nicht behalten kann, um zu gewinnen, was er nicht verlieren kann.«

29. Oktober. »Gestern abend, nachdem ich einen Brief von Wilfried Tidmarsh an Bert gelesen hatte, gab ich einem inneren Impuls nach und bot mich für die Arbeit dort in Ekuador an. Heute morgen kam mir dieses Vorgehen ziemlich anmaßend vor, und ich schloß ein stilles Abkommen mit dem Herrn, daß ich den Brief nur absenden würde, wenn ich in irgendeiner Form eine feste Anweisung von Ihm selbst

bekäme. Die Lage, in der sich Tidmarsh befindet, scheint von ihm zu fordern, daß er die Missionsarbeit bei den Ketschuas aufgibt wegen des Gesundheitszustandes seiner Frau.

Später: Beim Lesen von Epheser 4, 5 und 6 fiel mir besonders das Wort auf ‚die Zeit auskaufen'. Noch mehr ermutigte mich die Erläuterung ‚die gelegene Zeit' ausnützen. Und als ich mir das Griechische ansah, hatte ich Gewißheit, daß ich den Brief in den Kasten stecken sollte.«

Am 31. Oktober schrieb mir Jim:

»Heute bin ich zur Christian High School (Von einer christlichen Gemeinde betriebene Oberschule) gegangen, um mich als Aushilfslehrer zu bewerben. Abends war ich in der hiesigen Besserungsanstalt für Knaben, wo eine Feier stattfand, und habe ihnen eine Detektivgeschichte von Poe erzählt. Morgen soll ich in einer Vorstadtgemeinde bei einem neu beginnenden Handwerkskursus für unbekehrte junge Burschen helfen. Mittwochnachmittag Jugendstunde im Gemeindesaal; Freitag vormittag Gottesdienst für die Angestellten des Goodwill-Vereins in der Kapelle. Tagsüber verbringe ich die Zeit mit Lesen. Neben geistlichen Büchern versuche ich auch etwas von dem in mich aufzunehmen, was ich ‚verworfene Lektüre' nenne, jeden Tag ein bißchen, bloß um nicht im Gleichförmigen und Stereotypen zu versinken. In diesem Sinne lese ich ‚Also sprach Zarathustra' von Nietzsche oder Service oder Poe. Ich muß strenge und sorgfältige Selbstzucht üben, daß ich mein Herz vormittags auf Bibelstudium und Gebet konzentriere. Die übrige Lektüre beschränke ich auf den Nachmittag und Abend.«

6. November. »Wunderbare Gnade Gottes! Es war ein fruchtbarer Tag, verlebt mit Heiligen und mit Sündern. Bei Ansprachen auf der Straße kam ich heute abend in Kontakt mit einem erfolgreichen Mann, der ein leeres Herz hat. Wie soll ich Gott gebührend preisen für das unbegreifliche Wunder meiner Erlösung? Und wie soll ich es anderen erklären? Ich habe mit dem Mann gesprochen und seine Seele Gott und

Seinem Wort anvertraut, in der festen Hoffnung, eines Tages auf diesen Blättern berichten zu können, daß er sich zum Herrn gewandt und großen Frieden gefunden hat. Du siehst diese Worte, Herr, und Du bist mein Richter, ob sie aus echtem Glauben kommen.«

19. November. »Erschreckende Mattheit und Stumpfheit in Glaubensdingen. Ich bin deprimiert und fühle mich unnütz. Herr, zeige mir, wo ich versagt habe und zurückgegangen bin, denn wer kann seine eigene Schuld recht erkennen? Ich freue mich, daß Fritz (siehe Eintragung vom 6. November) Dich, o Herr, gefunden hat. Dir sei Lob und Dank, daß Du ihn erlöst hast.«

24. November. »Herr, gib mir Festigkeit ohne Härte, Standhaftigkeit ohne dogmatische Starre, Liebe ohne Schwachheit.«

25. November. »Mit Freude habe ich erlebt, wie sehr Paulus recht hat, wenn er uns ermahnt, ‚Psalmen, Loblieder und geistliche Lieder' zu singen. Meine Liste mit den Gebetsanliegen fand ich so wenig anspornend zu wirklichem Gebet, daß ich sie beiseite legte und das Inter-Varsity- Gesangbuch nahm und mit wachsender Warmherzigkeit Lieder sang, die meinem inneren Bedürfnis entsprachen. Dies ist eines der großen Gnadenmittel, die Gott Seinem Volk geschenkt hat, aber wie wenig machen wir Gebrauch davon!«

29. November. »Unter allen Gnadenerweisungen Gottes ist nichts so erschreckend, finde ich, wie Sein Stillbleiben. Wenn Menschen Unwahrheiten hinausgeschrien haben in Seinem Namen, wenn sie die angenommene Bevollmächtigung durch Gottes Sohn dazu benutzten, Seine wahren Kinder hinzurichten, wenn sie mit kaltherziger Geschicklichkeit die heiligen Schriften verdrehten und als Mythen und Lügen hinstellten, wenn sie Seine Schöpfungsordnung in unfundierten Theorien erklärten und sich dabei rühmten, daß die rationale Wissenschaft sie unterstütze, wenn sie Ihn aus Seinem Weltall völlig wegdisputierten, wenn sie unter Mißbrauch der von Ihm

geschenkten Macht unbeschränkte Selbstherrschaft und Unabhängigkeit beanspruchten – Er, dieser große, stille Gott, sagt nichts. Seine Duldsamkeit und Liebe zu Seinem Geschöpf ist derart, daß Er, nachdem Er durch Christus, durch das Gewissen, durch das Gesetz geredet hat, wartet, daß die Menschen mit ihrem Schreien aufhören und sich für einen Augenblick Ihm zuwenden und auf die leise, ruhige Stimme Seines Geistes hören. Jetzt, nachdem Er so lange geschwiegen, die Lästerungen Seiner selbstzerstörerischen Geschöpfe in souveräner Sanftmütigkeit ertragen hat, wie wird jetzt die Stimme, die sich so lange zurückgehalten hat, in die Ohren, ins Bewußtsein, in die Herzen und Sinne der verworfenen Menschen hereinbrechen? O Allmächtiger, mit welchen Klängen wird diese Stimme wieder auf der Erde ertönen? Und was wird ihre Wirkung sein? Bestürzung und Furcht, denn der Herr selbst ‚wird vom Himmel herniederkommen mit einem Feldgeschrei und der Stimme des Erzengels und mit der Posaune Gottes', und der Zorn Gottes, wenn das möglich wäre, wird noch schrecklicher dadurch, daß Er die Sünde der Menschen solange in Schweigen ertragen hat.«

1. Dezember. »Heute mittag ziemlich beunruhigt, als man mir berichtete, ‚die Leute redeten' über meine Stellungslosigkeit. Ich glaube sicher, ich habe mir darüber mehr Sorgen gemacht als sie alle. Manche meinen, ich sollte für ein Jahr arbeiten gehen. Gott weiß, ich bin bereit dazu. Ich empfand diese Anklage als eine kränkende Kritik und verspürte ein starkes Verlangen, Vergeltung zu üben, mich vor den Leuten zu rechtfertigen, ihnen zu erzählen von meinen Bewerbungen um drei verschiedene Stellungen in letzter Zeit; von der Aussicht, nach Guayana zu gehen; von meinem Bibelstudium; von meiner Lektüre und der – zwar geringfügigen – Arbeit, Haus und Garten hier instand zu halten. Aber dann fiel mir Jesu Wort an die Pharisäer ein: *‚Ihr seid es, die sich selbst rechtfertigen vor den Menschen.'* Da ich nicht auch als ein solcher erfunden werden wollte, kniete ich nieder zum Gebet und las den Psalm der heutigen Bibellese. Es war Psalm 17.

Mich traf Vers 2, wo David zu Gott sagt: ‚*Von deinem Angesicht gehe mein Recht aus! . . . Du hast mein Herz geprüft. . . Meine Schritte hielten sich in deinen Spuren . . . Rette meine Seele vor den Leuten durch deine Hand, Herr, vor den Leuten, deren Teil im Leben von dieser Welt ist! . . . du füllst ihren Bauch . . . Ich aber werde gesättigt werden mit deinem Bilde.*' So bin ich denn in Deiner Hand, Herr, und sage jetzt: Du hast mich geführt, erforscht, beunruhigt und versucht; wenn es an dem fehlt, was ich tun sollte und nicht tue, dann verbirg es nicht vor Deinem Knecht, der Dir folgen will.«

5. Dezember. »‚Halte an mit Lesen.' Las eine kurze Biographie von Allan Smith zu Ende, der in Paraguay und im Amazonasgebiet als Missionar war. Fühlte mich von neuem aufgerufen zu Tidmarshs Arbeit bei den Ketschuas in Ekuador. Betete, daß ich bald ausgesandt würde mit bestimmten Weisungen für meinen Weg. Schöpfte Zuversicht aus Psalm 18, 36: ‚*Du schaffst Raum meinen Schritten unter mir, und meine Knöchel haben nicht gewankt.*'«

Am 17. Dezember schrieb mir Jim einen Brief der zeigt, daß sein Blick nun endlich doch auf bestimmte Gebiete gelenkt wurde:

»Ich habe einen ausführlichen Briefwechsel mit zwei Missionaren geführt, die ich angeschrieben hatte; der eine ist Wilfried Tidmarsh in Ekuador, der seine langjährige Arbeit im Urwald bei den Ketschua-Indianern aufgeben muß (seine Frau wurde bei einem Flugzeugunfall der Luftfahrt-Missionsbruderschaft verletzt); der andere ist Roland Hill in Bangalore in Indien. Beide schildern Missionsfelder, die mich ungeheuer interessieren, und beide sind gespannt, wie der Herr mich führen wird. In gewisser Hinsicht ist die Art der Arbeit grundverschieden: in Ekuador geht es um Angehörige ungebildeter, primitiver Stämme, während es sich in Indien um junge Hindus aus den oberen Schichten handelt, Schüler und Studenten, die auch Englisch sprechen. Bruder Hill möchte für einige von ihnen eine Bibelschule aufziehen und sucht nun jemand, der unter anderem die nötigen Voraussetzungen mitbringt, um Griechisch zu unterrichten usw. Wie soll man sich entscheiden, wenn sich das Herz zu beiden Arbeiten in gleichem Maße hingezogen fühlt und die Fähigkeiten sowohl dem einen wie dem anderen Gebiet entsprechen?«

Dies war eine neue Glaubensprobe, nämlich im Hinblick auf den Entschluß, zu den südamerikanischen Indianern zu gehen, den Jim ein Jahr vorher auf der Studentischen Missionarskonferenz gefaßt hatte. Aber er war überzeugt, daß der Weg, wenn die Zeit gekommen war, erkennbar sein würde, vorausgesetzt, daß er diejenigen Pflichten, die schon jetzt deutlich vor ihm lagen, treu erfüllte. »Der Gehorsam öffnet uns die Augen«, wie George MacDonald sagte.

Unter dem 17. Dezember steht in Jims Tagebuch:

»,*Ihr sollt heilig sein, denn ich bin heilig, der HERR, euer Gott.'* Nicht um Lohnes oder guten Eindrucks willen muß mein Handeln heilig sein, sondern um des Wesens Gottes willen. Das Gesetz betont dies immer wieder: ‚Tut dies. . . denn ich bin der HERR.' So will ich gerecht sein und Seine Gebote erfüllen, nicht um ihrer selbst willen, sondern weil Gerechtigkeit das Wesen Gottes ist. Mein Tun muß von Seinem Wesen bestimmt werden.«

Kurz nach Weihnachten, am 27. Dezember, schrieb mir Jim.

«In meinem letzten Brief vergaß ich, Deinen Geburtstag zu erwähnen. Ich weiß nicht mehr, ob wir je darüber gesprochen haben, ob man sich etwas schenken soll oder nicht – mir scheint es eine ziemlich billige Sache zu sein, eine allzu konventionelle Gepflogenheit, die in unserer Beziehung, meine ich, nicht viel Raum einnehmen kann! Das Schenken zu Weihnachten ist so sehr zu einem geschäftlichen Manöver geworden, daß ich ehrlich froh wäre, wenn alle echten Christen diesen Brauch gänzlich fallen ließen. Infolge des vielen Betriebs während der Feiertage saßen wir beim Abendessen heute alle ziemlich abgekämpft und wortkarg da.«

In sein Tagebuch schrieb er am Abend dieses Tages:

»‚Der Durst, der aus der Seele steigt, will einen Trank von Gott.' Fühlte mich heute morgen verlassen und völlig außerstande zu beten, weil die Kanäle in meinem Innern verstopft waren. Zu viel Aufregung bei der Einladung gestern abend. Das Verlangen nach dem Irdischen war verstärkt, trotzdem wußte ich, daß ich, wenn dieses Verlangen befriedigt wäre, dadurch keine innere Ruhe finden würde. Ich legte das Griechische beiseite, nahm den Prediger und las ihn teilweise durch. Sein Pessimismus, dem ich mich innerlich verwandt fühle, ist mir eine Hilfe. Besonders traten solche Stellen hervor, die das auszusagen schienen, was ich selber auch empfinde:

‚Alle Dinge mühen sich ab: niemand vermag es auszusprechen. Das Auge wird nicht satt zu sehen und das Ohr nicht voll vom Hören.'

‚Zum Lachen sprach ich: Unsinnig ist es! – und zur Freude: Was schafft die?'

‚Da haßte ich das Leben, denn das Tun, das unter der Sonne getan wird, war mir zuwider. Denn alles ist Nichtigkeit und ein Haschen nach Wind.'

‚Ich habe das Geschäft gesehen, das Gott den Menschenkindern gegeben hat, sich darin abzumühen.'

‚Besser eine Hand voll Ruhe, als beide Fäuste voll Mühe und Haschen nach Wind.'

Diese Seite will ich lesen, wenn mich eines Tages an irgendeinem abgelegenen Ort die Sehnsucht nach den Reizen und Ausschweifungen der Zivilisation überkommt. Dann laß dir sagen, meine Seele, daß das ganze Leben eitel ist und daß du auch in freundlicheren Regionen nicht glücklich wärest; Leid und Einsamkeit können deprimierend sein, aber falsche Fröhlichkeit und Menschenhaufen sind es noch viel mehr. Mit Recht magst du bei allem diesem sagen: ‚Wann wird es ein Ende haben?'

‚O HERR, wende dich nicht schweigend von mir ab, daß du nicht gegen mich verstummst und ich nicht denen gleich werde, die in die Grube hinabfahren!'

Abends. Später Trost empfangen, trotz Sündenbewußtsein. Hebräerbrief auf Englisch laut gelesen.«

31. Dezember: »Heute ist Silvester. Den ganzen Tag über leichtfertig und leer. Fühle mich aufgerufen, wieder ruhig und konzentriert zu beten. O Herr, Du siehst das Verborgene in mir, Du kennst meine heimlichen Gedanken und weißt, wo ich mich verschließe. Wenn Du etwas in mir siehst, was die Offenbarung deines Willens in bezug auf Ekuador verhindert, so decke es doch auf, ich bitte Dich, und zeig es mir.«

Mir schrieb er:

«Heute bekam ich einen Brief aus Indien, der mit dem Satz schloß: ‚Ich würde mich von Herzen freuen, wenn dieses neue Jahr Sie hier in Indien fände.' Noch immer warte ich. Heute abend, beim Lesen des Hebräerbriefs, traf mich jenes Wort über Abraham: *‚Und er zog aus, ohne zu wissen, wohin er komme.'*

‚Ich weiß, Herr, daß des Menschen Schicksal nicht in seiner Hand liegt – es steht nicht in seiner Macht, wie er wandle oder seinen Gang richte.'

Für das neue Jahr bete ich auch für Dich, Betty, daß alles, was Du tust, von Ihm gelenkt sei und in Seiner Kraft geschehe – Jim.«

PRÜFUNG DURCH DIENST

»Bis ich komme, halte an mit dem Vorlesen, mit dem Ermahnen, mit dem Lehren. Vernachlässige nicht die Gnadengabe in dir, die dir gegeben worden ist durch Weissagung . . .«

»Nun beginnt also ein neuer Abschnitt, wenigstens nach der üblichen Zeitrechnung«, schrieb mir Jim am 3. Januar 1950, »die zweite Hälfte des zwanzigsten Jahrhunderts. Aber was tue ich hier? Was bedeutet es, daß ich einer der Erwählten bin, auf die gekommen ist das Ende der Zeiten? Ich verspüre etwas von dem, was C. Stacey Woods einmal ‚Schicksalsgewalt' nannte, wenn ich denke, daß ich in einer Zeit lebe, die dem großen Umbruch so nahe ist. In welcher Beziehung stehe ich, praktisch gesehen, zum Ende der Tage? Ach, es ist ein erregender Gedanke, daß unseren Augen die Seligkeit zuteil werden soll, Ihn wiederkommen zu sehen ‚in derselben Weise', wie Er gen Himmel aufgefahren ist. Wie unzulänglich ist es, wenn wir an die ‚Ungeheuerlichkeit' einer Wiederkunft Christi zwar glauben, aber dieser Glaube unser Wünschen, Denken, Handeln nicht durchdringt und prägt. Ach, wie verloren ist ein Leben, das unter anderen Leitbildern gelebt wird als diesem!

Ja, den Artikel in der letzten Nummer von ‚Life' (über das Fehlen großer Kunst in Amerika wegen mangelnder Sündenerkenntnis) habe ich mit Eifer und Begier gelesen. Ich ging sogar soweit, für die dumme Zeitschrift zwanzig Cents auszugeben. Der Artikel zeigt, daß das Pendel jetzt nach der anderen Seite schwingt, vom rücksichtslosen Fortschrittsglauben zu einer etwas leiser tretenden, wenn auch weniger klar umrissenen Denkart hin. Pessimismus, das schmerzstillende

Mittel für jeden Pantheismus, ist eine bittere Pille für die so siegessichere Menschheit . . . Für den an Brutalität nicht gewöhnten amerikanischen Bierbankpolitiker werden die überzuckerten Lügen des Falschen Propheten sehr mundgerecht sein. Neoorthodoxie wird die große Mode werden, Kirchenvereinigung die Parole der früheren Patrioten, Gott das allgemeine Gesprächsthema – aber nicht die Orthodoxie des Paulus, nicht die Kirche Christi, nicht der wahre Gott. ‚Die Völker reden vergeblich.'«

Ein späterer Brief befaßt sich mit dem, was ich ihm auf diesen letzten Abschnitt geantwortet hatte:

»Über den Artikel in ‚Life' bin ich der gleichen Ansicht wie Du. Ich hoffe, mein Brief neulich klang nicht höhnisch und geringschätzig. Der Verächter wandelt nicht auf dem Wege der Gerechtigkeit. Nietzsche wollte, daß seine Jünger große Verachtung lernten; Christus dagegen lehrte Seine Jünger, daß sie großes Mitleid haben sollten, nicht boshafte, sondern freundliche Gefühle. ‚Verachtung ist', wie Carlyle sagt, ‚ein gefährliches Element, um darin Spott zu treiben; wenn man gewohnheitsmäßig darin lebt, ein tödliches.' Ich glaube, wir haben es beide nötig, das zu beherzigen. Kritik üben ist von Christusähnlichkeit sehr weit entfernt.«

In dem schon zitierten Brief vom 3. Januar berichtete er mir noch:

»Der Vorstand der Christian High School hat mir die Aufforderung zukommen lassen, zwei Wochen lang in der Schule Vorträge zu halten, ab dem 15. Januar, jeden Morgen eine halbe Stunde. Ich habe so etwas noch nie gemacht und fühle mich unzulänglich für eine Schar aufgeweckter Geister, wie ich sie bei den Schülern dort wahrscheinlich vorfinden werde. Bete, daß der Heilige Geist mir die Kraft gibt, Christus vor ihnen zu preisen, zu erheben und lebendig zu machen.«

Im Tagebuch finden sich die folgenden Eintragungen:

4. Januar. »In der letzten Zeit habe ich darüber nachgedacht, wie außerordentlich gefährlich die irdischen Dinge sind, weil

sie sich gegenseitig steigern und eins das andere nach sich zieht. Man kann zum Beispiel guten Grund haben, sich eine Ehefrau zu wünschen, und eine Frau zu haben, ist durchaus in der Ordnung. Aber schon geht es los. Eine Frau verlangt ein Haus oder eine Wohnung; ein Haus wiederum erfordert Vorhänge, Teppiche, Waschmaschine usw. Das Haus soll aber nicht nur eingerichtet, sondern eine Heimstätte werden, und das erstrebte Ziel sind Kinder. Jeder Bedarf, der befriedigt wird, gebiert einen weiteren – ein Auto verlangt eine Garage; die Garage ein Grundstück; das Grundstück einen Garten; der Garten Geräte, und die Geräte müssen instand gehalten werden. *‚Ein guter Streiter Christi Jesu',* sagt Paulus, *‚verstrickt sich nicht in die Beschäftigungen des Lebens.'* Aber wehe dem, der meint, er könne heutzutage noch ein ‚unverstricktes' Leben führen. In Amerika ist das unmöglich, wenn man darauf besteht, eine Frau zu haben. Ich ziehe daraus die Lehre: wer klug ist, lebt so einfach wie möglich und besitzt nur das, was das Leben unbedingt erfordert – Obdach, Kleidung, Nahrung, Bett. Doch selbst diese Dinge können, wenn man nicht auf der Hut ist, sich zu Erzeugern weiterer Bedürfnisse entwickeln. Hab acht, meine Seele, daß du deine Umwelt nicht so kompliziert machst, daß dir weder Zeit noch Platz mehr bleibt zum Wachsen!«

10. Januar. »Die Nachricht von Einsteins neuer Gravitationstheorie – die ich in ihren Einzelheiten nicht verstehe – erregte in den Zeitungen diese Woche ziemliches Aufsehen. Ich sehe hier nur eine neue Auswirkung der allgemeinen Einheitstendenz von Wilkies Idee von der ‚Einen Welt'. Weltstaat, Weltrat der Kirchen, Vereinheitlichung der Ideale, und jetzt also Erklärung aller Naturerscheinungen auf der Grundlage einer einzigen Formel – das sind die Zeichen der Endzeit. Gleichschaltung auf sozialem, religiösem, politischem und technischem Gebiet, dazu wird die Menschheit die Mittel schon finden. Aber wo wird sie ein Mittel finden zur Gleichmachung auf moralischem Gebiet, einen gemeinsamen Nenner für Gut und Böse? Aus diesen beiden eins zu machen ist unmöglich;

sie lassen sich nicht gleichmachen, auch nicht begreifen – außer auf dem Wege über Gott.«

11. Januar. »Sehr ermutigender Brief von Fritz heute. Er scheint mit jedem Tag zu wachsen. Dir sei Dank, Herr, daß Du mich an seine Rettung glauben ließest, damals im November. Ich vertraute auf Dich, und Du hast meinen Glauben nicht zuschanden werden lassen. Ja, Herr, Du bist treu.«

15. Januar. »Den ganzen Vormittag leer und ohne Verbindung. Lange auf den Knien gelegen, aber keine Inbrunst und keinerlei Lust zum Gebet. Auch beim Bibellesen kein wirkliches Aufmerken und Hinhören. Was nützen griechischer Text, Kommentare, Erkenntnis, Begabung und alles, wenn das Herz nicht bei Christus ist? Ach, wieviel Schlaffheit fühle ich jetzt in meinem Inneren. Ein halber Tag vergeudet. Eigentlich sollte ich heute morgen wieder in der Kapelle der Christian High School sprechen, aber wegen Schnee fiel die Schule heute aus. Ein Glück – ich hätte den Burschen sowieso nichts zu sagen gehabt.«

18. Januar. »Sprach auf einem Vortragsabend für Krankenschwestern und Medizinstudenten über Gemeinschaft mit Gott. Ich habe gemerkt, daß ich zuviel abschweifte und zu viele scherzhafte Dinge einstreute. Herr, ich muß lernen, bei so ernsthaften Themen nüchterner und sachlicher zu sein. Wie achtlos gehe ich mit Deinem heiligen Wort um, mit welcher gefährlichen Nonchalance. Hilf, Herr, gib, daß meine Verkündigung in der Vollmacht des Geistes geschieht, daß ich selbst ganz zurücktrete. Ich habe mich nicht genug auf Dich verlassen, zuviel in mir herumgebohrt nach wirkungsvollen Gedanken, die Schrift zu wenig zu mir sprechen lassen.«

Trotz der beinahe verzweifelten Stimmung, die sich in manchen dieser Tagebuchnotizen offenbart, wurde Jim in den langen Stunden, die er an dem alten Rollpult in seinem Schlafzimmer verbrachte, auch gestärkt für spätere Kämpfe. Am 19. Januar – mitten aus seiner eigenen Verzagtheit und vielleicht gerade deshalb – konnte er mir einen Brief schreiben, der mir sehr viel Mut und Kraft gab. Ich stand vor einer schwierigen Entscheidung, die ich ziemlich fürchtete. Seine Antwort auf meinen Brief:

»Ich bete für Dich, daß alle Deine Angst zerschmolzen und in Dankbarkeit verwandelt werde. Denke daran, daß der Schatten, den ein Ding wirft, oft um vieles größer ist als das Ding selbst (besonders wenn die Lichtquelle tief am Horizont steht). Die Furcht vor etwas vor Dir Liegendem kann Dich, während Du darauf zugehst, in dunkle Schatten hüllen, aber dann, wenn Du den Gegenstand erreicht hast und ihn von drüben siehst, dann zeigt sich, daß er in Wirklichkeit vielleicht ganz klein und unbedeutend ist. Ach, daß Er uns doch oft mit neuer Kraft erfüllte dadurch, daß Er uns ein Ding ‚von drüben' sehen läßt, so wie Er selbst es sieht. Damit wir wieder merken, daß Er uns behandelt wie ein Vater seine Kinder, und daß alles, was Er über uns verhängt, uns zum Besten dient.«

Das Tagebuch bezeugt auch, daß Gott ihm Gelegenheit gab, einiges von dem, was er aufgenommen hatte, an andere wieder auszustrahlen.

20. bis 21. Januar. »Vier Vorträge für eine Gruppe der Inter-Varsity Christian Fellowship in Jennings Lodge gehalten. Ich sprach über die Ausdrücke, mit denen das Neue Testament die Christen bezeichnet: Gläubige, Jünger, Brüder, Heilige, Christen – und über die Beziehungen, die durch diese Namen zum Ausdruck gebracht werden. Ich fühlte die tragende Kraft des Geistes, aber wie sehr hatte ich Ihn auch nötig!«

23. Januar. »Heute abend deprimiert – über meinen Mangel an Selbstzucht. Wie kann ich es wagen, auf eine so lässige Art zu predigen, wie ich es getan habe? *‚Wer da weiß, wie er sich zu verhalten hat, es aber nicht tut, für den ist es Sünde.'* Gesündigt auch dadurch, daß ich unmäßig war und den ganzen Tag an meinen Briefmarken gearbeitet habe – und mich ständig damit entschuldigte, daß ich jederzeit aufhören könne. Ach, welche Heuchelei, was für ein sündiges Herz – und wie

sehr verstellt es sich! Vater, vergib mir, und laß nicht zu – morgen in der Schulkapelle – daß die, die ihr Vertrauen auf Dich setzen, sich schämen müssen meinetwegen. Erlöse mich von diesem starken Sündenbewußtsein. Laß es nicht Gewalt über mich bekommen. Gib mir, ich bitte Dich, den Geist der Vergebung.«

Nicht nur sein eigener Seelenzustand wurde ihm Anlaß zur Wehklage, auch der seiner ganzen Generation.

24. Januar. »Oh, du tolerante Generation, die du den Propheten Geld bezahlst und die, die zu dir gesandt sind, streichelst – wehe! Wieviel besser wäre es gewesen, für sie und auch für dich, wenn sie durch deine Hand den Tod gefunden hätten! Verflucht sei dein Judaskuß, verflucht sei deine Freundlichkeit. Sie spricht nicht zu deinen Gunsten, und sie spricht ein vernichtendes Urteil über deine Propheten.

Du Geschlecht, das hört, aber nicht empfindet, das vernimmt, aber kalt bleibt, das zwar zuhört, aber nichts von innerer Pein weiß und von ihrer Heilsamkeit. Ist alles Feuer ausgelöscht, außer in der Hölle? Verflucht sei diese Lauheit. Haben wir kein Feuer mehr, damit zu hassen? Fährt keine Feuerglut herab auf unsere Propheten? Zeige mir ein einziges Herz, das brennt; ein einziges Weltkind, das in echter Leidenschaft erglüht, ein einziges Kind des Himmels, das sich verzehrt in Gottes ewiger Liebesglut. In ihnen würde ich dich entschuldigt sehen, verkehrtes, unaufrichtiges, freudloses Geschlecht. Richtig hat dein eigener Dichter es gesagt, du lebst und stirbst ‚wie Ochsen, stumpf und schlaff und trübäugig'.«

4. Februar. »Schwierigkeiten, aus dem Wort auch nur den kleinsten Zuspruch zu bekommen. Kein Gebetseifer. Unruhe im Haus, das kalte Wetter und gelegentliche Kopfschmerzen ließen die geistlichen Dinge diese ganze Woche weniger kostbar erscheinen. Wenn ich überhaupt etwas aus der Schrift gewinnen will, muß ich mich zum Bibelstudium mehr zwingen; die Lust fehlt manchmal völlig, um so mehr muß ich der inneren Stimme des Gewissens folgen, wenn sie sagt ‚du

sollst'. Es ist wichtig, daß ich diese Stimme achten und ihr gehorchen lerne, sonst wird die Gottverbundenheit bei mir nicht zu einem Seelenzustand werden, sondern etwas Momentanes bleiben. Das Hintreten vor den Herrn darf ich nicht davon abhängig machen, daß ein freundlicher Impuls kommt und mich hinführt. Es ist besser, daß ich festen Prinzipien folge, solchen, von denen ich weiß, daß sie richtig sind, ob ich sie erfreulich finde oder nicht.

Ich verstehe nicht, warum ich in Amerika nie etwas von dem gesehen habe, wovon die Missionare schreiben – bei ihren Berichten hat man das Gefühl von gezückten Schwertern, man riecht Kampf mit dämonischen Mächten! Dem entspricht, daß unter den Christen auf dem Missionsfeld Eintracht herrscht, eine Einheit, die zwangsläufig hervorgebracht wird durch den gemeinsamen Angriff auf einen sehr realen Feind. Für uns dagegen ist der Satan nicht real – wir glauben nicht, daß er wirklich existiert, obwohl wir viel vom Glauben an einen ‚persönlichen Teufel' reden. Die Folge ist, daß unser Kampf zu einem Scheingefecht mit Schatten wird, zu einem kalten Krieg mit lahmen Worten. Keine Kampfrufe, eher Gähnen. Das Lachen hat in unseren Versammlungen die Seufzer verdrängt. Wehe uns! Wir haben nicht erkannt, wozu uns Gott berufen hat und welche Macht Er uns erteilt – die Macht zum Vernichten und zum Wiederbeleben, die Kraft, Schläge auszuteilen.«

10. Februar. »Die Bibelvorträge in der Christian High School heute abgeschlossen. Verhindere, Herr, daß jemand, dem ich Deine Wahrheit verkündige, so töricht ist, mein Wort so aufzunehmen, als wäre es Deines; oder so vermessen, Dein Wort beiseite zu setzen, als wäre es meines.«

Ob Jim von irgendwelchen Auswirkungen jener Vortragsreihe etwas erfahren hat, weiß ich nicht. Aber nach seinem Tod erhielt ich einen Brief, welcher zeigt, daß sein Gebet erhört wurde. Evelyn Corkum, damals Schülerin der Christian High School, schrieb mir:

»Ich war in der zweiten Klasse und in meinen Ansichten ziemlich konservativ. Bestimmte Dinge, die Jim damals sagte, haben mir in all diesen Jahren immer vor Augen gestanden und haben meinen Charakter und meine Lebensführung von Grund auf beeinflußt.

Die ganze Vortragsreihe gründete sich auf den Timotheusbrief. Jim sagte, er habe gerade ihn gewählt, weil er an einen jungen Mann gerichtet sei . . . Durch die Vorträge kam es dazu, daß ich schließlich begann, ziemlich regelmäßig Stille Zeit zu machen. Jim gab uns nicht den Rat, wir sollten den Tag mit fünf Minuten flüchtigem Bibellesen und hastigem Gebet beginnen. Er rief uns vielmehr dazu auf, drei Viertelstunden früher aufzustehen, vor der übrigen Familie, und uns an einen Ort zu begeben, wo wir mit Christus allein sein könnten und wenn möglich nicht von anderen gestört würden. Mir schienen die drei Viertelstunden damals ein enormes Opfer, aber es war bezeichnend für Jim, daß er nicht versuchte, bei seinen Ratschlägen irgendwelche Abstriche vorzunehmen und sich dadurch bei den Schülern beliebt zu machen.

Einmal sprach er offen über Beziehungen zwischen Jungen und Mädchen . . . ‚Begebt euch nicht in Situationen, wo ihr euch dann einredet, ihr wolltet nur feststellen, wie groß eure Widerstandskraft ist. Wenn ihr merkt, daß Versuchung kommt, dann zieht euch sofort zurück'. . . Es war für mich etwas Neues, einem gut aussehenden jungen Mann zu begegnen, der sich Gott so restlos zu Verfügung stellte. Seine Persönlichkeit zog einen magnetisch an, und seine geistliche Gesinnung machte ihn in keiner Weise verbohrt oder überspannt.

Er forderte uns dazu heraus, auch unser Leben Christus hinzugeben . . . Ich übertreibe sicher nicht, wenn ich sage, daß kein Mensch, abgesehen von meinen Eltern, einen solchen Einfluß auf mein Leben ausgeübt hat. Ich bereue nicht, daß ich seinen Rat ernst genommen habe, und deshalb, glaube ich, ist mein Leben so erfüllt gewesen und habe ich die Führung Gottes an mir selbst erfahren und erfahre sie auch weiterhin.«

Jims Tagebuch fährt fort:

11. Februar. »Heute abend ist mir klar geworden, daß bei geistlicher Arbeit – wie nirgends sonst – die Beschaffenheit des Arbeiters ausschlaggebend ist für die Qualität der Arbeit. Shelley und Byron hielten sich vielleicht wenig an moralische Gebote, konnten aber trotzdem gute dichterische Werke schaffen. Wagner mag als Mensch ausschweifend gewesen sein und hat dennoch wertvolle Musik geschaffen. Beim Wirken für Gott ist das unmöglich. Paulus konnte seinen eigenen Charakter und seine Lebenserfahrung als Beweis für das anführen, was er den Thessalonichern predigte. Neunmal sagt er im ersten Brief: ‚Ihr wißt', das heißt, ihr habt mein privates wie auch mein öffentliches Leben mit eigenen Augen gesehen. Paulus ging nach Thessalonich und führte dort ein Leben, welches das, was er predigte, nicht nur veranschaulichte, es ging über bloße Veranschaulichung hinaus und war ein überzeugender Beweis. Kein Wunder, daß heute so viel Reichsgottesarbeit schlecht und wertlos ist – man braucht nur die moralische Beschaffenheit des betreffenden Arbeiters anzusehen.«

13. Februar. »Abends auf der Vierteljahresversammlung des Christian-High-School-Vereins gesprochen. Berührte unter anderem die Themen: Dämonische Mächte im Klassenzimmer ('Denn unser Kampf ist nicht gegen Fleisch und Blut') und Institutionalisierung des Schülers – die Fähigkeit, sich gut zu führen, ohne sich Gott unterzuordnen; sich Wissen anzueignen ohne geistliche Gesinnung; rein zu bleiben, aber nicht aus geistlichen Motiven. Ich hatte das Gefühl, daß meine Ausdrucksweise ziemlich ungeschickt war, außerdem war ich nicht ganz sicher, ob das, was ich sagte, alles von Nutzen war. Ach, daß ich die Lippen Samuels besäße, von denen Gott nicht ein einziges Wort zu Boden fallen ließ!«

18. Februar. »Diese ganze Woche unterrichtete ich in der siebenten und achten Klasse der Christian High School. Der Vorstand möchte, daß ich mich bald über das entscheide, was ich im Herbst tun will, denn er möchte, daß ich ein Jahr als Lehrer an der Schule bleibe. O Herr, so viele Scheidewege, so viele Möglichkeiten, so viele Fallgruben! Hilf mir, daß ich Deinen Willen tue ohne Rücksicht auf irgendwelche Menschen. Ich kann keine Entscheidung treffen, Herr, nur wenn ich Deine Stimme höre, daß Du zu mir sprichst.«

25. Februar. »Gestern abend in der Unterklasse der Bibelschule in Multnomah über 2. Timotheus 2, 4 gesprochen. Kampf gegen Geistermächte, Loslösung aus der Verstrickung in weltliche Dinge, Berufung zum Dienen. Es kam mir vor wie eine Farce. Ich hatte das Gefühl, daß meine Worte wenig oder gar nichts ausrichteten . . . Diese Woche war der Herr mir fast immer fern, und ich selbst zu schlaff und sündig, um Ihm nahe zu kommen. Alles Verlangen nach Ihm schien dahinzuschwinden, und meine Seele liegt kraftlos da und plätschert in ihrem eigenen schalen Bodensatz herum.«

6. März. »Am Wochenende war Dave hier und wollte wissen, ob ich eine Arbeit bei der Inter-Varsity Christian Fellowship und der Vereinigung für Äußere Mission übernehmen würde. Ich habe mehrere Bedenken; vor allem würde ich in einem ständigen Widerspruch leben, wenn ich für die Einrichtung von Missionsausschüssen sprechen würde, aber selber überzeugt bin, daß der Art Gottes alle organisatorischen Methoden sehr fern liegen, und jeder würde finden, daß das, was ich dann empfehlen müßte, nicht im Einklang steht mit meiner eigenen Meinung und Verhaltensweise. Außerdem ist das Herumfahren von einem Ort zum anderen, hier einen Abend, dort einen Tag, nicht sehr sinnvoll, wie es sich im Sommer 1948 gezeigt hat. Es fehlt dann etwas Wesentliches, nämlich die Möglichkeit, an den einzelnen Orten etwas aufzubauen, was Bestand hat.

Es scheint, daß Gott mich jetzt durch Feuer erproben will, ob Er mich hinaussenden kann auf ein Feld der Außenmission. Wieder habe ich gestern die Wahrheit von Paulus' Wort gespürt: *,Wie aber werden sie predigen, wenn sie nicht gesandt sind?'* Herr, hier bin ich. Sende mich, ach, sende mich hinaus!«

Aber es bedurfte noch weiterer Zurüstung. Statt auf ein Feld der Außenmission wurde Jim nach Williams, einer kleinen Stadt im südlichen Oregon, gesandt, um dort in einer Reihe von Versammlungen zu predigen. Am Beginn der zweieinhalb Wochen dort schrieb er:

»Meine Hoffnung ist, daß Psalm 65, 6 sich erfüllen möge: *,Du wirst uns furchtbare Dinge in Gerechtigkeit antworten, Gott unseres Heils, du Zuversicht aller Enden der Erde und des fernen Meeres.'* Ich wage kaum, daran zu glauben, denn meine Seele ist in einem Zustand, daß ich nicht das Vertrauen in mir finde, mich voll und ganz und vor allem anderen auf Gott zu verlassen.«

26. März. »Heute vormittag über den Einzug in Jerusalem gesprochen . . . Freiheit, aber viel unnötiger Stimmaufwand.«

27. März. »Sprach über Markus 14. Fühlte mich verlassen, obwohl viel Gebet für die Versammlung aufgestiegen war. Unter den Hörern nur zwei Fremde. In meinem Herzen sehr gedemütigt nachher.«

28. März. »Am heutigen Nachmittag mit Phares überall in der Gegend Besuche gemacht. Einiges scheint sich zu rühren hier im Tal, aber im allgemeinen findet man bei den Leuten kein Sündenbewußtsein. O Herr, erweiche die Sünder und errette sie zu Deiner ewigen Herrlichkeit!«

31. März. »Sprach über Gethsemane. . . Ging in die Versammlung mit einem Schaudern über die Schrecklichkeit der Sünde. Konnte spüren, daß hier und da Sündenbewußtsein aufbrach, aber die Seelen der Männer wurden nicht so erschüttert, wie wir gehofft hatten. Beim Heimkommen zwei-

felte ich an der Güte Gottes und wurde durch folgende Antworten zurechtgewiesen:

1. Gott macht unsere Gebete nicht zuschanden. Er hat sie gehört, aber in Weisheit einen besonderen Erfolg versagt. Es war gut, über Gottes Weisheit nachzusinnen, auch wenn ich sie nicht verstehen konnte. Gott versagt Seinen Segen nur aus Weisheit, nicht aus Bosheit oder Gleichgültigkeit.
2. Mir kam das Jakobuswort über Bitten.

   a) Ich hatte nicht bestimmt genug gebeten – *‚Ihr habt nichts, weil ihr nicht bittet.'*

   b) Ich hatte nicht mit reinen Motiven gebeten – *‚Ihr bittet und empfangt nichts, weil ihr übel bittet, um es in euren Lüsten zu vergeuden.'*

Ich hatte noch immer meine eigenen Belange, meinen eigenen Namen mit der Arbeit verknüpft; hätte Gott meine Bitte erfüllt, so hätte ich Seine Gabe vergeudet als Befriedigung meiner Lüste – meines Stolzes, meiner Eitelkeit und Selbstsucht.«

Ein Brief vom 23. April an seinen Vater deutet darauf hin, daß die Versammlungen nicht ohne Wirkung waren:

»Geliebter Padre: Nur ein paar kurze Zeilen als Bericht über die Arbeit in Williams. Soeben bin ich nach einer achtstündigen Busfahrt ab Mitternacht zurückgekommen und habe gerade meine Sachen ausgepackt.

Bei den Vorträgen hat mir Gott viel Freiheit geschenkt und hat in der ganzen Gegend spürbar gewirkt. Eines Nachmittags kam der größte Trinker der Stadt mit seiner Frau zum Herrn, und gestern abend haben beide ihren Glauben öffentlich bekannt. Einige junge Leute haben Heilsgewißheit erlangt und machen gute Anfänge im Bibelstudium. Nach der Versammlung gestern abend, bevor ich zum Bus ging, waren Phares und ich noch mit fünfundzwanzig jungen Leuten zusammen und hatten ein ernsthaftes Gespräch mit ihnen über Bibellesen, persönliche Heiligung und Leben für Christus bis in den Beruf. Gott hat Wunder gewirkt – nichts bloß Gefühlsmäßiges (außer bei mir selbst, wo ein gewisses Schuldbewußtsein wegen meiner inneren Verderbtheit aufbrach), sondern solides, schriftgemäßes Bauen, vom Geist geleitet, glaube ich.

Noch nie ist mir die Bedeutung des Todes und der nachfolgenden Erhöhung des Erlösers so klar gewesen, und ich danke Gott, daß Er mir Einfachheit der Sprache schenkte, einige der Lehren von Seiner Gnade zu verkündigen.«

Das Tagebuch berichtet weiter:

16. April. »Konferenz der Inter-Varsity Fellowship während des Wochenendes. Keine Weisung hinsichtlich eines Äußeren Missionsfeldes. Heute wieder ans Griechische gegangen, nach dreiwöchiger Pause.«

17. April. »Das Angebot des Schulvorstandes, bis zum Ende des Schuljahres Lehrer der siebten – achten Klasse zu bleiben, habe ich abgelehnt. Ich fand es etwas schwierig, den Willen Gottes zu erkennen, glaube aber, daß Er mich gelenkt hat. Bei Entscheidungen läßt man sich sehr leicht durch unwichtige (oder auch wichtige) Gesichtspunkte beeinflussen und schwankend machen, wenn man nicht zurückgreifen kann auf Grundprinzipien des Geführtwerdens. Drei sind mir in der letzten Zeit deutlich geworden; sie bilden einen guten Anfang für eine Sammlung solcher Grundregeln.

1. Bedenke immer, was Gott dich gelehrt hat: wichtig ist, daß deine Arbeit dem Bau Seiner Gemeinde dient. Bei einer Gruppe längere Zeit zu bleiben und dabei den Akzent durchlaufend auf bestimmte Dinge zu legen, ist die beste Art und Weise, für Gott ein Werk zu tun, das Bestand hat.
2. Begib dich einem anderen oder einer Gruppe gegenüber nicht in eine Lage, auf Grund derer sie dir dann Verhaltensweisen vorschreiben können in Dingen, von denen du weißt, daß sie nur durch deine persönliche Selbstprüfung vor Gott entschieden werden können. Laß nie eine Organisation den Willen Gottes diktieren.

3. Wenn ich die Wahl habe zwischen einer geistlichen Arbeit, gleich welcher Art, und einer weltlichen Arbeit, wiederum gleich welcher Art, muß ich mich immer für die erstere entscheiden, ohne Rücksicht auf die finanziellen Umstände.«

19. April. »Ich bin auf der Suche nach einer Verheißung, daß Gott mein Vertrauen zu Ihm, Er werde mir in den kommenden anderthalb Monaten Seine Führung gewähren, annimmt und gutheißt. Durch Jesaja 42, 16 bekam ich folgende Ermutigung: *,Und ich will die Blinden auf einem Weg gehen lassen, den sie nicht kennen, auf Pfaden, die sie nicht kennen, will ich sie schreiten lassen.'* Endlich einmal erfülle ich die Voraussetzungen, Herr; blind bin ich bestimmt.«

20. April. »Ich bat inständig um irgendein Zeichen, ob ich ans Sommerinstitut für Sprachwissenschaften (an der Universität von Oklahoma) gehen solle, ich erhielt aber keines. Heute abend ist mir klar geworden: Für den Augenblick kann ich ganz gut ohne jene Führung auskommen. Gott wird mir besondere Weisung geben – nicht wenn ich darum bitte, sondern wenn ich sie brauche, vorher nicht.«

18. Mai. »Schaute in eine Lebensbeschreibung von Wilhelm Farel, einem beachtenswerten Reformator, und flog das Buch bis zum Ende durch. Drei Stunden waren vergangen, als ich mich der Bibel und dem Gebet zuwandte. Ich hoffe, das wird mir eine Lehre sein, denn erst nach beträchtlichen Schwierigkeiten und besonderer Konzentration konnte ich die Kraft des Wortes langsam wieder spüren. Jedes Buch, es mag noch so gut sein, wird, wenn ich es der Beschäftigung mit dem wahren und lebendigen Wort vorangehen lasse, zu einem Fallstrick, und so etwas muß ich gewissenhaft vermeiden, wenn das Wort jeden Morgen die Lebensnahrung meiner Seele sein soll.

Gestern abend machte ich noch einen Gang auf unseren Hügel. Ich betete zu Gott, daß Er mich Seine Gegenwart häufiger spüren ließe. Von neuem untersuchte und verwarf ich mein unlauteres Bestreben, etwas für Gott zu tun vor den Augen der Menschen, statt etwas zu sein ohne Rücksicht auf das Sichtbarwerden von Ergebnissen. Es war, als wenn die Wolken, die über den Bergen im Westen dahineilten, zu mir sprächen: ‚Was ist euer Leben? Ein Dampf ist es.' Ich sah mich als ein Dampfwölkchen, durch die große Kraft der Sonne von der weiten Meeresfläche hochgezogen und zum Land getrieben durch die Winde. Das Verbreiten von Segen auf Erden muß sein wie der Regen: Gott läßt ihn aufsteigen, trägt ihn herzu durch Seinen Heiligen Geist, gießt ihn aus auf Seine eigene Weise und an dem von Ihm bestimmten Ort und läßt ihn in den großen Ozean zurückfließen. ‚Wie Wasser bin ich ausgegossen.' So soll meine Schwachheit Gott die Möglichkeit geben, die Erde zu erquicken. Ich wünschte, es geschähe so, wie Er es mir gezeigt hat.«

Und mir schrieb er dies:

»Mögen diese Tage, was das Tun betrifft, sehr still sein. Für mein Inneres sind sie bis zum Rand angefüllt mit freudiger Erregung. In meinem Herzen ist Freude, daß ich den Gott kenne, der ‚der Gerechten Pfade glänzen läßt wie Morgenlicht, das immer heller leuchtet bis auf den vollen Tag'.«

STIMMEN RUFEN

»Den Aufrichtigen strahlt Licht auf in der Finsternis.«

Jim Elliots Gebet um Weisung, ob er das Sommerinstitut für Sprachwissenschaften besuchen solle, fand Erhörung. Die Antwort, die ihm zuteil wurde, lautete: Ja. Am 2. Juni 1950 machte er auf der Durchreise in Wheaton kurz Station, um von dort nach Oklahoma weiterzufahren. Dieser weitere Schritt brachte ihm neue Erkenntnisse über Gottes Führung, die er in seinem Tagebuch aufzeichnete:

»Beeindruckt durch Epheser 5: ,Versteht, was der Wille des Herrn ist', und Römer 12: ,. . . daß ihr prüfen mögt, was der Wille Gottes ist.' In jedem Augenblick darf ich Gottes Willen wissen und mich dieses Wissens freuen. Wenn ich Seine Gebote befolge, komme ich auf das richtige Gleis und bleibe auch darauf. Von Zeit zu Zeit kommen Gabelungen oder Abzweigungen, und ich muß eine Entscheidung treffen, aber wie bei der Eisenbahn, so ist es auch im Leben – ein Haltsignal, eine Krise flammt nur dort auf, wo eine besondere Notwendigkeit dafür besteht. Nicht immer werde ich ein Signal, das auf ,Fahrt' steht, in Sichtweite haben, aber wenn ich den Gleisen folge, werde ich an die Stelle kommen, wo wieder eines steht. Den Willen des Herrn verstehen heißt: In allen Situationen, wo ich Gott gehorsam war, darf ich darauf vertrauen, daß mein Weg der von Ihm gewollte ist und daß mein Tun dem Bau Seines Reiches dient.«

An der Universität in Oklahoma blieb Jim zehn Wochen. Mit mehreren hundert angehenden oder zurückgekommenen Missionaren lernte er, wie man schriftlose Sprachen studiert – wie man sie analysiert und mit unseren Schriftzeichen aufzeichnet. Die Phonetik, das Studium der Laute, bereitete ihm keine Schwierigkeiten bei seinem angeborenen Talent zum Nachahmen von Dialekten und Akzenten anderer Leute. Sein analytischer Verstand machte sich mit Vergnügen an die Probleme der Morphologie (Wort-Formenlehre) und der Syntax (Satzformen). Der Kursus gab jedem Teilnehmer auch Gelegenheit zu praktischer Übung, und zwar unter Verhältnissen, die denen auf einem Außenmissionsfeld nachgebildet waren. Die Universität hatte Gewährsmänner für verschiedene Sprachgruppen herangeholt, und die Studierenden arbeiteten einzeln mit ihnen. Durch Befragen sammelten sie Angaben über die betreffende Sprache und ordneten sie, um die Struktur der Sprache zu erkennen – so, wie sie es später machen würden, wenn sie als Missionare zu einem Volksstamm kämen, der noch keine Schrift hatte. Für diese Übung durfte Jim sich unter den Gewährsmännern einen Missionar wählen, der früher bei den Ketschua-Indianern im Urwaldgebiet von Ekuador gewesen war. Auf diese Weise bot sich ihm eine ausgezeichnete Gelegenheit, gerade die Sprache in ihren Anfangsgründen zu erlernen, von der er glaubte, daß sie in Zukunft seine Aufgabe sein würde. Durch den Missionar aus Ekuador hörte Jim zum erstenmal von den Aucas. Sein Herz fing sofort Feuer. Ein Stamm, der von der Zivilisation noch gänzlich unberührt war? Ein Volk, das alle Versuche der Weißen, mit ihm in Berührung zu treten, abgewiesen hatte? Schon bei dem bloßen Gedanken flammte in Jim der Pioniergeist auf. Manche werden sagen, er sei ein Romantiker gewesen. Wahrscheinlich war er das auch. Aber Rugland, der als Pionier in Südindien wirkte (1815 bis 1858), hat einmal gesagt:

»Paulus erachtete es als Entgelt, daß er in Korinth unentgeltlich wirken durfte; wenn er sich aufmachte und Christus dort verkündigte, wo Sein Name noch nie genannt worden war, tat er es in einer Haltung, die wir bei jedem anderen romantisch nennen würden . . . Eigentlich sehe ich keinen Grund, warum das Gefühl, das wir gewöhnlich als ‚romantisch' bezeichnen, nicht wie jedes andere natürliche Gefühl geheiligt werden und den Zielen Christi dienen kann.«

Jim dachte an den Briefwechsel, den er mit Dr. Tidmarsh geführt hatte. Er dachte an das Land der Ketschuas, wo große Gebiete noch nie vom Evangelium erreicht worden waren. Und nun die Berichte von den Aucas. Für Jim, der schon immer daran glaubte, daß Gott uns Seinen Willen zu erkennen gibt durch die Ereignisse, die Er uns widerfahren läßt, für ihn war dies Zusammentreffen mehr als nur ein Zufall.

Nach Ekuador also, nicht nach Indien, wollte Gott ihn senden? Die Führung, die er in diesem Fall erhielt, war ungewöhnlich und sehr klar. Am 4. Juli beschloß er, für zehn Tage in die Stille zu gehen, um von Gott eine endgültige Antwort zu erbitten.

«Mach meinen Weg gewiß, Herr«, schrieb er in sein Tagebuch. »Gib meinen Schritten eine feste Richtung. Sende mich, wann und wohin du willst, und zeige allen, daß Du der Lenker meiner Schritte bist.«

Vier Tage später schrieb er: »Dies sind Tage inneren Schauens, Tage, an denen mir offenbart wird, was ‚sein sollte', was verwirklicht werden muß, wenn Christus verherrlicht werden soll. Teilweise offenbart sich mir dieses ‚Gesollte' dort, wo ich sehe, daß unser heutiges Leben von der Ordnung Gottes, die Er uns in Seinem Wort kundtut, abweicht; und teils beim Lesen in der Schrift – wenn ich die Urgemeinde sehe und wie dort die Ordnung Gottes, das Ideal, verwirklicht und gelebt wurde. Ach, wie weit haben wir uns von diesem Zustand und seiner Schönheit entfernt, und was für eine Aufgabe haben wir zu bewältigen! Herr, Du hast zu mir gesprochen. Was sein soll, ist auch ausführbar. Und ich vertraue. Verteidige Deinen Namen, Dein Wort, Deinen Plan, und verwirkliche all dies ‚Gesollte', das ich bis jetzt nur in der Ferne erblicke.«

14. Juli. »Vor zehn Tagen betete ich zu Gott, Er möge mir ein Wort sagen, das mir Mut gäbe, wenn ich nach Ekuador ginge. Das Wort kam heute morgen an einer Stelle, wo ich es nicht erwartet hatte. Ich las zufällig in 2. Mose 23, und plötzlich trat mir Vers 20 lebhaft entgegen: *‚Siehe, ich sende*

einen Engel vor dir her, damit er dich auf dem Weg bewahrt und dich an den Ort bringt, den ich [für] dich bereitet habe. Hüte dich vor ihm.' Da das Wort von selber auf mich zukam und da ich vorher ganz einfach daran geglaubt hatte, daß mir eine Verheißung gegeben würde, fasse ich es als Weisung von Gott auf, daß ich an Tidmarsh schreiben und ihm mitteilen soll, daß ich mit Gottes Zustimmung nach Ekuador gehen werde.«

Daß Jim so geführt wurde, geschah nicht nur in Erhörung seiner eigenen Gebete. Nur wenige Tage später erhielt er einen Brief von Eleanor Vandervort, einer Freundin aus der Collegezeit, die als Missionarin in Afrika war. Sie schrieb, daß sie einen merkwürdigen Zwang verspürt habe, für Jim zu beten, und zwar genau während der Tage, als Jim in die Stille gegangen war. Er schrieb ihr: »Liebe Eleanor: Ich nehme an, im Sudan ist jetzt früher Morgen und Du stehst gerade auf, um den Tag mit Christus zu beginnen, oder Du schläfst noch und Sein Geist schwebt über Dir. Jedenfalls, zwei Gebete, die von Amy Carmichael stammen, werden in diesem Augenblick für Dich gebetet. Ist das erstere der Fall, das folgende:

‚Im Wehen des erwachenden Morgenwindes,
in der stillen Schönheit des frühen Tages
laß mich Dich schauen, lieber Herr.
Offenbare Du Dich mir! Und durch diese Schau
wird mir Kraft zuströmen für noch unbekannte Prüfungen.'

Und im letzteren Fall dieses:

‚Mein Herr, Du meines Herzens ewiges Licht,
Du bist es, den ich liebe! Wirf Deine Strahlen
auf mich während der Stunden der Nacht.
Leuchte hinein in meine Gedanken; selbst in meinen
Träumen möchte ich auf heiligem Grund mich bewegen,
möchte mit den Angelegenheiten Deines Reiches
beschäftigt sein.'

. . . Dein Brief ist vom 12. Juli und Du schriebst, um diese Zeit hätte ich Dir sehr auf dem Herzen gelegen. Es war Gott selbst, Van, der Dir diese Last aufgelegt hat. Denn damals hatte ich mich für zehn Tage zurückgezogen, um vor allem über meinen Plan mit Ekuador zu beten, zwischen dem 4. und 15. Juli. Eine Missionsstation bei den Ketschuas ist vor kurzem verwaist und wurde angeboten – jedem, der sie übernehmen will. Einige hier wußten von diesem Werk und redeten uns zu, wir sollten darin eine Tür zum Anklopfen sehen. Wenn Gott die Tür dort auftut, wer kann sie verschließen? Und wenn Er sagt: ‚Geh hin', wer würde sich erdreisten, hier zu bleiben? So bete denn, daß mein Glaube gestärkt werde gegen alle Mächte, die sich vielleicht entgegenstellen.«

Dann, am 25. Juli, schrieb er seinen Eltern, daß er in seinem Entschluß bestärkt worden sei:

»Die mir von Gott gegebene Überzeugung, daß dies Sein Wille ist, nimmt mit jedem Tag zu und wird von allen Seiten bestätigt. Nicht durch augenfällige Ereignisse, sondern meist durch ganz kleine Dinge, zum Beispiel eine beiläufige Bemerkung über die Ketschua-Sprache während einer Vorlesung; oder einen Briefumschlag in meinem Postfach mit einem 20-Dollar-Schein und ein paar Zeilen ohne Unterschrift: ‚Philipper 4, 19. Gott segne Sie. Dies ist für Ekuador.' Gestern kam ein Brief von Dr. Tidmarsh; auch er findet die Vorfälle der letzten Zeit ermutigend, ist aber noch nicht überzeugt, daß Gott uns in Shandia selbst haben will.

Wenn es Gottes Wille ist, bin ich bereit, mich sofort auf den Weg zu machen, und würde nur solange warten, bis ich weiß, wie die Gemeindeältesten in Portland sich entscheiden. Bobs Bedenken wegen meiner Dienstpflicht machen mir nicht die geringsten Kopfschmerzen. Denn Er, der mir eine offene Tür gegeben hat, hat ja verheißen: ‚Niemand kann sie schließen.' Es wirkt vielleicht naiv, wenn man einen solchen Standpunkt einnimmt, aber tun kann ich ja doch nichts, weder einen Ersatzmann stellen noch Beziehungen spielen lassen. Gottes

Verheißung, daß Er die Einfältigen behüten wird, gilt, glaube ich, auch in meinem Fall. Für Ihn sind Könige und Herrscher sehr unbedeutende Faktoren, wenn es darum geht, Ihm zu dienen. Und ich denke, darin dürfen wir die gleiche Haltung einnehmen wie Er. Ich will damit nicht sagen, es würde keiner den Versuch machen, die offene Tür zu schließen. Ich meine nur: Gott wird die Tür offenhalten, ganz egal, wer versucht, sie zuzuschließen, und wie sehr er sich bemüht.

Wie sehr preise ich Gott, daß ich Euch habe, Euch alle. Welch kostbares Erbe fällt denen zu, deren Umgebung von Kindheit an durch die Schrift erleuchtet war, die umhegt waren vom Gebet und von der Fürsorge anderer für ihre Seele. Man muß nur einmal an die kleinen Kinder im Gebiet der Ketschuas denken, die nach Yamwurzeln graben müssen, mit der Peitsche angetrieben, und viele kennen nicht mal ihren Vater. Ach, daß Gott doch Seinen Geist auch dort in einige Familien pflanzte, wie Er es in unserer Familie so gnadenvoll getan hat, damit auch sie erfahren, welches der Segen und der Lohn eines Lebens ist, das für Gott gelebt wird. Die Seelen der Leute dort, sagen Missionare, seien völlig zerbrochen durch das lange Verstricktsein in schreckliche Exzesse. Sie haben gar nicht mehr den Wunsch, sich aus ihrer Not herauszuwinden, sie trinken sich einfach zu Tode.

‚Nicht daß sie verhungern,
sondern daß sie so traumlos dahinsiechen;
nicht daß sie säen, sondern daß sie so selten ernten,
nicht daß sie dienen, sondern daß sie keinem Gott dienen,
nicht daß sie sterben, sondern daß sie wie Schafe verenden.'

Von Menschen, die leben, aber nie erfahren, wozu sie geschaffen wurden, kann man in der Tat sagen, daß sie ‚tot' seien, wie es in der Schrift heißt. *‚Wenn keine Offenbarung da ist, verwildert ein Volk.'«*

Jims Eltern, wie auch manche andere, die ihn gut kannten, konnten nicht umhin, die Frage aufzuwerfen, ob er seinen Dienst nicht besser bei jungen Menschen seines eigenen

Landes tun sollte. Er besaß ja eine ungewöhnliche Begabung für Bibelunterricht und Predigen, das hatte sich bei seiner Arbeit unter Studenten, bei seinen Evangelisationen und Rundfunkpredigten gezeigt. Die Eltern schrieben ihm, wie sie darüber dachten, und auch von dem Verlust, den es für sie selbst bedeutete, wenn er für dauernd fortginge.

»Es wundert mich nicht«, erwiderte er ihnen in einem Brief vom 8. August, »daß Ihr bei der Nachricht von meinem Fortgehen nach Südamerika betrübt wart. Das ist es ja, worauf uns Jesus warnend hingewiesen hat, als Er Seinen Jüngern sagte, ihr Verlangen, Ihm zu folgen und das Gottesreich herbeizuführen, müsse so beherrschend werden, daß alle anderen Treuepflichten so gut wie aufgehoben seien. Auch die Familienbande hat Er niemals davon ausgenommen. Im Gegenteil – die Liebe zur Familie, zu denen, die wir als die Allernächsten ansehen, gerade diese Liebe, hat Er uns gesagt, muß wie Haß werden im Vergleich zu unserem Verlangen, uns für Ihn und Seine Sache einzusetzen. Grämt Euch also nicht, wenn Eure Söhne Euch im Stich zu lassen scheinen, vielmehr freut Euch, wenn Ihr seht, daß sie Gottes Willen tun mit Freude. Denkt Ihr daran, was der Psalmist von Kindern sagt? Sie seien ein Geschenk des Herrn, sagt er, und jeder solle glücklich sein, der seinen Köcher voll von ihnen habe. Und von was anderem ist ein Köcher voll als von Pfeilen? Und wozu sind Pfeile da, wenn nicht zum Schießen? Also, mit den starken Armen des Gebets spannt den Bogen und schießt die Pfeile ab – alle, mitten in das Herz des Feindes.

Klingt es hartherzig, wenn ich sowas sage? Die Gottes großes Herz und Seine glühende Liebe kennen, müssen ihre eigene Liebe unterdrücken, damit sie Seine Liebe weiterstrahlen können. Denkt an den Ruf von oben ‚Gehet hin', und den von ringsumher ‚Komm herüber und hilf uns', und selbst von unten kommt der Ruf ‚Sende Lazarus zu meinen Brüdern, daß sie nicht an diesen Ort der Qual kommen'. Stimmen rufen, sie rufen so zwingend, daß ich gar nicht wagen kann, hier in meinem Land zu bleiben, während dort unten Ketschuas zugrunde gehen. Die Menschen hier zu Hause, sagt Ihr , brauchen solche, die sie aufrütteln? Sie haben die Bibel, sie haben ‚Mose und die Propheten' und noch vieles mehr. Ihr Urteil steht in ihren Bankbüchern, es ist zu lesen in der Staubschicht, die auf dem Einband ihrer Bibel liegt. Die amerikanischen Gläubigen haben ihr Leben dem Mammonsdienst verschrieben, und Gott hat Seine gerechte Art, mit denen zu verfahren, die dem Geist Laodicäas verfallen.«

Wie weit sein Blick ging, zeigt diese Tagebuchnotiz:

9. August. »Gott hat mir Glaubenskraft gegeben, Ihn zu bitten, daß Er uns einen weiteren Kampfgenossen gibt, einen jungen Mann, der auch ins Unterland von Ekuador geht, vielleicht nicht jetzt, doch bald. Dort müssen wir lernen: 1. Spanisch und die Ketschuasprache, 2. uns gegenseitig kennen, 3. das Urwaldleben und die Unabhängigkeit von äußeren Dingen, 4. Gott und welche Wege Er uns weist, um an die Ketschuas heranzukommen. Von dort müssen wir, von Seiner großen Hand geführt, mit einigen jungen Indianern ins Bergland vordringen und unter den 800 000 Hochländern unser Werk beginnen. Wenn Gott verzieht, müssen Eingeborene dazu ausgebildet werden, mit der Botschaft weiter südwärts vorzudringen und überall auf ihrem Weg neutestamentliche Zellen aufzurichten. Von dort muß das Wort nach Peru und nach Bolivien hineingetragen werden. Genug der Planungen. Jetzt zum Gebet und zur Verwirklichung.«

DAS MUSTERBILD

»Jeder aber sehe zu, wie er darauf baut. Denn einen anderen Grund kann niemand legen, außer dem, der gelegt ist, welcher ist Jesus Christus.«

Der Sprachenkursus war vorüber, doch die »Wolke«, schien es, hob sich nicht auf, und Jim beschloß, noch ein, zwei Monate in Norman zu bleiben, zusammen mit Bill Cathers. Sie halfen in der kleinen Gemeinde in Oklahoma City und in der Bibelgruppe an der Universität. In dieser Zeit beantragte Jim auch einen Reisepaß. Dr. Tidmarsh hatte ihm aus Ekuador geschrieben, er habe vor, im Herbst auf Urlaub zu gehen, und er bitte dringend, Jim und Bill möchten so bald wie möglich kommen.

Am 31. August schrieb mir Jim:

»Wir vertrauen auf Gott, daß Er uns eine Behausung geben wird, wo wir wohnen und essen können. In der Zeitung haben wir eine Annonce als ‚Gelegenheitsarbeiter' aufgegeben, und mit Anstreichen, Reparieren und allerhand Instandsetzungsarbeiten verdienen wir so viel, daß wir uns über Wasser halten können. Gelegenheit zur Verkündigung gibt es in der Gegend hier reichlich: an der High School in Norman, in der Umgebung auf dem Land, und wenn das Semester angeht, bei den Studenten an der Universität. Wenn es Gottes Wille ist, brechen wir nach Ekuador auf, sobald wir unsere Pässe bekommen und uns zu Hause verabschiedet haben. Wir müssen auch noch einiges an Ausrüstung besorgen, aber wir brauchen lange nicht so viel, wie die, die verheiratet sind. Zu den besonderen Dingen, die uns noch fehlen, und die Du vielleicht in Dein Gebet einschließen könntest, gehören ein Radioapparat, einiges für Zahnbehandlung und medizinische Instrumente (Dr. Tidmarsh wird uns zeigen, wie man damit umgeht) und, nicht zu vergessen, Reisegeld. Wenn wir eine Möglichkeit finden, fahren wir auf einem Bananendampfer als Mitglieder der Schiffsmannschaft.«

Das Tagebuch fährt fort:

7. September. »Dies sind für Bill und mich Tage des Wartens. Wir hatten gehofft, unsere Pässe würden jetzt schon da sein und wir hätten schon beginnen können, die Ausrüstung zu besorgen, aber Gott hatte anderes geplant. Wir haben gearbeitet, wenn sich Gelegenheit fand, und warteten auf Nachricht von zu Hause betreffs Stellungnahme der Gemeinde. Morgen kommt J. M. zurück, und wir müssen aus seiner Wohnung wieder ausziehen. Aber wo sollen wir hinziehen? Norman ist ein guter Ort zum Arbeiten, aber einen Raum zu finden, wo man wohnen und kochen kann, ist nicht leicht.

Ein Trost war Psalm 31, 15: *‚In deiner Hand sind meine Zeiten.'*

Und Psalm 139, 16: *‚In dein Buch waren sie alle eingeschrieben, die Tage, die gebildet wurden, als noch keiner von ihnen [da war].'* Also Tage, die von Ihm vorherbestimmt sind, ob wir sie verbringen mit Warten oder Arbeit oder was auch immer. Wir haben um Führung gebetet, und wo wir verstanden, was wir tun sollten, waren wir gehorsam. Jetzt warten wir auf Weisung, was der nächste Schritt sein soll.«

29. September. »Heute kam ein Brief von Ed McCully: Er bewege vor dem Herrn die Frage, ob er das Studium abbrechen solle und sich umschauen nach offenen Türen für ein Gott hingegebenes Leben. Wie preise ich Gott für diese Nachricht! Sogar geweint habe ich, als ich las, wie Gott gehandelt hat, denn in der letzten Zeit hatte ich oft an Ed gedacht und ihm gewünscht, daß seine geistlichen Gaben ein Wirkungsfeld fänden. Sollte Ed der Mann sein, den Gott mit uns nach Ekuador senden will? Ich hatte um einen weiteren Mitarbei-

ter gebetet, und vielleicht ist dieses die Erhörung. Wenn es so ist, hab Dank, Herr, von Herzen Dank.«

18. Oktober. »Morgen, so Gott will, reise ich hier ab und fahre nach Wheaton, obwohl mir nicht ganz klar ist, warum. Es gäbe noch so viel zu tun hier. Aber trotzdem fühle ich mich gedrängt, nach Wheaton und dann weiter nach Milwaukee zu fahren und Ed McCully aufzusuchen, ähnlich wie vor langen Zeiten Barnabas nach Tarsus fuhr, um Saul zu suchen.«

Aus einem Brief ein paar Wochen später:

»Das Zusammensein mit Ed macht mir viel Freude, und ich möchte hoffen, daß Gott uns zusammen aussendet. Aber ich glaube, die Entscheidung sollte nicht getroffen werden, solange ich hier bin. Man beeinflußt sich zu leicht, und unser menschliches Zusammenpassen könnte uns dazu bringen, wenn wir nicht achtgeben, die Weisungen Gottes zu überhören.

Tidmarsh schreibt, daß er in diesem Monat nach England auf Urlaub fährt, und da wir es für dringend halten, daß er selbst uns in die Arbeit in Shandia einführt, werden wir wahrscheinlich warten, bis er zurückkommt, und Anfang nächsten Jahres mit ihm zusammen hinunterfahren.«

Kurz darauf erhielt Jim von Bill Cathers einen Brief, er wolle heiraten. Die Nachricht war für Jim ein Schlag, denn er hatte ja damit gerechnet, daß er mit Bill zusammen fahren würde, gemäß dem biblischen Vorbild des »je zwei und zwei«. Er schrieb seinen Eltern davon, wobei er folgenden Kommentar hinzufügte:

»Gespräche über Hochzeit, Ringe, Blumen, Geschäftsdinge und (o Graus!) Haushaltsangelegenheiten lassen mich völlig kalt. Manchmal fürchte ich, meine Sachlichkeit könnte mich daran hindern, mich jemals so sehr in einen Menschen zu verlieben, daß ich eine Ehe eingehen möchte. Nein, Quatsch. Ich bin bloß liederlich, ein Bohemien, der nicht mal genügend Pflichtgefühl hat, seine Schuhe richtig blank zu putzen.«

Der Antwortbrief seiner Mutter war eine Verteidigung der Ehe, verbunden mit der leisen Andeutung, daß es sich bei Jim vielleicht um einen Fall von sauren Trauben handle.

«Wenn ich tatsächlich auf den guten Billy neidisch bin, Mutter, dann wäre das wahrhaftig eine ganz neue Art von Neid, eine, die mir bisher noch nie vorgekommen ist. Wenn es ums Heiraten geht (da Du in Deinem letzten Brief so viel über dieses Thema schreibst), tauchen bei mir noch immer ernsthafte Fragen auf. Wenn einer Junggeselle bleibt, so bedeutet das noch nicht, daß er egoistisch, unstet, schwatzhaft, herrisch ist. Es kann natürlich sein, daß er alle diese negativen Eigenschaften hat, und ich kenne selber manche Junggesellen, die so sind, aber diesen Typus findest Du genauso unter den Verheirateten. Und außerdem – auch Paulus, Timotheus (wie wir vermuten müssen) und andere Gestalten aus dem Neuen Testament waren nicht verheiratet, ganz zu schweigen von vielen anderen Gottesmännern der Geschichte und von unserem Herrn Jesus Christus selber. Wenn die Ehe das einzige Allheilmittel für unstete junge Männer wäre, dann müßten alle jene Menschen unstete Naturen gewesen sein, und das kann man, wenn man ihr Wirken ansieht, ja wohl nicht behaupten. Ob man heiraten soll, bleibt also ein Problem. Es wird noch schwieriger gemacht durch die besonderen Forderungen, die an den gestellt sind, der als Missionar in den Tropenurwald gehen will. Bei Bill ist es Gottes Führung, daß er heiratet, und ich freue mich darüber und bin fröhlich mit den Fröhlichen. Wenn ich ihn beneidete, hieße das: Ich lasse mich gelüsten der Führung, die ihm von Gott geschenkt wurde, und sich gelüsten lassen dessen, was meines Nächsten ist, wird schon in den Geboten als Sünde verurteilt.«

Er erläuterte dann, was er meinte, wenn er von »besonderen Forderungen« der Missionsarbeit im Tropenurwald sprach:

»Es ist an sich schon schwer genug, mit den Menschen in Kontakt zu kommen, ihre Sprache und Gebräuche kennenzulernen und sich ihnen anzupassen – wieviel mehr, wenn man gleichzeitig noch die Aufgabe zu bewältigen hat, sich in die Gemeinschaft mit seinem Ehepartner einzuleben. Noch schwieriger ist es für die Frau, und es gibt viele Fälle, wo sie von Familien- und Haushaltspflichten so sehr aufgesogen wurde, daß ihr für missionarisches Wirken einfach keine Zeit mehr blieb. W. E. Vine, den ich neulich las, ist der gleichen Ansicht. Er meint, ein Mann solle mit einem anderen Mann zusammenarbeiten, bis mit den Eingeborenen ein tragfähiger Kontakt geschaffen ist. Wenn es sich dann zeigt, daß sein Zeugnis und seine Wirkkraft durch eine Ehe gesteigert würde, dann solle er heiraten.«

Von Milwaukee ging Jim im November in eine Kleinstadt in Indiana, wo eine Gruppe jüngerer Ehepaare sich für Bibelarbeit interessierte. Dies war eine gute Gelegenheit für ihn, einige der Wahrheiten zu lehren, die er in der letzten Zeit neu überprüft hatte. Über den ersten Bibelabend berichtete er folgendes:

»Ich fühlte Freiheit, die Karten offen hinzulegen, und sagte gleich zu Anfang einiges Unverblümte über neutestamentliche Gemeindeordnung. Die meisten waren sehr verblüfft, kamen aber wieder und wollten mehr darüber hören. Bei einigen machte ich Hausbesuche und fand einen echten inneren Aufbruch, einen Hunger nach dem Wort. Viele sind durch die traditionellen Ordnungen sehr stark gebunden; sie spüren zwar, daß etwas falsch ist, scheuen sich aber, die anerkannten Formen, zum Beispiel des Gottesdienstes, zu durchbrechen.«

Jim war überzeugt, daß es wichtig sei, den Aufbau einer Ortsgemeinde dem Vorbild der Urgemeinde anzupassen. Diese Überzeugung wurde nun auf eine harte Probe gestellt.

»Daß das neutestamentliche Vorbild des Sichversammelns das Ideale ist, geben alle zu«, schrieb er am 6. Dezember seinen Eltern, »aber keiner ist bereit, diesem Vorbild wirklich nachzuleben, besonders nicht die Männer. . . Betet doch für sie – das richtige Verlangen ist vorhanden, es fehlt jedoch der Wille, die praktische Verwirklichung des Ziels energisch anzupacken.«

Nach den ersten vier Wochen Bibelarbeit mit der kleinen Gruppe schrieb er seinen Eltern:

»Im allgemeinen habe ich das Gefühl, daß ich ziemlich wenig ausrichte. Mein Hiersein ist für sie zwar eine Hilfe, aber im ganzen kann man den Zustand der Kirchgänger hier nur als Ignoranz bezeichnen. Ich weiß, daß die Dauer meines Aufenthalts begrenzt ist, und wenn nicht ein anderer hierher kommt und den Leuten weiterhilft, ist wenig Aussicht, daß sie Fortschritte machen.«

Trotz seiner starken Überzeugung kamen Jim zuweilen Zweifel, ob es überhaupt einen Sinn habe, auf eine Verwirklichung der neutestamentlichen Vorbilder zu hoffen.

»Die Widerstände sind so groß«, schrieb er in sein Tagebuch, »daß es mir manchmal absurd vorkommt, zu glauben, es gäbe für den Aufbau der Gemeinde bestimmte ‚Bauprinzipien'. Wer kümmert sich heute noch darum, ob nach der paulinischen Methode vorgegangen wird? ‚Seht zu, daß ihr das Evangelium verkündet; wir haben keine Zeit, uns zu streiten über die Methoden, wie das Werk gefestigt werden soll.' Das etwa ist die Rede, die ich hier überall zu hören bekomme.

Dann kam als erstes die Ermutigung von 1. Chronik 28, 9: *‚Und du, mein Sohn Salomo, erkenne den Gott deines Vaters und diene ihm mit ungeteiltem Herzen und mit williger Seele! Denn der HERR erforscht alle Herzen, und alles Streben der Gedanken kennt er. Wenn du ihn suchst, wird er sich von dir finden lassen; wenn du ihn aber verläßt, wird er dich verwerfen für ewig. Sieh nun, daß der HERR dich erwählt hat, [ihm] ein Haus zu bauen als Heiligtum! Sei stark und handle!'*

Aber sprich dies zu mir, barmherziger Gott, in meiner jetzigen Situation; gib, daß dieses Wort sich auswirke mit seiner ganzen Kraft, der Verheißung von Gutem und der Warnung vor Bösem.

Gott hat nie von den Menschen etwas bauen lassen, ohne daß Er ihnen vorher ein Musterbild davon gegeben hätte; z. B. bei Mose, David, Noah, Paulus.«

Der Ort für einen weiteren Versuch, dem »Musterbild« zu folgen, sollte Chester sein, eine kleine Stadt im Süden von Illinois. Dort wollte Jim mit Ed zusammen arbeiten. Am 13. Dezember schrieb er in sein Tagebuch:

»Ich habe das sichere Gefühl, daß Gott Ed und mich dorthin weist. Ich bete erstens um das Zustandekommen einer Kerngemeinde, zweitens um funktechnische, medizinische und pädagogische Erfahrungen. Es klingt absurd, hierum zu beten, da die äußeren Voraussetzungen nicht vorhanden sind; ich glaube aber, Gott sollte verherrlicht werden dadurch, daß wir auch Unmögliches von Ihm erbitten.«

Der Entschluß, nach Chester zu gehen, wurde wie alle Entschlüsse sofort auf die Probe gestellt; diesmal dadurch, daß Jim aufgefordert wurde, nach Portland zurückzukehren und dort in den Bibelgruppen und bei Evangelisationen zu helfen. Aber Jim schrieb zurück:

»Ich glaube fest, Gott will, daß ich nach Chester gehe und dort Pionierarbeit tue. Im übrigen bin ich noch immer der Ansicht, daß es in Portland zu viel Kollektivismus gibt. Die gläubigen Kreise in Portland sind zahlreich, und sie könnten die ganze Stadt zu Gott hinkehren, wenn sie sich nur selbst zu Christus kehrten und bekennen würden, wie wenig sie für Ihn getan haben. Es ist jetzt an der Zeit, daß wir zeigen, wie Gottes Kraft durch uns wirkt, und das kann man nur, wenn man es sich etwas kosten läßt – Opfer, anhaltendes Gebet und Verzicht auf persönliche Freuden.«

VON ALLEN EIGENEN MÖGLICHKEITEN ABGESCHNITTEN

»Sagen will ich zu Gott, meinem Fels: Warum hast du mich vergessen? . . . Wie Mord in meinen Gebeinen höhnen mich meine Bedränger, indem sie den ganzen Tag zu mir sagen: Wo ist dein Gott?«

Nach einer kurzen Pause nahm Jim seine Tagebucheintragungen am 6. Januar 1951 wieder auf. Chester, Illinois:

»Am Donnerstag sind Ed McCully und ich hierher zurückgekommen. Auf unserer Reise war der Allmächtige uns gnädig, Er bewahrte uns, versorgte uns und gab uns Mut. Jetzt suchen wir Sein Antlitz mit dem Gebet aus Psalm 90, 16-17: *,Laß an deinen Knechten sichtbar werden dein Tun, . . . und befestige über uns das Werk unserer Hände!'* Zuerst möchten wir uns zeigen lassen, auf welche Art und Weise Er die Menschen hier ansprechen will, Sein Verfahren möchten wir erkennen – und dann erleben, daß Er es in unseren Händen fördert, wirksam macht. Ich empfinde es als hohe Auszeichnung, daß ich die Wahrheit überbringen darf, und brauche viel Gnade, um das Wort in Vollmacht darzureichen.«

10. Januar. »Für die Jugend gibt es in ganz besonderm Maß das Gefühl des Elendseins, denn in der Jugend ist der Konflikt zwischen den Kräften unseres Innern und denen, die von außen kommen, am heftigsten; Beschränkung ist am störendsten, Befreiung das Ziel aller Wünsche. Zum Ausgleich sind der Jugend besondere Kräfte gegeben. *,Ich habe euch, ihr jungen Männer, geschrieben, weil ihr stark seid und das Wort*

Gottes in euch bleibt und ihr den Bösen überwunden habt.' Außergewöhnliche Stärke ist der Jugend gegeben als Entschädigung; Scharfsinn und Gedächtniskräfte sind lebendiger in der Jugend, der Sieg ist dann am herrlichsten. Herr, laß mich meine Jugend ausschöpfen, ihre ganzen Kräfte dranwenden, ihr ganzes Feuer aussprühen. Nach der Weisheit Salomos will ich mich freuen in der Jugend, dennoch gedenken meines Schöpfers.«

15. Januar. »Wieder ist heute morgen diese Ruhelosigkeit in mir, dieses kribbelnde, hin- und hertreibende Unbefriedigtsein. Die Milch des Wortes gerinnt vor meinen Augen, wird sauer in meinem Inneren. Haß und Auflehnung gegen jede Zucht will aufbrechen. Es ist gut, daß ich nicht allein hier bin . . . *,Führe mich nicht in Versuchung, sondern erlöse mich von dem Übel.'*«

16. Januar. »Heute abend, habe ich das Gefühl, muß ich etwas schreiben, was ein Lobpreis auf den Gott der Freude ist. Der Tag verging langsam mit unwichtigen Angelegenheiten; zwei Besprechungen mit Firmen wegen Arbeit, Unterzeichnung des Vertrages für eine Rundfunk-Vortragsreihe, Entwurf des Textes, ziemlich kümmerlich, und alles mit dem Gefühl des Wartens auf Gott und Seinen Zeitpunkt, Seine Stunde. Den ganzen Tag über machte die Sonne Andeutungen von erwachendem Frühling, und gegen Abend, als ich in der Dämmerung nach Hause ging, sah ich voller Jubel den scharfumrissenen Purpurwall der Berge, darüber wie ein Wächter die ruhig strahlende Venus. Die Nacht breitete ihr samtenes Schwarz aus, und am Himmel blühten immer wieder neue Sterne auf. Eben habe ich noch einen Gang bis zum Berg gemacht. Es ist begeisternd, herrlich. Dazustehen und zu schauen, umfangen vom Schatten eines freundlichen Baumes, und der Wind zupft einen an den Rockzipfeln, und der Himmel grüßt dein Herz – zu schauen und beglückt zu sein und sich von neuem Gott zu übergeben, was kann ein Mensch sich Schöneres erträumen? Ach, diese Fülle, diese aufregende und dennoch

reine Freude, Gott schon auf Erden zu erkennen! Ich gebe nichts darauf, ob ich meine Stimme je wieder für Ihn erheben werde, wenn ich Ihn nur lieben, wenn ich Ihm nur gefallen darf.«

Am 17. Januar schrieb er den Eltern:

»Am Freitag beginnen wir mit unserem Radioprogramm. Den Vertrag haben wir gestern unterschrieben. Ed übernimmt die fünfzehn Minuten am Freitag, und ich die halbstündige Verkündigung am Samstagnachmittag. Eine Gruppe ernster junger Männer aus St. Louis wird Chorlieder singen. Noch nie habe ich so stark die Verantwortung empfunden, das zu tun und zu sagen, was für Gott das Richtige ist.«

Aus dem Tagebuch:

18. Januar. »Das Geldverdienen scheint hier in Chester schwierig. Nichts verkauft bisher, keine Einkünfte, wir leben kümmerlich von dem Ersparten, und auch das reicht nur noch für eine Woche. Eigentlich hatte ich gehofft, ich könnte etwas Geld für spätere Missionarstätigkeit zurücklegen, aber das wird bei unserer jetzigen Provision nicht möglich sein (Hier steht am Rand eine Bemerkung in anderer Tinte: Wie ahnungslos ich war! Bis Juni konnte ich 500 Dollar zurücklegen.) Ich hätte mich auch gern an der Finanzierung des Evangeliumsrundfunks hier und anderswo beteiligt, aber Gott hat mir alle eigenen Wirkungsmöglichkeiten abgeschnitten, damit ich nichts habe und nichts tue und nichts will außer Ihm. Herr, Du siehst, wie ich mit meinen eigenen Plänen festgefahren bin; auf Dich setze ich meine Hoffnung, daß Du mich bald befreist.«

29. Januar. »Am Sonntagmorgen übernahmen wir den Gottesdienst im Staatsgefängnis und sprachen zu 350 Sträflingen, unter denen alle Delikte vertreten waren, vom kleinen Diebstahl bis zum Massenmord. Es war eine aufregende Sache, dort das Wort von der Vergebung zu verkündigen, anhand von Markus 2. *‚Wer kann Sünden vergeben, außer einem, Gott?'* Das bedeutet einiges für Ausgestoßene, die sich nicht

nur einem nichtvergebenden Gewissen gegenüber sehen, sondern auch – wenn sie entlassen werden – einer hartherzigen Gesellschaft, die sie ablehnt.«

Aus einem Brief vom 23. Februar:

»Offen gestanden ist die missionarische Arbeit hier sehr schwierig. Es bestand kein wirkliches Interesse von seiten unbekehrter Rundfunkhörer für die Vorträge, wie wir es erhofft hatten, und unsere Versuche, öffentliche Räume zu bekommen, schlugen fehl. Daher haben wir das Gefühl, daß unsere Bemühungen vergeblich seien. Kein Wunder, daß wir uns oft fragen, warum Gott uns hierher geschickt hat. Sechs Wochen sind wir hier, und bisher hat sich von den Einheimischen kein einziger bekehrt, nur dieser eine Geschäftsreisende, der von auswärts war. Gott will uns wohl prüfen, denn außer der Erfüllung unserer persönlichen Bedürfnisse hat Er uns kein Zeichen irgendwelcher Art gegeben, daß unser Hierherkommen Sein Wille war. Aber was soll man machen? Etwa zweifeln, nachdem man gebetet, gewartet und alles nach besten Kräften abgewägt hat? Nein. Zweifeln können wir nicht, wohl aber unsere Herzen prüfen und mehr beten und mehr Glauben haben . . . In einen kaufmännischen Beruf gehen, stillschweigend, und ein braver Kerl mit viel Religion sein, statt ein Gotteskind, das Frucht bringt, das wäre eine leichte Sache. Nun muß ich schließen. Blickt nach oben und betet auch für mich.«

Mir schrieb er folgendes:

»Ein gewisses Gefühl der Verlassenheit liegt über diesen Tagen, ein Gefühl des Isoliertseins, schleichend und lauernd, und auf der Straße, in den Häusern, überall meine ich die Frage zu hören, die David verfolgte: ‚Wo ist dein Gott?' Nicht, daß ich deprimiert wäre, aber eine Stadt wie diese, wo keine befreiende Wahrheit erklingt, hat etwas Frostiges und Trostloses. Die Kirchen sind voll, aber alles ist hohl, ohne inneres Leben. Wenn die Erde schon in ihren lichteren Schattierungen so trostlos ist, wie wird sie dann erst dort sein, wo die Schatten tiefer sind? Gott sei gedankt für dieses Gefühl des Wartens auf ‚eine Stadt, die Grundlagen hat', das doch in einem vorherrscht, wenn man sieht, auf welchen Grundlagen diese Stadt hier ruht. Die Wirtschaftswelt ist eine rohe, primitive Welt, in mancher Hinsicht beinahe tierisch, auf einen Neuling – als den ich mich betrachte – wirkt sie oft sehr abstoßend. Allein schon das Prinzip, daß man Geld verdient, indem man Sachen mit Gewinn verkauft, ist mir oft zuwider, aber momentan scheint das mein Job zu sein. Mittwoch ein paar Abschlüsse gemacht und insgesamt etwa 700 Dollar umgesetzt, ermunternd, aber nichtssagend.

Montag abend machten wir Besuche im Armenviertel. Nicht leicht, aber tröstlich, das Zusammensein mit den ‚seligen Armen' – beim Zusammensein mit den Hoffärtigen ist unsere Verbundenheit mit Christus in gewisser Weise unterbrochen. Wir müssen bald wieder hingehen. Es erweckt Verachtung in einem für die Eitelkeit der Vornehmen und wenig Liebe zum Leben, besonders zu diesem Leben mit Banken, Wechseln, Zinsen und Provisionen.«

Am Spätnachmittag, wenn Jim und Ed von ihren Jobs zurückkamen, trafen sie sich in ihrer kleinen, engen Wohnung und kochten abwechselnd das Abendessen – einmal in der Woche brieten sie sich große Beefsteaks, dazu gab es raffinierte Salate. Nachher, wenn sie das Geschirr spülten, lernten sie oft Gedichte auswendig. Die Freuden der Dichtkunst waren Ed nie so recht zum Bewußtsein gekommen, erst in den gemeinsamen Tagen in Chester waren sie ihm aufgegangen, wo er als erstes Shelleys Ozymandias »entdeckt« hatte, dann Omar Khayyam, Coleridge, Poe und andere. Die beiden schrieben sogar einzelne Gedichte ab und klebten sie, um das Auswendiglernen zu erleichtern, an die Wand.

Nicht immer war ihre Stimmung auf das Ernsthafte gerichtet. Eines Tages, als sie in Chester auf den Bus warteten, verschwand Ed in einem Laden und ließ Jim an der Straßenecke neben einer kleinen alten Dame stehen. Kurz darauf kam er wieder heraus, den Mantelkragen hochgeschlagen und den Hut tief in die Stirn gezogen. Sich mißtrauisch umblickend, schob er sich an Jim heran, knurrte ihm mit heiserer Stimme von der Seite zu: »Heut abend kommste in den ‚Blauen Papagei' um neun«, und entschwand um die Ecke. Die alte Dame warf einen entsetzten Blick auf den neben ihr stehenden Verbrecher und rückte eiligst von ihm fort.

Der kleine Zwischenfall war nur einer von den vielen, welche die beiden inszenierten, und zwar immer ohne vorherige Probe oder Absprache. Sie arbeiteten zusammen; sie waren ein echtes Team.

Das Tagebuch berichtet weiter:

5. März. »Gestern in der River-Rat-Sonntagschule angefangen. Siebzehn kamen. Neuer Auftrieb. Ich erfahre die Nichtigkeit von menschlichen Worten. Wenn nicht Gott durch mich spricht – bei den meisten Predigern heute merkt man deutlich, daß nicht Er spricht – ist es besser, daß ich überhaupt nicht predige. Betete aus Psalm 51, 15: ‚Herr, tue meine Lippen auf', vertraute auf die Verheißung, die zuerst Jeremia galt: ‚Siehe, so will ich meine Worte in deinem Mund zu Feuer machen.' Verkündigung, die bloß aus dem Menschen kommt, mag sie auch noch so wortgewandt und zwingend sein, wird nie das Feuer entzünden können, das die Rede eines Gottesmenschen entfacht, aus welchem Gott selbst spricht. Herr, gib mir Deine Worte für diese Menschen.«

Die Monate, in denen er mit Ed zusammenarbeitete, erweckten in Jim die Hoffnung, daß Ed die Erhörung seines Gebets sei, des Gebets um einen unverheirateten Partner, mit dem er die geplante Missionsarbeit im Urwald von Ekuador beginnen könne. Aber auch diese Hoffnung wurde zunichte gemacht, wie er am 28. April seinen Eltern berichtete:

»Heute morgen kam Eds Trauring. Wenn diese Zeilen bei Euch eintreffen, wird er schon offiziell verlobt sein, denn am Montag kommt Marilou hierher für eine Woche. Ich selber kann mich jetzt noch nicht mit dem Gedanken ans Heiraten befreunden, trotz all der Hochzeitsglocken und Trauringe ringsumher und trotz der Fülle heiratsfähiger Mädchen. Bei mir sind die Dinge noch zu sehr im Fluß, und ich fände es nicht richtig – weder im Hinblick auf das Mädchen noch auf die Missionsarbeit –, wenn ich meine Kraft durch all die Dinge, die das Eingehen einer solchen Bindung mit sich bringt, jetzt festlegte. Ganz leicht ist es zwar nicht, zu sehen, wie die Hochzeitsglocken einen nach dem anderen aus dem alten Freundeskreis herausbrechen, und dann still dabeizusitzen, und eine Heirat wäre ja auch durchaus in Ordnung (und zuweilen sogar wünschenswert), aber trotzdem wäre es jetzt bei mir nicht angebracht.

Zur Zeit stehen wir inmitten unserer beiden Evangelisationsabende, die wir in der Turnhalle des Gymnasiums halten. Gestern abend kamen etwa achtzig, nicht ein Drittel dessen, was nach unserer massiven Ankündigungskampagne hätte da sein sollen. Immerhin, wir glauben, daß wir unsere Pflicht erfüllen und daß Gott das Blut dieser Stadt nicht von uns fordern wird. Die Leute wissen, daß wir hier sind, daß wir von dem Heil sprechen, das in Jesus Christus ist. Wenn sie es nicht hören wollen, dann ist ihr Blut auf ihren eigenen Häuptern.«

Jims Art zu predigen war bei solchen Versammlungen schlicht und sehr direkt und ernst. Über Männer, die ihre Predigten mit einem Scherz begannen, mußte er sich immer ärgern. Mit zunehmender Erfahrung lernte er, überlautes Sprechen, wie er es früher getan hatte, mehr und mehr zu vermeiden. Wenn er Notizen benutzte, waren sie auf kleine Zettel geschrieben, die in seine Bibel paßten. Er stand hinter oder neben dem Rednerpult, leicht vorgebeugt, mit dem Blick seine Hörer »umgreifend«. Alles, was er sagte, stand in enger Verbindung mit den jeweiligen Schriftworten, die er entweder vorlas oder aus dem Gedächtnis zitierte. Im Gegensatz zu vielen anderen forderte er am Schluß nicht dazu auf, eine offene Antwort auf die Botschaft zu geben, denn er war der Ansicht, wenn in den Herzen seiner Hörer der Heilige Geist am Werk gewesen sei während der Versammlung, dann werde Er das Werk auch später fortsetzen.

Während der letzten Monate ihrer Zusammenarbeit in Chester hielten Jim und Ed Evangelisationsvorträge in einem Zelt. Die Zahl der Besucher war klein, aber mehrere sprachen den Wunsch aus, Christus nachzufolgen.

»Ach warum«, schrieb Jim, »sind die Streitkräfte Gottes so schwach, während auf des Feindes Seite so gewaltige Massen stehen? Herr, wie lange willst Du Deine Macht verbergen, wie lange willst Du zulassen, daß die Menschen gering von Dir denken? Setze auch mich in Bewegung, Herr, um Deines Namens willen! Setze auch mich in Bewegung und laß mich vom Geist erfüllt sein.«

14. Juni. »Gestern letzter Zeltabend, Predigt über Apostelgeschichte 1, 11: *,Dieser Jesus, . . . wird so kommen, wie ihr ihn habt hingehen sehen in den Himmel.'* Unmöglich, das Gute aufzuzeichnen, das Gott getan hat hier in Chester. Jetzt sehe ich auch verschiedene Gründe, warum Er uns hierher geschickt hat, Gründe, die ich im Januar noch nicht gesehen habe. Mit Sicherheit hat Er uns geführt.

Wenn ich zurückblicke auf die beiden letzten Jahre seit der Promotion, habe ich ein merkwürdiges Gefühl von Fruchtlosigkeit. Der Weg, der mir bestimmt wurde, war sicherlich kein üblicher oder irgendwie voraussagbarer. Aber ich habe danach getrachtet, Gottes Willen zu tun, und darin habe ich Frieden.

Es ist nutzlos, sich Gedanken darüber zu machen, was hätte sein können, wenn dieses oder jenes geschehen wäre. Wir sind nur dazu aufgerufen, das zu tun, was uns geboten wird – so gering oder sonderbar oder einfältig es auch sein mag –, unser Auftrag heißt Gehorchen, und hierin habe ich ein reines Gewissen. Ich bin gewandelt in Aufrichtigkeit, bei meinen Entschlüssen habe ich mich nicht vom Fleisch, nicht von menschlichen Launen leiten lassen, und mein Ja war Ja, mein

Nein war Nein. Da ich meine Entschlüsse in Christus gefaßt habe, finde ich Seine Zustimmung (sein Ja) und seine Bestätigung (sein Amen) in den kleinsten und unerwartetsten Dingen. Dies gilt vor allem von diesen Monaten in Chester. Wer will zweifeln oder sagen, unsere Arbeit sei umsonst?

‚Gott aber sei Dank, der uns allezeit im Triumphzug umherführt in Christus.'«

GENAU IM RICHTIGEN AUGENBLICK

»Wir wissen aber daß denen, die Gott lieben, alle Dinge zum Guten mitwirken.«

Jim nahm an den Hochzeitsfeiern zweier seiner Freunde teil, der von Ed McCully und der von Bill Cathers, und dann fuhr er wieder westwärts und landete im Juli in Portland, mit einem Dollar und zwanzig Cent in der Tasche. Er übernahm allerlei Gelegenheitsarbeiten und fuhr im August mit der Familie kurz in Ferien nach Ocean Park, Washington. Von dort schrieb er mir:

»Die Familie Tidmarsh war für zehn Tage hier. Ihr Besuch hat dazu gedient, mich in meinem Entschluß mit Ekuador weiter zu bestärken. Es geht alles voran, wenn auch langsam. Das Visum für Ekuador habe ich beantragt, und das Wehramt hat seine Einwilligung zur Ausreise gegeben. Das Datum der Abfahrt ist bei vorsichtiger Schätzung etwa der 1. Dezember, wahrscheinlich von Los Angeles. Aber vorher fahre ich noch einmal ostwärts.

Bill und ich haben nämlich ein Programm für eine Vortragsreise im Gebiet New York – New Jersey ausgearbeitet, teils evangelistisch, teils missionarisch, und zwar für die Zeit vom 21. September bis zum 12. Oktober. Das Programm ist ziemlich gedrängt, aber einige Tage habe ich frei, und natürlich würde ich mich freuen, Dich zu sehen, so Gott will. Wirst Du in Birdsong sein (mein Elternhaus in Moorestown, New Jersey)?

Ed und Marilou werden dieses Jahr an der medizinischen Schule des Bibelinstituts in Los Angeles sein, und wir beten, daß sie nächstes Jahr nach Ekuador nachkommen. Bete doch, daß Gott den beiden Gewißheit gibt und sie in ihrem Entschluß bestärkt, ja? Ich bitte noch immer um einen unverheirateten Kameraden, der mit mir an die Schule in Shandia geht. Ein junger Bruder aus Seattle scheint Interesse zu haben. Vielleicht erinnerst Du Dich an ihn: Pete Fleming, der etwas intellektuelle Bursche von der Washington-Universität. In der letzten Zeit habe ich mehrere sehr angeregte Begegnungen mit ihm gehabt, und er wartet darauf, daß Gott ihm seine Aufgabe zeigt.«

Am gleichen Tag schrieb Jim an Pete:

»Ein entscheidendes Wort für Dich in der Frage mit Ekuador kann ich leider nicht sagen. Freuen würde ich mich natürlich sehr, wenn Gott Dich bewegte mitzukommen. Aber Er muß Dich bewegen. Wie sollen sie predigen, wenn sie nicht gesandt werden? Wenn nicht Gott selbst Dich bewegt, hoffe ich, Du bleibst hier. Es sind so viele Mauern zu überklettern, und das kann man nur, wenn man völlig gewiß ist, in Seinem Auftrag zu handeln. Ich selbst kann nur eins für Dich tun – beten, daß Dein Weg Dir deutlich gezeigt wird. Der Befehl an sich ist klar: *‚Geht in die ganze Welt und predigt das Evangelium'*, und die Ausführung ist möglich, weil der Befehlende dazu die Verheißung gegeben hat: *‚Ich bin bei euch alle Tage.'* Der Befehl gilt uns allen, aber die Einzelheiten werden bei jedem verschieden sein. Für mich ist Ekuador einfach der Weg des Gehorsams gegenüber dem Wort Christi. Dort ist ein Platz für mich, und ich bin frei von Bindungen. Das gleiche gilt natürlich von sehr vielen Orten. Zuerst wußte ich nur, es werden Arbeiter gebraucht, und ich selbst bin frei; mehrere Jahre habe ich gewartet und gebetet, daß Gott mir eine Antwort gebe auf die Frage des ‚Wohin?', und jetzt bin ich überzeugt, daß ich diese Antwort erhalten habe. Aber meine eigene Erfahrung ist auf keinen Fall auch für Dich maßgebend – Dir wird Gott Seinen Willen vielleicht auf eine andere Art zu erkennen geben. Ich selber habe nicht die leiseste Ahnung, wie und wohin Er Dich führen wird. Nur daß Er Dich führen wird, dessen bin ich gewiß – Er wird Dich führen und dafür sorgen, daß Du Seine Zeichen nicht übersiehst. Du kannst in Ruhe vertrauen: Seine Sache ist es, zu führen, zu befehlen, zu treiben, zu senden, zu rufen oder wie Du es nennen willst; und Deine Sache ist es, zu gehorchen, zu folgen, Dich in Bewegung zu setzen, zu reagieren oder wie man es ausdrücken soll. Was ich hier sage, klingt Dir vielleicht phrasenhaft und abgedroschen und nicht überzeugend, und das ist auch ganz in Ordnung, denn es ist nur der Rat eines Menschen. Nach dem Erdbeben und dem Feuer kommt der ‚Ton eines leisen Wehens', und in ihm wird Gott auch zu Dir das lang ersehnte Wort sprechen. Darauf harre.

Wir fahren, wenn der Herr die Dinge so lenkt, wie wir sie jetzt planen, am 7. September nach New Jersey. Ende Oktober kommen wir zurück, und Ende November hoffe ich, in Los Angeles die Überfahrt nach Ekuador antreten zu können.

Es klingt verrückt, so zu sprechen – daß ich allein und in so kurzer Zeit schon losfahre . . . und es muß auch entweder Verrücktheit oder Gottvertrauen sein. Aber erinnerst Du Dich an das Wort von Amy Carmichael? ‚Gott habe ich mein Dasein angelobt. Ich darf nicht stehenbleiben, nicht mit Schatten spielen oder irdische Blumen pflücken, bis ich mein Werk getan und Rechenschaft gegeben habe.'«

Auf der Reise nach der Ostküste schickte Jim mir ein paar kurze Zeilen aus Chicago:

»Ich bin dankbar, daß der Herr mir ein Wiedersehen mit Dir gewährt. Es gibt viel zu besprechen. Dave erzählte von der Möglichkeit mit der Südsee, und ich bete. In Freude Jim.«

Während er bei uns war, notierte er am 20. September in sein Tagebuch:

»In Birdsong angekommen. Bin ihr näher denn je, aber auch überzeugter, daß Gott mich von ihr fortführt, nach Ekuador mit Pete, und sie selbst in die Südsee! Eine merkwürdige Fügung.«

Zwischen dem Tage dieser Tagebuchnotiz und Jims nächstem Besuch in Birdsong ereigneten sich verschiedene Dinge, die anzeigten, daß die Tür zur Südsee für mich verschlossen war. Wäre die Führung, die wir von Gott bisher erfahren hatten, nicht so gewesen, wie sie gewesen war, dann wäre das weitere jetzt sehr einfach gewesen: sich verloben und zusammen nach Ekuador gehen. Schon seit langem hatte weder bei Jim noch bei mir ein Zweifel bestanden, wen wir heiraten würden, falls Heirat Gottes Wille wäre. Hatte Er gezeigt, daß es Sein Wille war? Die Antwort, darin waren wir uns einig, lautete immer noch Nein. Dies sei jedoch für uns kein Grund, meinte Jim, aus unseren Gedanken die Möglichkeit auszuschließen, daß Gott mich nach Südamerika führen werde. Er bat mich, dies vor dem Herrn ernsthaft zu bewegen; dabei verhehlte er sich keineswegs, daß eine solche Lösung sicher Anlaß zu Kritik und falscher Deutung geben würde. Wir kannten Ihn, den Lenker unserer Schritte, und hatten Seine Lenkung bisher an jedem Punkt erfahren. Wir wußten auch: Er führt »auf einem Weg, den sie nicht kennen«. Wahrhaftig, wenn wir unsere Wege kennten, wozu brauchten wir dann einen Führer?

So beteten wir viel hierüber, denn wir wußten wohl, daß es schwierig ist, Gottes Willen zu erkennen, wenn das eigene Wünschen so stark ist. Oft machten wir das Gebet Nathan Browns, Burma, zu dem unseren:

«Sollt ich Dich bitten: Ändere Deinen Willen, Vater,
paß Deinen Willen meinem Willen an?
Ach nein, Herr, nein! vielmehr mach Deinem Willen
in meinem Herzen eine freie Bahn.
Ich bitte Dich: Bring endlich doch zur Ruhe
das stürmisch oftmals aufbegehrende Herz,
dem wilden, törichten Verlangen wehre,
Herr, rein'ge mich, und ging es auch durch Schmerz!
Und wirke in mir, daß Dein heil'ger Wille
sei endlich meines Herzens ganze Lust,
daß still ich ruh gleich dem entwöhnten Kinde
befriedigt und beglückt an Deiner Brust.«

Jim fuhr zu weiteren Vorträgen nach New York zurück und sandte mir ein paar Tage später folgende Zeilen:

»Heute abend sehe ich, daß Gottes Wille gütig ist, durch und durch ‚das Gute, das Wohlgefällige und das Vollkommene'. Die umsichtige Liebe Jesu zu uns erscheint mir jetzt unendlich freundlich. Das war sie immer schon, ich weiß, aber irgendwie hatte ich nicht gesehen, wie weise sie auch dann war, wenn sie nicht freundlich schien. ‚Mit Barmherzigkeit und Umsicht wob Er mein Geschick, auch aus dem Tau des Leides glänzte Seine Liebe. . .' Die Fortsetzung kennst Du. Erinnere mich hieran, wenn ich irgendwann nicht sehe, daß Seine Liebe umsichtig und bedachtsam ist.

Ich übernachtete in Queens bei einem Bruder, der Chrysanthemen zieht. Er erzählte mir, sie blühten erst auf, wenn alle anderen Blumen vom Frost dahingerafft sind. Darauf meinte ich, die Chrysanthemen würden wohl gerade durch den Frost zum Blühen gebracht, aber er sagte: ‚Nein, durch die längeren Nächte.' Ich hatte nie den eigentlichen Sinn von Rutherfords Vers verstanden:

'Aber Blumen bedürfen des kühlen Dunkels der Nacht, des Mondlichts und des Taus . . .'

Nicht zum Ausruhen, sondern um zu blühen. Muß ich das Gleichnis erörtern? . . . Ich harre dessen, der unser Harren nicht zuschanden werden läßt.«

In den folgenden vier Wochen – Wochen des Gebets, des »kühlen Dunkels« und des Wartens – kam uns Antwort. Sie lautete, daß ich nach Ekuador gehen solle. Dies ließ in Jim die Hoffnung aufleben, daß Gott uns doch zur Ehe vorgesehen habe, aber von dieser Hoffnung sagte er mir nichts, sondern blieb auf seinem eingeschlagenen Kurs. Denn auch jetzt wollte er keine Bindung eingehen, bevor er das Leben im Urwald kennengelernt hatte und aus eigener Erfahrung beurteilen konnte, welche Anforderungen es stellte. Als er wieder in den Westen fuhr – zusammen mit Pete Fleming, der im Flugzeug nach New York gekommen war und ihn dort getroffen hatte –, schrieb mir Jim:

»Wenn es mein eigener Beschluß gewesen wäre, als Lediger hinauszugehen, dann würde ich meinen Plan bestimmt ändern. Aber der Lenkende war Gott, Betty. Er weiß: Lieber ginge ich mit Dir zusammen. Doch Sein Auftrag ist das höhere Gut.«

Und wie alles andere in seinem Leben akzeptierte Jim dies freudig: »Ich danke meinem Gott. Das Leben ist für mich so reich geworden, so erfüllt. Wie ein Meer, das aber keine Ebbe hat. Die Natur, Leib und Seele, Freundschaft und Familie – alles hat Fülle für mich. Und noch eins, was viele nicht haben – die Fähigkeit, sich zu erfreuen. *‚Und er sprach zu ihnen: . . . mangelte euch wohl etwas? Sie aber sagten: Nichts.'* Die Vergangenheit liegt hinter uns, und ich bin froh über alles, was uns widerfahren ist und daß es so geschah, wie es geschehen ist. Gott hat hinein und hindurch und wieder hinaus geführt, und die Reiseroute, die Er dabei für uns wählte, war die beste, die es gab – dessen dürfen wir gewiß sein. Und ein Christ darf auch dies wissen: Jedes Geschehnis, das uns widerfährt, läßt Er genau im richtigen Augenblick geschehen, so, daß es uns zum Besten dient. *‚Gottes Wege sind vollkommen.'*«

DIE HAND IST AN DEN PFLUG GELEGT

»Niemand, der seine Hand an den Pflug gelegt hat und zurückblickt, ist tauglich für das Reich Gottes.«

Nach der Rückkehr nach Portland war Jim sehr beschäftigt: mit dem Einkaufen der Ausrüstung für Ekuador, mit Vorträgen im Nordwesten und mit Packen. Aber an der stillen Zeit für Gebet und Bibellesen hielt er fest, und die Dinge, bei denen er nicht die Freiheit hatte, mit anderen davon zu sprechen, vertraute er seinem Tagebuch an.

Am 23. November schrieb er:

»Gerade die Geschichte Abrahams wieder einmal gelesen. Als Geistesnahrung sehr geeignet jetzt – bei dem starken Verlangen nach Wärme und Fraulichkeit, nach Zärtlichkeit, Entspannung, nach Kindern. Gott, der Sara in ihrem Alter ‚ein Lachen bereitete' und dessen Verheißungen auch Abraham dazu brachten, auf sein Angesicht zu fallen und zu lachen, weil sie ihm so glanzvoll und zugleich so unwahrscheinlich vorkamen – passende Gedanken für meine jetzige Lage, denn mir ist, als würden es fünf Jahre des Alleinstehens werden, diese nächsten fünf Jahre in der besten Kraft der Jugend, Jahre, wo das Verlangen nach Betty am größten sein wird, wo ich sie am meisten brauche und am besten glücklich machen kann. Diese Jahre, wie ich den Plan jetzt sehe, müssen in der Abgeschiedenheit verlebt werden. Dann, wenn ich schon über dreißig bin, dicklich, mit Runzeln, vielleicht schon eine Glatze kriege – dann das Ehebett. ‚Wer will denn warten, bis er dreißig Jahre ist, um eine Familie zu gründen?' sagte Mutter neulich. Ich bestimmt nicht. Das einzige, was ich zu antworten wußte, war: Man gründet eine Familie, wann Gott will! Und daran glaube ich. Ich bin überzeugt, Gott tut das, was für uns das Beste ist, auch wenn es noch so unwahrscheinlich aussieht. Vielleicht irre ich mich ja, wenn ich glaube, daß ich noch Jahre warten muß – aber als Mann, wenn man die Lebenskraft der Jugend in sich aufwallen fühlt, kann man nicht ganz gleichgültig bleiben bei der Aussicht, daß man sie völlig unterdrücken muß. Vielleicht hat Er gar nicht vorgesehen, daß wir Jahre warten müssen, aber im Augenblick sieht es jedenfalls so aus. Wie dem auch sei – El Shaddai, der Gott, der Hagar sah und erhörte und auf Saras Lachen einging, für dessen Allmacht Abrahams 100 Jahre nichts bedeuteten – an diesen Einen glaube ich, daß Er mich in diesen Dingen lenkt und leitet. Und in diesem gläubigen Vorausschauen kann ich, gleich Abraham, lachen.«

29. November.»Die vielen kleinen Argumente, die mich überfluten, wenn ich an Betty denke, und daß ich so lange warten soll, vereinigen sich zu einer großen Macht, wenn ich mich ihnen ausliefere und sie auf mich einwirken lasse. Meine Zuflucht aber suche ich nicht darin, daß ich sie einzeln vornehme und zurückweise – meine Zuflucht ist der Herr, zu welchem ich gebetet habe, daß Er mich bewahre. Jetzt und immerdar bist Du, Herr, ‚das Teil meines Erbes und mein Becher; Du bist es, der mein Los festlegt'.

Und wenn ich alles in die Hand des Herrn lege und darauf vertraue, daß Er mich bisher geführt hat und mich auch in Zukunft führen wird, dann komme ich dazu zu sagen: *‚Ich preise den HERRN, der mich beraten hat.'* Daß ich nach Ekuador gehe, ist Gottes Ratschlag, auch daß ich Betty zurücklasse, auch daß ich mich von all denen nicht beraten lasse, die immer wieder sagen, ich solle in den USA bleiben und die Gläubigen aufrütteln. Und woher weiß ich, daß es Gottes Rat ist? *‚Mein Herz sagt es mir des Nachts.'* Ja, das habe ich selbst erfahren. *‚Mein Herz erinnert dich: Suchet mein Angesicht!'* Keine Gesichter oder Stimmen, sondern der Ratschlag eines Herzens, das nach Gott verlangt. Und deshalb fühle ich, daß auch dieses Wort für mich gilt: ,*Ich habe den HERRN stets vor Augen; weil er zu meiner Rechten ist, werde ich nicht wanken.*' Nicht wanken? Trotz des Ansturms all der sinnlichen Begierde? Trotz des Wütens all der bösen Geister, die mich in Furcht und Zweifel stürzen wollen? Nicht wanken. Und warum? Weil ich Ihn vor Augen habe, weil Er zu meiner Rechten ist. ,*Darum freut sich mein Herz!*'«

1. Dezember.»Beim Lesen der Schrift finde ich in ihr eine große sittliche Macht. Auf zwei große Kräfte werde ich hingewiesen: die Furcht Gottes und die Gnade Gottes. Ohne die Furcht Gottes würde ich nicht aufhören, Böses zu tun, die Furcht hält mich zurück. Und ohne die Gnade Gottes hätte ich nicht das Verlangen, Gutes zu tun. Das eine ist ein Abschreckungsmittel vom Bösen, das andere ein Antrieb zum Guten. ,*Wodurch hält ein Jüngling seinen Pfad rein? Indem er sich bewahrt nach deinem Wort.*' ,*Ich schreibe euch dies, damit ihr nicht sündigt.*' Zu diesem Zweck wurden die biblischen Bücher geschrieben: um ein Gnadenmittel zu sein beim Kampf gegen die Sünde. Ich wünschte, die Christen würden sie lesen. Ihr Leben wäre nicht so mit Sünden gespickt.«

5. Dezember.»Fürchterlich deprimiert nach dem Predigen heute. Mir war, als hätte ich keine Zurichtung, keine Freiheit, keine Kraft. Einmal meinte ich, ich müßte die Predigt abbrechen und den Leuten sagen, ich hätte keine Botschaft von Gott für sie, aber dann habe ich es lieber doch nicht getan, sondern versucht, nicht mehr daran zu denken. Nie wieder möchte ich so predigen. O Herr, Allmächtiger, laß mich Dein Wort sprechen als aus Deinem Munde hervorgehend. Wie wenig habe ich noch immer begriffen, daß lautes Predigen und langes Predigen kein Ersatz sind für inspiriertes Predigen. Ach, es ist furchtbar. Einen ganzen Raum voller Menschen zu sehen, die darauf warten, ein Wort von Gott zu hören, und dieses Wort nicht zu haben. Und dann der Versuch, es auszugleichen, indem man unausgereifte, nicht durch Erfah-

rung erprobte Gedanken mit alten, vertrockneten Worten vermengt, und gleichzeitig zu wissen, daß das Herz nicht darin ist. O Herr, erbarme Dich. Und das Schlimmste ist, die Leute merken gar nicht den Unterschied, ob ich den Geist spüre oder nicht. Entweder bin ich ein schrecklicher Blender oder die Leute haben überhaupt kein Urteilsvermögen . . . vielleicht ist es beides.«

6. Dezember.»Manchmal packt mich ein an Wahnsinn grenzendes sinnliches Verlangen; nicht immer, Gott sei Dank, aber doch so häufig, daß der Verzicht auf sie um des Werkes willen zu einer harten, brennenden Realität wird. Hierin spüre ich gerade jetzt, mehr denn je, Jesu Forderung: ‚Der nicht allem entsagt, . . .' Ja, ich danke Gott für das Vorrecht, um seinetwillen etwas aufzugeben.«

24. Dezember.»Soeben ‚Wem die Stunde schlägt' zu Ende gelesen. Ein Buch, das außerordentlich packt und das für einen Christen allerhand Probleme aufwirft. Wirklichkeitsnah, psychologisch in die Tiefe dringend, ausführlich und trotzdem kompakt – für mich ist es ein literarischer Markstein allein schon seines Stils wegen. Ich wünschte, ich wäre im gleichen Maße von dem Verlangen beherrscht, Gott zu erleben, wie diese modernen Autoren von der Lust beherrscht sind, das Leben zu erleben. Sie wollen es nicht erklären, ziehen keine Schlüsse, demonstrieren keinerlei Moral; sie stellen einfach dar, was ist. Müssen wir immer versuchen, das Leben zu erklären? Kann man es nicht einfach leben in der Wirklichkeit der Gottverbundenheit nach Jesu Vorbild, in seiner ganzen Fülle: Freude und Frieden, Ängste und Liebe, ohne ständig Lehren abzuleiten oder Regeln aufzustellen? Ich weiß es nicht. Nur das eine weiß ich, daß mein eigenes Leben voll ist. Es ist Zeit zum Sterben, denn ich habe alles gehabt, was ein junger Mann nur haben kann, wenigstens dieser junge Mann. Selbst, wenn dies das einzige Ergebnis wäre, das meine Ausbildung gebracht hat, ich wäre zufrieden. Meine Ausbildung ist gut gewesen und zur Ehre Gottes. Ich bin bereit, vor

Jesus hinzutreten. Meine Mißerfolge haben jetzt nichts mehr zu bedeuten, nur daß sie mich das Leben lehrten. Meine Erfolge sind bedeutungslos, nur daß sie mir zeigten, wie man die große Gabe Gottes recht gebraucht, das Leben. O Leben, ich liebe dich. Nicht weil du lang bist oder große Dinge für mich tatest, sondern einfach deshalb, weil ich dich von Gott habe.«

Aus einem Brief an mich vom 28. Dezember:

»Ich bin froh, daß Dein letzter Brief ein langer war und ich viel zum Nachdenken habe, während ich auf den nächsten warte. Als ich heute morgen aufwachte, war mein linkes Auge, das entzündet ist, völlig zugeschwollen. Ich kann nur schielen und sehe ziemlich komisch aus. Heute würde es Dir schwerfallen, mich zu lieben – wenn Du nach dem Aussehen gingest. Ich bin froh, daß wir unsere gegenseitige Beziehung nicht auf gutem Aussehen aufgebaut haben. *‚Trügerisch ist Anmut und nichtig die Schönheit.'* Ach, Betty, wir müssen Gott von Herzen preisen, daß Er uns gezeigt hat: Es kommt auf den Schmuck des Inneren an. Hier sind überall so viele bunte und geputzte Schmetterlinge. Sie ziehen die Blicke auf sich, aber sie berühren nicht das Herz, und es tut wohl zu wissen, daß Gott das Innere ansieht, ‚den verborgenen Menschen des Herzens'. Und es ist gut, sich mit Ihm an diesem Inwendigen eines anderen erfreuen zu können. Gewiß, auch hier gibt es einige, die diesen Geist der Demut und der Stille haben, aber bei niemand habe ich das Echo und die Anregung gefunden, die ich bei Dir finde – das Verständnis, das Du für mich hast und auch bekundest. Die anderen hören zu und stimmen bei: Du dagegen hörst, ‚kapierst' und steuerst irgend etwas Positives bei.«

1. Januar 1952.»Das war ein guter Tag heute, mit vielen Besuchen und Gesprächen, aber trotzdem voller Ruhe und Besinnung. Mir ist ein Zeichen gegeben worden, ein ziemlich überraschendes, ein Zeichen der Bestätigung für meine Fahrt nach Ekuador mit der Santa Juana. Ich hatte Gott gebeten, daß

Er meinen Reiseplan bestätige mit einem ‚Siegel', hatte aber keine Ahnung, welcher Art das Siegel sein würde. Gestern morgen waren mit der Post verschiedene Schecks gekommen, und am Nachmittag wollte ich sie einlösen und den Betrag ans Reisebüro schicken für meine Schiffskarte. Aber als ich dann zur Bank kam, nach einigen anderen dringenden Besorgungen, war sie schon geschlossen. Heute, als ich bei Tommy Dryden etwas einkaufte, gab er mir einen Scheck über fünfzig Dollar. Ich steckte ihn zunächst nur ein, erst zu Hause schrieb ich ihn auf, zusammen mit den Schecks von gestern. Und dann entdeckte ich, daß es insgesamt 315 Dollar sind, genau die Summe, die ich für die Überfahrt zu zahlen habe! Und alles innerhalb von vierundzwanzig Stunden, aus fünf verschiedenen Quellen. Das ist das erste dieser Wunder, auf die ich fest vertraue, auch für die weitere Zukunft. Halleluja! Lob und Preis dem König himmlischer Schatzkammern! Schecks bestätigen, daß ich unter Seiner Führung stand bei meiner Reise nach Milwaukee vorigen Herbst, nach Sparta dieses Frühjahr, nach Hause diesen Sommer und auch jetzt wieder, denn alle kamen sie von Menschen, mit denen ich nur dadurch in Berührung kam, daß ich an diesen Orten war. Gott, der allein weise ist, sei Ehre. Das gibt mir guten Mut für 1952.«

Jims Briefe aus den beiden letzten Wochen in Portland waren angefüllt von vielen Einzelheiten über Packen, Abschiednehmen und dergleichen.

10. Januar.»Letzter Tag in Portland . . . Heute nachmittag kommt Pete, und morgen fahren wir nach Williams. Das ist dann der erste Schritt von zu Hause weg. Es ist bitter, daß man Lebewohl sagen muß, aber wie Pete gestern schrieb, ‚die Hand ist an den Pflug gelegt'.«

15. Januar; Oakland, Kalifornien.»Am Dienstag haben wir den Rest gepackt und am Donnerstag das ganze Zeug zum Hafen transportiert. Mein Gepäck bestand am Schluß aus zwei Stahltonnen, zwei Schließkörben, zwei Kisten und einem

Schrankkoffer – sieben Stücke, zusammen 1400 Pfund. Pete hatte nur 900 Pfund, aber dafür hatte ich den größten Teil der schweren Sachen: Dias, Tonbandapparat, Wannen, Gewehre, Töpfe, Kessel und Geschirr.«

25. Januar; Sunland, Kalifornien.»Der Tumult dieser letzten Tage ist für das Briefschreiben ruinös, aber heute ist das Gröbste überstanden. Unsere Visa haben wir bekommen, alle Kisten bis auf eine sind bereits am Hafen, und wir warten jetzt auf unsere Schiffskarten.

Daß ich aus den Staaten fortgehe, regt mich bislang noch nicht allzusehr auf. Rührung empfinde ich sehr wenig, und die ganze Stufenleiter des Verabschiedens werde ich wohl ohne Herzbeben überleben. Nicht, daß es mich gleichgültig ließe, daß ich von allen Angehörigen Abschied nehmen muß, aber diese Trennung ist ein Glied in Gottes Plan, ein Teilstück, das man nicht wichtiger nehmen darf als irgendwelche anderen bisher . . . Für Dich wird die Trennung vielleicht schwerer sein als für mich. Ich finde aber nichts, was ich Dir als Trost und Hilfe hierbei sagen könnte. Nur das eine, daß der Wille Gottes, das Gute und Wohlgefällige und Vollkommene' ist. Und ich wünsche Dir, daß Du ihn wohlgefällig akzeptieren kannst.«

Als ich in einem Brief davon sprach, daß ich das Gefühl hätte, etwas verloren oder eingebüßt zu haben, weil ich in dieser Abschiedszeit nicht bei ihm sein könne, schrieb er mir folgendes zurück:

»Dein ‚Gefühl des Verlustes', weil Du an den Erlebnissen dieser letzten Monate nicht teilhaben konntest, ist für mich nichts Unbekanntes. Ich kenne es aus eigener Erfahrung und bringe es oft vor Ihn. Trösten können einen auch Gedanken wie: ‚Wenn Dein Haus nur voller wird, o Herr. . .' Aber dann, wenn ich die Dinge nüchtern ansehe und mir sage, daß dies Vollerwerden Seines Hauses gar nicht eingetreten ist, dann verstummen in mir alle Worte vor dieser niederschmetternden Erkenntnis. Denn wenn wir darauf verzichtet haben, einander anzugehören, um Seinetwillen, können wir dann nicht erwarten, wenn wir um uns schauen, daß wir irgendwelche Früchte sehen, Früchte dieses unseres Verzichts? Aber danach suche ich vergebens. Die Situation ist die: Ich bin ein Eheloser um des Reiches Gottes willen, auf daß es rascher komme, sich in meinem eigenen Leben überzeugender verwirkliche. Aber wo ist sie, die Beschleunigung Seines Kommens, die Verwirklichung? Ich bin bereit, daß ‚mein Haus auf Erden leerer werde', aber nur wenn ‚Sein Haus dafür voller' wird. Denn das, glaube ich, ist richtig, daß wir Gott beim Wort nehmen sollen. Natürlich ist es falsch, wenn ich nur nach sichtbaren Ergebnissen unserer Trennung suche. Einst in der Vollkommenheit – das ist meine freudige Zuversicht – werde ich Früchte sehen, die mir jetzt verborgen sind.

Und dann noch eine andere Überlegung, die mehr philosophischer Natur ist: Wirklich verloren habe ich ja nichts. Ich stelle mir wohl vor, wie schön es ist, dieses oder jenes mit einem anderen gemeinsam zu erleben und habe das Gefühl eines Verlustes, wenn ich es allein erleben muß. Aber laß uns nicht vergessen: Dieser Verlust ist nur ein vorgestellter, nicht ein wirklicher. Ich male mir Freuden und Höhepunkte aus in Gedanken an ein Tun miteinander, aber wenn mir diese Hoffnung nicht erfüllt wird, darf mir das nicht die Freude nehmen am Alleintun. Wirklich ist nur das, was ist – nicht aber das, was sein könnte, und deshalb darf ich Gott nicht Vorwürfe machen, als hätte Er mir etwas weggenommen: Denn dieses Etwas ist ja gar nicht existent. Und außerdem, die Dinge, die sind, gehören uns, und sie sind gut, von Gott gegeben und dadurch noch reicher. Die Freude an den Dingen, die wir haben, möge nicht in uns ertötet werden durch die Sehnsucht nach den Dingen, die wir nicht haben!«

EKUADOR 1952-1956

AUF SEE

»Wahrlich, ich sage euch: da ist niemand, der Haus oder Brüder oder Schwestern oder Mutter oder Vater oder Kinder oder Äcker verlassen hat um meinetwillen und um des Evangeliums willen, der nicht hundertfach empfängt, jetzt in dieser Zeit Häuser und Brüder und Schwestern und Mütter und Kinder und Äcker unter Verfolgungen und in dem kommenden Zeitalter ewiges Leben.«

»Durch den Hochnebel schimmern bleich die Sterne. Halbmond. Phosphoreszierend, als stehe es in Flammen, leuchtet das Kielwasser. Das Schiff rollt leicht auf der langen Dünung, und es weht ein beständiger Wind. Die Santa Juana ist auf See.« So begann Jims Tagebuch am 4. Februar 1952.»Gerade kommen wir von einem Gang auf dem Oberdeck zurück. Vorher Abendessen im Speiseraum der Offiziere – Kabeljau, Croquettes, frischer Gemüsesalat und guter schwarzer Kaffee. Hier in der Kabine herrscht Schweigen, Pete hat einen Brief angefangen. Vorhin an Deck, als ich sah, wie auf allen Seiten Meer und Himmel sich berührten, stieg wieder die ganze Erregung früher Knabenträume in mir hoch. Schon auf der Schule hatte ich mir gewünscht, zur See zu fahren, und ich weiß noch, wie ich aus dem dicken Merriam-Webster-Lexikon die Bezeichnungen der Segel auswendig lernte. Und nun bin ich also tatsächlich auf See – als Passagier zwar, aber immerhin auf See –, und das Ziel ist Ekuador. Seltsam. Oder ist es etwa so, daß sich meine Kindheitsträume jetzt erfüllen dadurch, daß ich Gottes Willen tue?

Heute früh um 2.06 Uhr verließen wir den Liegeplatz im Außenhafen von San Pedro in Kalifornien. Mutter und Vater standen auf dem Pier und sahen zu. Als das Schiff dahinglitt, fiel mir Psalm 60, 12 ein, und ich rief ihnen zu: ,*Mit Gott werden wir mächtige Taten tun!'* Sie mußten weinen. Ich begreife selber nicht, wie Gott mich gemacht hat – mir war nicht im entferntesten nach Weinen zumute, auch jetzt nicht. Freude, reine Freude und große Dankbarkeit erfüllen mich.«

In seinem ersten Brief an seine Eltern schrieb er ihnen:

»Von Herzen habe ich Gott gedankt, daß Er Euch die Kraft gab, mein Weggehen so tapfer zu ertragen. Was Ihr empfindet, wenn Ihr mich entschwinden seht, davon weiß ich natürlich nur sehr wenig. Aber das verstehe ich: Es muß etwas sein, was sehr tief geht und sehr intensiv ist und sehr eng verknüpft mit allem, was dieses Leben für Euch in sich schließt. Ich bete viel für Euch, Ihr seid für mich ein ständiger Quell des Dankes, und ich preise Gott für alles, was Ihr mir innerlich gegeben habt.

Um mich weint nicht. Wir haben hier alles in Hülle und Fülle. Dieser Trampdampfer ist der besteingerichtete, auf dem ich je gewesen bin. Wir essen wie die Scheunendrescher. Auf dem ganzen Schiff können wir uns frei bewegen, und das nutzen wir auch kräftig aus. Unserer Reisegefährten sind sieben: zwei Ehepaare, die den ganzen Tag Romane lesen und sich in der Sonne braten lassen, und drei Frauen. Von den letzteren sind zwei verheiratet und mittleren Alters, mit Jeans und kurzen Jacken, und die dritte ist eine mit wasserstoffgebleichtem Haar, die sich immer wünscht, wir würden Schiffbruch erleiden. Sie ist nicht mehr ganz jung, vielleicht 37, aber sie bemüht sich krampfhaft, dies zu verbergen.

Viel besser verstehen wir uns mit der Mannschaft, von ihnen sind viele in unserem Alter. Mit mehreren sind wir in nähere Berührung gekommen und haben uns mit ihnen unterhalten. Jeder weiß hier, daß wir Missionare sind, und daher kann man das Gespräch leicht auf Glaubensdinge bringen, obwohl wir in dieser Beziehung mit den bisher erreichten Kontakten noch nicht ganz zufrieden sind.

Was ich zur Zeit erfahre, ist vor allem die reine Freude des In-Einklang-Seins mit Gott und das Bewußtsein, daß Er uns bisher in allem gelenkt hat. Gott war mit uns bei dieser ganzen Reise, und wenn mein Leben jetzt zu Ende ginge, ich könnte sagen, so wie Simeon: *‚Nun, Herr, entläßt du deinen Knecht nach deinem Wort in Frieden.'* Nicht weil ich das Gefühl hätte, mein Werk sei getan, das keineswegs, aber ich bin zufrieden und glücklich, weil Gott mir Sein Wort so deutlich bestätigt: *‚Des Herrn Auge sieht auf die, welche ihn fürchten, und er lenkt ihnen allen das Herz'* – und ihre Schritte. *‚Sein Wort ist wahrhaftig; was er zusagt, das hält er gewiß.'* Diese Wahrhaftigkeit ist mir hier ständig vor Augen. Wie Jakob, als er sah, daß Joseph, der Totgeglaubte, noch lebte, kann ich sagen: ‚Nun kann ich sterben.'«

»Heute nacht«, schrieb er am 9. Februar an mich, »liegen wir im Golf von Tehuantepec, ziemlich nah am Land. Es weht ein enormer Wind. Noch nie bin ich so durchgeblasen worden. Soeben komme ich von der Kommandobrücke zurück, dort konnte ich etwas tun, was ich mir schon lange gewünscht hatte – mich auf den Wind legen. Man kann sich ganz schräg stellen und fällt doch nicht um, man fühlt, wie der Luftzug einem das ganze Gesicht aus der Fasson bringt, und wenn man den Mund richtig hinhält, hört man ihn pfeifen. Das Wasser ist sehr lebendig, übersät mit Schaumkronen, die im Mondlicht silbrig aufleuchten. Wir sind hier genau an der schmalsten Stelle Mexikos . . .

Dies ist die ideale Art zu reisen. Unterkunft und Verpflegung sind ausgezeichnet und die Schiffsoffiziere sehr freundlich. Die sachliche Atmosphäre, die der Frachttransport mit sich bringt, der ständige Anblick von Tauen, Ladebäumen und Seilwinden, die enge Berührung mit der Schiffsmannschaft – alles gibt einer solchen Reise einen besonderen Zauber. Heute war unser sechster Tag auf See, die Zeit ist überraschend schnell vergangen. Der größte Teil unserer Tage ist dem Spanischlesen gewidmet, außerdem unterhalten wir uns viel mit Angehörigen der Mannschaft – mit jedem, der sich mit uns Amis in ein Gespräch einlassen will.«

Sein nächster Brief an die Eltern kam aus Champerico in Guatemala und trug das Datum des 10. Februar:

»Heute liegen wir vor der Küste von Guatemala. In dieser ganzen Gegend gibt es keine Buchten oder Häfen, das Problem des Ausladens bekommt dadurch ein etwas anderes Gesicht als sonst. Als wir vor Anker gingen, sah man nichts als einen flachen Küstenstreifen, eine Kaimauer und ein paar rotgestrichene Gebäude. Dann kamen die Stauer in zwei großen, wannenartigen Lastkähnen, die rechts und links an den vorderen Laderaum gelegt wurden. Die Frachtgüter wurden in die Kähne geladen, zum Kai transportiert und dort ausgeladen. Ein recht langsames Verfahren, aber niemand scheint das geringste Verlangen zu haben, es zu beschleunigen. Der Kapitän spielt mit einigen Passagieren Karten.«

Im Tagebuch finden sich unter dem gleichen Datum folgende Sätze:

»Merkwürdig, die anderen Passagiere sitzen wartend und gelangweilt überall herum, und bei uns reicht die Zeit kaum aus für all die Dinge, die wir tun möchten. Dank sei Gott, daß Er dem Leben Sinn und Inhalt gibt. Wenn man den Willen Gottes tut, treten so viele Ziele ins Dasein, daß man zum Faulsein oder Zeitvertun gar keine Gelegenheit mehr hat.«

14. Februar.»Das Schiff rollt leicht bei starkem Wind. Wir befinden uns auf der Höhe von Nicaragua, aber die Küste ist nicht zu sehen. Dienstag nachmittag ankerten wir vor La Libertad, San Salvador, und gingen mit vier anderen Passagieren an Land, charterten einen Kombiwagen, der uns alle zur Hauptstadt hinauffuhr. In einem Restaurant, wo wir Tortillas aßen, wurden wir von einer hübschen kleinen Dirne angesprochen, die Emilia hieß. In unserem kümmerlichen Spanisch machten wir ihr mühsam klar, daß wir nichts von ihr begehrten, nur mit ihr in ihrer Sprache reden wollten, und eine Zeitlang ging sie willig mit und sprach mit uns. Sie führte uns zum Postamt an der Universität, wo wir ein paar Karten kauften. Dann wurde sie mit einemmal verlegen – ach, mein fürchterliches Spanisch – und verabschiedete sich. Mein ganzes Herz schlug ihr entgegen – so jung, so lieblich anzusehen, und doch schon so verfangen in ein Netz von Bösem. Wie lange, Herr, wird die Welt in ihrem Frevel fortfahren?

Eile, Herr, die Verheißung wahr zu machen, daß ,die Erde voll von Erkenntnis des Herrn' sein wird. Für mich ist in der Gestalt dieses Mädchens das ganze Unrecht der Menschheit wie in einem Miniaturbild zusammengefaßt. Ich hätte genauso wenig mit ihr schlafen können, wie ich mein Herz durch eigenen Befehl zum Stillstand bringen könnte. Aber ach, wie brennend gern hätte ich ihr von dem gesprochen, der ,Freund der Zöllner und Sünder' hieß, dem Erretter aller, auch der Dirnen. Gott helfe mir, daß ich die Sprache lerne, und sei es nur um solcher Fälle willen. Sie fand uns sicherlich sehr sonderbar; Männer, die in ihre bisherigen Erfahrungen so gar nicht paßten. Aber wird sie jemals wirklich wissen, weshalb wir ihren Vorschlag ablehnten, als sie mit uns zu ihrer Freundin gehen wollte?«

Nach der Ankunft in Guayaquil, wo die Schiffsreise endete, schrieb Jim in sein Tagebuch:

24. Februar 1952.»Wieder hat Gott uns Seine große Freundlichkeit gezeigt. Die Zollstation ließ unser ganzes Handgepäck, insgesamt zwölf Stück, ohne weiteres durchgehen. Es wurde nicht einmal aufgemacht . . . Für unser großes Gepäck von 23 000 Pfund brauchten wir nicht einen Pfennig Zoll zu zahlen.

,Herr, HERR, du hast begonnen, deinen Knecht deine Größe und deine starke Hand sehen zu lassen. Denn wo im Himmel und auf Erden ist ein Gott, der [so etwas] wie deine Werke und wie deine Machttaten tun könnte?'«

TRÄUME SIND SCHÄUME

»Gott, der Allmächtige, segne dich und mache dich fruchtbar . . ., damit du das Land deiner Fremdlingschaft in Besitz nehmest.«

»Gestern mittag um halb zwei Abflug von Guayaquil«, beginnt der erste Tagebucheintrag in Quito – am 27. Februar 1952.»Klare Sicht, als wir die Küstenebene überquerten, aber dann, bei der Annäherung ans Gebirge, stießen wir auf Wolken. Plötzlich glitten hohe Bergkämme unter uns vorüber, ziemlich nah. Die Wolken teilten sich, und wir sahen das weite Hochplateau, wie ein schöner, stiller Teppich ausgebreitet, mit terrassenförmigen Hängen und einzelnen verstreuten Häusern. Kurz darauf tauchte Quito auf, und um 14.45 Uhr setzte unsere DC-3 auf dem Rollfeld auf.«

Jim und Pete wohnten fürs erste bei Dr. Tidmarsh. Dort wollten sie bleiben, bis sie so weit waren, daß sie sich bei einer ekuadorischen Familie einmieten konnten. Sie machten sich sofort ans Spanischlernen. In einem Brief vom 29. Februar erzählte Jim den Eltern von seinen ersten Eindrükken:

»Durch diesen Übergang in ein fremdes Sprachgebiet wird man vor ein schwieriges Problem gestellt. Man sieht sofort, wie dringend notwendig es ist, daß man für Christus spricht, und zwar klar und deutlich spricht, so daß man gut verstanden wird, aber dann merkt man seine völlige Hilflosigkeit, weil man nicht ein einziges Wort ohne fremden Akzent sprechen kann, so daß man gleich im ersten Augenblick entlarvt ist. Die Reaktion ist die, daß man resigniert die Hände heben möchte und sich sagt: ‚Es ist nutzlos.' Aber die Notwendigkeit, für den Herrn zu sprechen, treibt uns, und wir wollen alles daran setzen, diese Sprache richtig zu lernen. Betet doch, daß wir dies erreichen. Gestern haben wir mit dem Stundennehmen angefangen. Ich habe vier in der Woche.

Quito ist eine schöne alte Stadt, malerisch zwischen zwei hohen Bergketten gelegen. Im Westen erhebt sich ein noch tätiger Vulkan, der Pichincha, mit einer dünnen Rauchfahne über sich und grünen, von Gießbächen zerfurchten Hängen, die fast bis oben kultiviert sind.

Recht interessant ist der Markt. Dort kauft alles ein, der aristokratische Südamerikaner im Pelzmantel neben dem Bettler in Lumpen. Es gibt eine reiche Auswahl an Gemüse und viele Sorten Obst, nur darf man leider nicht viel davon roh essen.«

Ein anderer Brief an seine Eltern ist vom 9. März:

»Ich habe Kontakt mit einem jungen Ekuadorer aufgenommen, der hier Englisch studiert. Wir sind jeden Tag etwa eine Stunde zusammen und tauschen englische und ekuadorische Ausdrücke aus. Ein netter Kerl, dreiundzwanzig, Abdon heißt er. Betet, daß ich ihm eine Hilfe sein kann zum Verstehen der Schrift. Es wird immer deutlicher, daß wir hier die Aufgabe haben, Eingeborene auszubilden. Wir selber werden nie in der Lage sein, so zu sprechen wie sie und ihren Landsleuten daher nie so nahe kommen können.

Immer mehr spüren wir, daß die Aucas und Cofans in den hinteren Ostgebieten uns aufs Herz gelegt sind, aber wir glauben, daß wir unsere ersten Erfahrungen bei den Urwald-Ketschuas machen sollen, vielleicht auch für ständig. Betet doch, daß wir herausfinden, welche Arbeit Er uns zugedacht hat, und daß wir sie tun, um Seinen Namen zu verherrlichen.«

Das Tagebuch fährt am 14. März fort:

»Santo Domingo de los Colorados. Erste Nacht unter einem Moskitonetz. Fuhr gestern mit Dee Short und seiner Familie hierher und übernachtete bei ihnen. Sie haben hier ein Haus gemietet. Heute morgen auf der Plaza den ersten Colorado gesehen. Von Quito aus fährt man auf einer holperigen Pflasterstraße bergauf, vor einem liegen die drei Gipfel des Pichincha – das oberste Drittel war von Wolken verhangen. Dann erblickt man plötzlich unter sich die tiefen Täler, eingehüllt in Nebeldunst. Allmählich sieht man, wie der Dunst sich teilt, und tiefes, dichtes Grün bricht hervor, hier und da ein weißer Tupfen: ein abgestorbener Baum, Schimmern eines Wasserfalles, ein dünner Rauch. Abwärts, immer weiter abwärts, in gewundene, enge Felstäler, an Wasserfällen und rauchenden Kohlenmeilern vorüber, immer weiter abwärts, bis man in den kalten Nebel eintaucht, der aber gar nicht kalt ist, sondern warm und dampfig. Jetzt verschwimmen die Berge in Wolken, und noch immer geht es abwärts. Der Höhenunterschied vom höchsten Punkt des Weges ab beträgt 3000 Meter. Mit unserem Lieferwagen brauchen wir sechs Stunden. Hier in Santa Domingo – einem aufblühenden Landwirtschaftszentrum mit Negern, Indianern und Mestizen – gibt es in einem Umkreis von hundert Kilometern keinen anderen Missionar.«

17. März.»Verlebe die Tage in der Familie Short, helfe bei diesem und jenem, versuche mir ein Bild zu machen von meiner zukünftigen Arbeit und halte das Spanischlernen immer im Auge. Meist dreht es sich um lauter Kleinigkeiten – abspülen, auf die Kinder aufpassen helfen, Mundharmonika spielen bei Ansprachen auf der Straße, den Lieferwagen fahren. Gestern hatten wir eine gute Versammlung in einem Raum an der Plaza; viele interessierte Männer.«

27. März.»Am Montag mit einem Obstauto nach Quito zurückgekommen. In den letzten Tagen Freude durch Gemeinschaft mit Christus, obwohl es mir vorkommt, daß mir jetzt, wo ich die Schrift nur auf Spanisch lese, manches von der Frische und Unmittelbarkeit, mit der sie früher zu mir redete, verloren geht. Aber es muß sein, und in absehbarer Zeit, hoffe ich, werde ich den Zuspruch des Geistes in einer noch viel schwierigeren Sprache aufnehmen können.«

6. April.»Das Brotbrechen gab mir viel innere Freude, allein schon als ein Tun zu Seinem Gedächtnis. Hier sieht man deutlich, wie notwendig es ist, nicht nur als Ehrung Gottes, sondern für die eigene Seele – damit das Verlangen nach Christus brennend bleibt, damit die Verbundenheit mit Ihm neue Wirklichkeit bekommt und alte, konventionelle Vorstellungen geläutert werden.

So Gott will, wird Betty in acht Tagen hier in Ekuador sein. Seltsam, daß wir nach so kurzer Zeit so nahe zusammengeführt werden, seltsam und wunderbar! Es wird allerlei Gerede geben, besonders in den Staaten, aber hier kommt mir das noch unwichtiger vor als sonstwo. Sollen sie nur reden – Gott wird uns weiterführen. Der Glaube gibt einem soviel Gelassenheit, soviel Vertrauen auf den Gang des Lebens, daß das Reden der Menschen wie Wind ist.«

Trotz seiner Gelöstheit hatte Jim allerlei innere Kämpfe auszufechten. Er freute sich, daß ich nach Quito kam – zum erstenmal seit den Collegetagen konnten wir wieder in unmittelbarer Nähe leben – aber meine Anwesenheit warf für ihn von neuem die Frage der Verlobung auf. Die Arbeit im Urwald hatte er noch nicht begonnen, er wußte noch nicht, welche Anforderungen sie stellen würde. Andererseits hatte uns Gott, seit wir das Problem zuletzt besprochen hatten, einen Schritt weiter geführt – wir waren jetzt in Ekuador, und dies war Seine Fügung. Wie damals ließ Jim sich weniger vom Impuls als von Prinzipien leiten. Er schrieb in sein Tagebuch:

»Herr, Du verstehst es. Es ist nicht leicht, aber wir haben es schon viele Male ausgetragen. Was ich Dir gesagt habe, halte ich. Solange ich meine Aufgabe, Primitive zu erreichen, als Lediger besser erfüllen kann, will ich ledig bleiben. Und das führt mich zu der anderen Frage, die ich so oft vor Dich gebracht habe: Die Aucas. O Herr, wer ist dieser Aufgabe gewachsen?«

2. Mai.»Ach, daß ich ein Herz wie David hätte. Trotz aller seiner großen Führerfähigkeiten führt er nie das Volk in eine

Schlacht, ohne vorher Gott um Rat zu fragen. ‚Soll ich hinaufziehen?' Dieser Mangel an Selbstvertrauen kennzeichnet ihn als einen Mann, den Gott gebrauchen konnte, um andere zu führen. Weil er die Entscheidung Gott überließ, wurde er in seinem Führertum bestätigt, indem der Feind in seine Hand gegeben wurde. Eine gute Lehre – die Geschichte zeigt uns den rechten Weg für unsere Überlegung, ob und wie wir zu den Aucas vordringen sollen.«

5. Mai.»Mich von neuem dargeboten für die Arbeit bei den Aucas, mit größerer Bestimmtheit als je zuvor; gebetet um Tapferkeit im Geist, gutes Spanisch, deutliche Führung.

Klarheit gewonnen in der Frage mit Betty. Ich hatte das Kapitel gelesen, das von Davids Sünde gegen den Hethiter Uria handelt. Das brachte mich darauf, über dessen Haltung nachzudenken. David ließ Uria – offensichtlich in der Meinung, er könne ihn dazu bringen, sich für den Vater von Bathsebas Kind zu halten – aus dem Krieg nach Hause kommen, machte ihn betrunken und versuchte alles, ihn zum Bett seiner Frau zu treiben. Uria aber bleibt bei den Knechten des Königs, und er sagt ihm auch, warum: *‚Die Lade und Israel und Juda wohnen in Zelten, und mein Herr [selbst], Joab, und die Knechte meines Herrn lagern auf freiem Feld, und da sollte ich in mein Haus hineingehen, um zu essen und zu trinken und bei meiner Frau zu liegen? So wahr du lebst und deine Seele lebt, wenn ich das tue!'* Es war nicht die Zeit, in sein Haus zurückzukehren – das Recht dazu hätte er gehabt, und er war sogar dazu ermuntert worden. Das Gebot der Stunde war der Krieg, und Uria war Krieger. Häusliches Wohlergehen und geistliche Aufgabe dürfen nicht vermengt werden. So kam es auf mich zu. Heiraten ist jetzt nicht meine Sache. Es ist einfach nicht die richtige Zeit dafür. Ich sage nicht und habe nie gesagt, daß sie für mich prinzipiell ausgeschlossen sei. Aber angesichts von unerreichten Stämmen, die nach meiner jetzigen Überzeugung nur durch Ungebundene erreichbar sind, muß ich sagen: ‚Wenn ich das tue.'«

7. Mai.»Der Mond, fast voll, fand Betty und mich auf den Feldern, nach einem heftigen Regenguß unter einer lockeren Gruppe Eukalyptusbäume. Am Himmel zogen noch Wolken, nur vereinzelt blitzten Sterne auf, aber der Horizont war so klar, daß man im Mondlicht bis zum Cotopaxi und den anderen fernen Gipfeln sah. Noch nie hatte ich eine solche Nacht hier in Ekuador erlebt. Es war eine jener‚erbetenen' Stunden des Zusammenseins, herbeigeführt durch das Wetter, das Gott offensichtlich zu unserem Wohlsein lenkte. Auch sonst schenkt Er uns in diesen Tagen soviel ‚Wohlsein'. Ich habe Betty und unsere ganze Beziehung ganz schlicht in Seine Hand gelegt, und doch ist mir nicht, als hätte ich etwas aufgegeben, etwas opfern müssen. Wir haben keine Pläne geschmiedet, uns nicht den Kopf zerbrochen über Einzelheiten. Meine Liebe zu ihr habe ich ihr erklärt, und auch Ihm habe ich sie bekannt, und so ehrlich ich konnte, habe ich Ihm gesagt, daß ich auch hierin das will, was Er will. Ein Zeichen, das auf Verlobung weist, ist bisher nicht gekommen; was vorherrscht, ist das glückliche Gefühl des ‚Freiens'. Ein Freien, das zwar nicht dem ‚Normalen', dem Üblichen entspricht, aber doch ein gutes, getragen von der tiefen Überzeugung, daß es von Gott gelenkt ist.«

9. Mai. »Mir ist jetzt klar: Meine Gründe dafür, daß ich mich nicht verlobe, kommen aus der verborgenen Tiefe, aus den Ratschlägen von Gottes Geist. Ich weiß es einfach, daß ich es jetzt nicht tun soll – und dieses Wissen ist ein inwendiges, ein gottgegebenes, und Ihm muß ich um jeden Preis gehorchen. Der Mensch wird von Gott geführt – warum er so geführt, das tut ihm Gott nicht kund. Der Gläubige aber ist an das, was er inwendig weiß, gebunden, wie ich, als ich hier nach Ekuador ging. Die Welt konnte die Gewißheit nicht erschüttern. *‚Der Gerechte aber wird aus Glauben leben.'* Und Glaube heißt in diesem Fall: daran glauben, daß ich den Heiligen Geist empfangen habe, und daß Er in meinem Innern am Werk ist. Dieser Glaube muß bei mir noch fester werden. Daß der Heilige Geist dem Gläubigen innewohnt, ist nicht

eine bloße Lehrmeinung. Er wohnt tatsächlich in ihm. Und Er ‚gibt Zeugnis unserem Geist' – Er ist es, der in uns das ‚inwendige Wissen' wirkt.«

Dr. Tidmarsh begann einen kurzen Naturheilkunde-Kursus für mehrere neue Missionare in der Gruppe. Auch Jim nahm daran teil. In einem Brief vom 15. Mai berichtete er den Eltern: »Diese Woche nehmen wir die Tropenkrankheiten durch. Heute war die Lepra dran. Der Kursus ist außerordentlich interessant, und ich muß gestehen, ich kann es kaum erwarten, mich selber medizinisch zu betätigen. Eine Gelegenheit dazu hatte ich gestern abend, wo ich Petes Nacken behandelt habe. Er hat öfters Schmerzen im Hinterkopf, und eine Nackenmassage tut ihm dann sehr gut.«

In dem gleichen Brief sprach er von dem, was noch immer ein Problem für ihn war:

»Eine Sprache lernt man nicht in ein paar Monaten. Ich werde noch eine ganze Weile unverdrossen daran arbeiten müssen. Manchmal kommt es mir so vor, wenn ich an die eigentliche Missionsarbeit denke, ich würde durch die ‚Vorbereitungen' nie hindurchkommen. Aber diese Woche bin ich getröstet und gestärkt worden durch den Gedanken an Jesus und an die dreißig Jahre der Stille, in denen Er sich vorbereitete, im Kreis der Familie und ganz Seiner Handwerksarbeit hingegeben. Waren in den Augen Gottes diese Jahre weniger wohlgefällig als Sein späteres Wirken in der Öffentlichkeit? Ich glaube nicht. Für den Vater im Himmel bedeutete ein gut gemachtes Stück Zimmermannsarbeit das gleiche wie ein geheilter Blinder – Ausführen des Auftrages. So ist es auch mit uns hier. Was wir tun, ist nichts Großes, aber was besagt das schon für Ihn, der mit einem anderen Maßstab mißt?«

Das Tagebuch fährt fort:

27. Mai. »Heute umgezogen zu Dr. Cevallo. Endlich in einer spanischen Umgebung – Gott sei gedankt! Beim Frühstück, Mittag- und Abendessen sitzen wir mit am Familientisch.

Herr, ich danke Dir, daß Du uns in dieses Haus geführt hast, ich will die Möglichkeiten nach besten Kräften ausschöpfen.«

Die Verhältnisse dort schildert ein Brief an seine Eltern:

»Während ich hier schreibe, sitzt Pete vorne in der Sala und liest Zeitung. Die Frau des Hauses ist in der Küche tätig, und die fünf Kinder sind mit ihren Spielen beschäftigt. Dr. Cevallo, ein gewissenhafter, aber sehr konventioneller Arzt, ist auf Krankenbesuch gegangen. Durch gewöhnliche Arztpraxis kann er nicht genug verdienen, um seine Familie zu erhalten. Sein Arbeitstag verläuft ungefähr so: Morgens gibt er in einer der großen Oberschulen ein oder zwei Stunden Biologieunterricht, dann geht er in seinen Praxisraum und wartet auf Patienten. Um zwölf kommt er nach Hause zu Mittagessen und Siesta. Dann arbeitet er bis halb sieben oder später im Städtischen Krankenhaus. Nachts muß er ständig bereit sein für Krankenbesuche, er kann sie aus finanziellen Gründen nicht ablehnen. Zur Erhöhung seiner Einkünfte hat er jetzt das größte Schlafzimmer seines Hauses an uns zwei Amis vermietet; die ganze übrige Familie schläft in zwei Zimmern. Er hat es nicht leicht, aber trotzdem ist er glücklicher als die meisten der viel reicheren, weniger überlasteten, erfolgreichen Geschäftsleute, die ich in den Staaten traf. Das Modernste im Haus ist das Telefon. Ein Radio hat er auch, aber keinen Wagen. Seine Frau kocht auf Petroleum, ohne Starmixer, Kühlschrank oder irgendeine Art von Backrohr. Und sie sind überaus glücklich. In der ganzen Zeit, seit wir hier sind, habe ich kein einziges böses Wort gehört, weder bei den Eltern noch bei den Kindern. ‚Das Leben eines Menschen besteht nicht aus der Menge der Dinge, die er besitzt.'«

Im Juni folgte Jim einer Einladung zu einem raschen Abstecher nach Shell Mera. Von dort aus sollten Erkundungsflüge über das östliche Urwaldgebiet unternommen werden, um nach Behausungen von Aucas zu suchen.

»Missionsarbeit mit dem Flugzeug ist anders, als man sich gewöhnlich vorstellt«, schrieb er seiner Schwester Jane, die damals im College in Wheaton war. »Wir sind hier in der Zentralstelle der Flugzeug-Missionsbruderschaft und machen Erkundungsflüge. Wir wollten uns orientieren über die Ketschua-Bevölkerung im Südosten und außerdem feststellen, ob irgendwelche freundlichen Beziehungen bestehen zwischen ihnen und den Aucas, dem einzigen noch wirklich wilden Volksstamm hier. Das ist nicht der Fall, im Gegenteil, gerade sind fünf Ketschuas getötet worden. Wir suchen auch nach Siedlungen von Aucas, haben aber nichts gefunden. Anscheinend halten sie sich verborgen oder sind weiter nach Osten gezogen. Immer mehr wird mir dieses Volk vor die Seele gestellt als eventuelles Arbeitsfeld meines Lebens. Sie sind völlig unberührt und lassen niemand an sich heran. Wenn wir einen Zugangsweg zu ihnen finden sollen, muß ein Wunder geschehen, und um ein solches Wunder beten wir. Der ganze Stamm besteht vielleicht nur aus ein paar hundert Menschen, aber sie sind doch ein Teil der Schöpfung, und der Befehl heißt: ‚Lehret alle Völker.'«

Als Jim nach Quito zurückgekehrt war, schrieb er an Eleanor Vandervort nach Afrika:

»Seit Du zuletzt von uns gehört hast, hat Gott uns viel Glück geschenkt, Betty und mir. Sie wohnt in einem Haus direkt gegenüber. Bei einer ekuadorischen Familie zu wohnen, ist das einzig Richtige, wenn man Spanisch lernen will, und wir genießen es enorm. Ach, Van, soviel hätte ich gar nicht erbitten können, wie Gott mir aus freier Gnade geschenkt hat. Ich stehe immer wieder staunend da. Wir hatten nicht darum gebeten, in das gleiche Land gesandt zu werden, geschweige denn an den gleichen Ort und in so unmittelbare Nähe zueinander. Daß wir überhaupt irgendwann vereint würden, selbst davon hatten wir kaum zu träumen gewagt. Aber Träume sind Schäume, sie sind ärmlicher Flitter im Vergleich zu Gottes Fügungen, und sie verdienen nicht den Hauch des

Wunderbaren, mit dem wir sie zumeist umgeben. Wunderbar ist nur, was Gott tut. Er allein tut Wunder, Seine Hand vermag gar nicht, etwas Geringeres zu tun. Lob und Preis sei dem Herrn, der Seine Heiligen so wunderbar führt.

Große Freude finden wir darin, daß wir hierher gekommen sind als Gottes freies Volk – niemand verantwortlich als Ihm, von niemand unterstützt und gehalten als von Ihm und Seiner Verheißung. Es ist eine ganz freie Art von Arbeit – keine Organisation steht hinter einem, man hat nicht mal einen Briefkopf, der einem das Gefühl gibt, daß man zu etwas ‚gehört'. Aber es beglückt einen, daß man aufsehen darf zu Gott, der das, was Er verspricht, auch hält, und der Genüge gibt in allem.«

Die Zeit in Quito mit dem gemeinsamen Sprachstudium erschien Jim wie ein goldenes Zeitalter. Am 11. Juli schrieb er in sein Tagebuch:

»Manchmal frage ich mich, ob es recht ist, so glücklich zu sein. Sorglos reiht sich ein Tag an den anderen in einer ständigen Folge von Wundern und Freuden – lauter schlichte, gute Dinge, wie liebevoll zubereitetes Essen, Spielen mit den Kindern, ein Gespräch mit Pete oder Eintreffen von Geld für Wohnen oder Essen, gerade wenn es fällig ist. Im Bereich des äußeren Lebens Gnade um Gnade. Dagegen ist der Zufluß neuer Wahrheit zur Stärkung des inneren Lebens spärlich, und zwar deshalb, weil ich zur Zeit nur selten die Bibel auf Englisch lese. Nächsten Sonntag soll ich wieder in einem englischen Gottesdienst sprechen, und wenn ich soliden Stoff zum Predigen finden will, muß ich auf alte Wahrheiten zurückgreifen, solche aus der stellungslosen Zeit in Portland 1949. Neulich beim Durchlesen der Tagebuchnotizen fiel mir der große Unterschied auf zwischen der Bedrücktheit damals und der Freiheit und Freudigkeit heute. Für das Erlangen neuer Erkenntnis aus dem Wort war die damalige Zeit sicher produktiver; die jetzige ist gelockerter und weniger fruchtbar, aber das hat seinen Grund – ich muß richtig Spanisch lernen.

Natürlich möchte ich, daß Gott zu mir spricht wie damals, aber jetzt auf Spanisch, und daran bin ich noch nicht gewöhnt, vielleicht auch noch nicht weit genug. Und so lerne ich jetzt weiter und verlebe diese Zeit in schlichter Dankbarkeit und frohen Herzens, obwohl ich beim Bibelstudium nicht in die eigentliche Tiefe dringe. Deshalb fehlt es auch meiner Anbetung jetzt an Tiefe. Aber nach den Tiefen Gottes zu streben, habe ich nicht aufgehört, und ich vertraue darauf, daß Er mich zurückführen wird zu jenen Zeiten des Ringens und der Entdeckungen im Wort.

Wie deutlich sehe ich jetzt, daß Er in mir selbst etwas tun will! So viele Missionare sind in erster Linie darauf aus, etwas zu vollbringen, und sie vergessen, daß Gottes vornehmliches Wirken darin besteht, aus ihnen selbst etwas zu machen, nicht nur durch ihre ungeschickten Hände Taten zu vollführen. Lehre mich, Herr Jesus, einfach zu leben und unschuldig zu lieben wie ein Kind, und laß mich erkennen, daß Du unveränderlich bist in Deiner Haltung, Deinem Tun an mir. Gib, daß ich nicht nach dem Besonderen, Außerordentlichen strebe, wenn das Gewöhnliche, Normale ausreicht, meine Seele zu ernähren und zu befriedigen. Wenn ich es brauche, bring Kampf und Mühsal über mich; nimm Leichtigkeit und Ruhe weg nach Deinem Wohlgefallen.«

26. Juli. »Ach, daß ich einen Glauben hätte, der singt! Ich habe an Josaphat gedacht, in 2. Chronik 20. Bedroht von einem Heerhaufen, der seine eigenen Streitkräfte bei weitem übertraf, wandte er sein Gesicht zu Gott. Er ließ im ganzen Land ein Fasten ausrufen, dann trat er vor das Volk und erinnerte Gott an Seinen Bund mit Abraham und Salomo. Indem er die gefährliche Lage schilderte, legte er die Verantwortung für das Kommende auf Gott: *‚Unser Gott, willst du sie nicht richten? Denn in uns ist keine Kraft vor dieser großen Menge, die gegen uns kommt. Wir erkennen nicht, was wir tun sollen, sondern auf dich sind unsere Augen gerichtet.'* Dann, nachdem durch einen Propheten Antwort ergangen

ist, wirft Josaphat sich nieder, demütig und vertrauend, und ermahnt feierlich sein Volk: ‚*Glaubt an den HERRN, euren Gott!*' Und dann brach es hervor – sie sangen! Sie sangen, und dabei standen sie vor einer Aufgabe, die unlösbar scheinen mußte! Herr, mein Gott, gib mir einen Glauben, der soviel von meinem Zagen aus mir austreibt, daß ich singen kann! Über die Aucas, Vater, möchte ich singen.«

Jims Gebet um Beistand bei seinem Spanischlernen wurde spürbar erfüllt. Viele Ekuadorer äußerten sich lobend über seine gute Aussprache, und wenn er ihnen sagte, daß er erst seit knapp fünf Monaten in Ekuador sei, sahen sie ihn ungläubig an. Am 27. Juli schrieb er an die Eltern:

»Vorigen Sonntag morgen und auch heute fuhren wir mit Dr. Tidmarsh nach Sangolqui. Meine erste Gelegenheit zum Spanischpredigen. Viel Freude, aber noch nicht richtig fließend. Es waren etwa vierzig Zuhörer da, nachher stellten einige besonders Interessierte Fragen. Noch nie im Leben bin ich mir so apostolisch vorgekommen wie heute morgen, als ich richtig ‚auf dem Markt mit ihnen redete'. Man fühlt sich sehr allein, aber trotzdem war es ein freudiges und für mich ganz neuartiges Erlebnis, daß Menschen, die das Evangelium nicht gelesen haben, herkommen und vernünftige Fragen stellen – über Glaube und Werke, über unseren Glauben an Maria und dergleichen.«

Als Jim sich nach fünf Monaten, die zu den glücklichsten seines Lebens gehörten, entschloß, Quito zu verlassen, zog er von neuem in Erwägung, ob wir uns nicht verloben sollten – er dachte, das Auseinandergehen würde leichter für uns sein, wenn uns Gott Sein Wort der Zustimmung für später gäbe. Aber wieder war die Antwort klar und eindeutig. Das zeigen die Sätze, die er am 12. August in sein Tagebuch schrieb, zwei Tage, bevor er mir Lebewohl sagte:

»‚ . . . daß ihr den Willen Gottes tut von Herzen.' Ach, daß ich ihn doch aus vollem, ungeteiltem Herzen tun könnte! Daß es uns nicht bestimmt ist, uns jetzt zu verloben, dessen bin ich sicher; und ich akzeptiere dies als Gottes Willen, aber ich muß gestehen, nicht mit frohem Herzen. Es ist nicht so, daß meine Ziele (1. sie, 2. die Arbeit, vielleicht bei den Aucas) einander widersprächen. Sie sind kein Widerspruch, aber trotzdem fügen sie sich nicht zusammen. Sie sind zur gleichen Zeit gekommen, und wie bei Zahnrädern, die nicht richtig ineinandergreifen, entsteht ein manchmal fürchterliches Knirschen. Noch habe ich den Urwald im Osten nicht gesehen, noch kann ich nicht beurteilen, ob ich dort als gänzlich Ungebundener leben soll. Aber inzwischen zieht es mich ständig zu ihr hin, ich möchte Tag und Nacht mit ihr zusammen sein, Verlangen des Leibes und Einsamkeit der Seele – so daß das Bücherstudium oft zur Farce wird und das Leben ohne sie mir manchmal sinnlos scheint.«

VERWIRKLICHUNG DES GROSSEN WILLENS

»Uns aber führte er von dort heraus, um uns herzubringen, uns das Land zu geben . . . So erkenne denn, daß der HERR, dein Gott, der Gott ist, der treue Gott, der den Bund . . . bewahrt.«

Am 17. August 1952 schrieb mir Jim aus Shell Mera, wo auf dem Gelände des Bibelinstituts eine Lagerfreizeit für Jungen stattfand:

»In der Dunkelheit Freitag früh überquerte ich die Straße und schlich vor Deinem Haus auf und ab, während Pete die letzten Sachen aus unserem Zimmer holte. Deine Fenster waren dunkel, aber beinahe hätte ich Dich gerufen, denn ich dachte, vielleicht bist Du schon wach. Ich blieb stumm – ich wußte, daß ich von Dir weggehen mußte und daß die glücklichsten Wochen meines Lebens nun vorüber waren. An der Kirche mußten wir zwanzig Minuten warten, dann kam unser Omnibus, angefüllt mit achtzehn sehr lebhaften Knaben, und wir drängten uns mit einiger Mühe dazwischen. Ich bekam die Hälfte des Platzes, auf dem ein Junge saß, Segundo, der den anderen etwas fernstand und dankenswerterweise nicht allzu gesprächig war. Als wir am Bahnhof vorbeifuhren, überkam mich eine große Weinerlichkeit, aber ich unterdrückte sie – ich weiß selber nicht, womit. Das erste Licht des Tages – es übergoß den Cotopaxi mit einem zarten rosa Schimmer, davor stand als schwarze Silhouette der Antisana, und im Norden zerfloß der Cayamba vor dem kalten Grau der Wolken – das Licht ließ meine Traurigkeit allmählich schwinden, es rief Dankbarkeit für die Wunder Seiner Schöpfung wach und erinnerte mich daran:

‚Ein Vater läßt die Seinen
doch nicht vergeblich weinen.'«

Acht Tage später berichtete Jim den Eltern von den Ergebnissen der Freizeit:

»Im ganzen, glaube ich, war es eine ersprießliche Woche. Bei unserem Spanischsprechen haben wir gespürt, daß Gott uns beistand. Auch auf die Bibelarbeiten hat er Seinen Segen gelegt. Am Mittwoch schenkte Er uns einen beglückenden Zwischenfall. Die Bibelarbeit war gerade zu Ende, ich hatte den Jungen die Ausdrücke nach der Schrift erklärt und sie die Bezugsstellen nachschlagen lassen. Kurz darauf verschwanden vier der kleinen Burschen weinend in ihrem Zimmer. Wir beteten und sprachen mit ihnen, ein heftiges Schluchzen brach aus und schüttelte die kleinen Körper, und alle vier bekannten sich zum Glauben an Jesus und bezeugten Reue über ihre Sünden. Ein sehr schlichtes, aber sehr bewegendes Geschehnis, und die ganze Disziplinfrage hat dadurch ein anderes Gesicht bekommen.

Wir standen um sechs Uhr auf und frühstückten – meistens Kakao und zwei Brötchen. Nach einer kurzen Pause begannen wir mit Chorliedern und Auswendiglernen von Schriftstellen, dann drei Viertelstunden Bibelarbeit – Aufsuchen von Schriftstellen, um herauszufinden, was die Bibel selbst sagt, über uns, über Jesus Christus und so weiter. Als zweites Frühstück eine Banane oder Zuckerrohr oder kleine Maiskuchen. Dann wurden draußen Spiele gemacht, wenn es nicht zu naß war, entweder Fußball, wie sie ihn hier kennen, oder wir brachten ihnen amerikanische Spiele bei. Nach dem Essen Mittagsruhe und dann wieder Spiele oder Schwimmen in einem sehr schönen Fluß, den man in zehn Minuten mit unserem Omnibus erreicht.«

»Aber die eine Woche war zu kurz, um Söhne zu erziehen«, heißt es in Jims Tagebuch. »Man muß ständig mit ihnen zusammen leben. In diesen Tagen wünsche ich mir, ich hätte selber Söhne, ich möchte sie aufziehen, sie nähren, sie emporheben. Aber eigene Söhne sind für mich, wie es scheint, fürs erste nicht in Aussicht. Heute morgen allerdings, als ich Hiob 12, 10 las: *‚In seiner Hand ist die Seele alles Lebendigen . . .'*, kam mir wieder zu Bewußtsein, daß alles, was ich bin und habe, dem Allmächtigen gehört. In einem einzigen Augenblick könnte Er den ganzen Lauf meines Lebens ändern – durch Unfall, durch ein tragisches Ereignis, durch irgendein unerwartetes Geschehnis. Hiob ist ein Vorbild dafür, was Annehmen heißt, nicht blinde Resignation, sondern gläubiges Annehmen, daß das, was Gott tut, wohlgetan ist. Und so, Vater, möchte ich Dir mein Leben an diesem Morgen von neuem in freudiger Hingabe übergeben – nicht zu irgend etwas Ungewöhnlichem, sondern um Dir zu sagen, daß ich es als Dein Eigentum betrachte. Tu mit ihm, was Dir gefällt, nur schenke mir die große Gnade, daß ich alles, was auch immer kommen mag, zur Ehre Jesu Christi tue, ‚in Gesundheit wie in Krankheit'.«

Am 3. September fährt das Tagebuch fort:

»Shandia. Heute nachmittag um drei flogen wir bei leicht bewölktem Himmel von Shell Mera ab. Landeten um halb vier in Pano und machten den Fußmarsch bis hier in knapp zweieinhalb Stunden. So ist denn der Ort, den der Große Wille mir damals während des Sprachenkurses als Ziel wies, endlich erreicht, und mein Herz ist von Freude voll bis zum Rand. Ach, wie blind wäre es gewesen, die Führung, die Gott damals meinen Plänen gab, zurückzuweisen! Wie sehr hat sich mein Lebenslauf durch sie verändert, welche Unzahl von Freuden ist hinzugekommen. Wenn ich aufblicke zu den gezackten Bergketten am Horizont, überwältigt mich die Großartigkeit dieser Urwaldlandschaft – Baumriesen mit tief ausgehöhlter Rinde und gewaltigen Luftwurzeln, die sich in den Boden schlängeln, tief herabhängende Lianen, kleine Flüsse mit warmem, kristallklarem Wasser – herrlich, einfach herrlich!«

»Shandia ist wundervoll«, heißt es in einem Brief an die Eltern vom 7. September. »Unser Haus liegt ganz nah am Rand eines hohen Kliffs, dem Steilufer eines breiten, grünen Flusses, den die Indianer Atun Yaku nennen, das heißt, ‚Großes Wasser'. Hier mündet der kleine, warme Shandia-Fluß in den größeren, viel kälteren Napo, der von den Schneegipfeln des Autisana und Cotopaxi kommt. Nachmittags gehen wir immer baden. Man steigt auf fünfundvierzig Stufen, die in den Lehm des Steilufers gehauen sind, zum Wasser hinab. Schwimmen kann man nicht, der Shandia ist zu seicht, und der Atun Yaku hat zu starke Strömung. Vormittags setzen wir fünfunddreißig bis vierzig Männer ein zum Abholzen eines Urwaldstückes für unseren Landestreifen, und während sie arbeiten, studieren wir hier im Hause ihre Sprache.

Wir haben Bretterfußboden und Wände aus zweifachem Bambus, auch die Decke ist aus Bambus, darüber liegt Ölpapier als Schutz gegen den enormen Dreck der Fledermäuse. Das Dach besteht aus Palmblättern. Von den breiten, mit Fliegendraht versehenen Fenstern hat man einen schönen Blick, vom Schlafzimmer sehen wir auf den Fluß, die Landebahn und den Fußballplatz, von unserem Eßplatz auf den Garten und den unberührten Urwald. Als Tür zwischen Schlaf- und Eßraum dient ein Vorhang aus Mönchskuttenstoff. Wir haben zwei kleine Teppiche, durch sie und die beiden Aluminiumstühle sieht der Raum sehr zivilisiert aus.«

In einem späteren Brief schilderte Jim den Eltern die vielfältigen Pflichten, die ihn und Pete den ganzen Tag in Atem hielten:

»Letzten Sonntag war es ein Junge mit gebrochenem Handgelenk, das geschient werden mußte. Mittwoch ein Mann mit einer Schnittwunde. Donnerstag und Freitag eine Frau mit einer schweren Geburt, bei der Dr. Tidmarsh schließlich einen Eingriff machen mußte, unter Assistenz von Pete. Samstag ein Mann mit hochgradigem Fieber, der kilometerweit gegangen war, um hierher zu kommen; wegen seines Zustandes konnte man ihm keine Injektion machen, wir boten ihm an, er könne bei uns bleiben, bis das Fieber nachließ, aber dann war er plötzlich verschwunden. Kurz danach eine Mutter mit Säugling, die Chininspritzen bekam. Auf diese Weise gibt es ständig Unterbrechungen, und es ist fast unmöglich, sich längere Zeit an einem Stück mit dem Lernen der Sprache zu befassen. Ferner müssen wir dafür sorgen, daß die Männer an den Vormittagen an der Arbeit bleiben, daß der Lehrer (der sich als ziemlich faul erwiesen hat) Bretter für Wandtafeln und Büchergestelle hobelt, daß Eier und Pisangfrüchte gekauft und Salz und Streichhölzer verkauft werden – tausend kleine Dinge, die einen bei der Arbeit unterbrechen, ganz zu schweigen von den niederträchtigen kleinen Stechfliegen, die uns seit Beginn der Hitze ständig zusetzen. Der Landestreifen soll sobald wie möglich fertig werden, und dann wird ein großer Teil der mühsamen Kleinigkeiten wegfallen, und auch die Ausgaben werden sinken. In meinem früheren Leben habe ich nie einen Arbeiter angestellt, und jetzt muß ich vierzig Mann dirigieren.

Natürlich, ich bin nicht allein. Wenn ich Pete nicht hätte, der alle Mühen mit mir teilt, ich wäre sicherlich schon wahnsinnig.

Wieder eine kleine Unterbrechung. Das Flugzeug hatte in Pano Gemüse für uns aufgeladen, das eben gebracht wurde, und ich mußte rasch hinausgehen und Sellerie, frische Zwiebeln, Gurken und Tomaten in Empfang nehmen und in Kaliumpermanganat waschen, damit wir sie mittags roh als Salat essen können. Unsere Gemüse sind hier völlig unbekannt und die Leute wußten nicht, was sie damit machen sollten. Gewöhnlich wanderte alles in die Suppe, wir essen sie zu jeder Mahlzeit, zwei ganze Schüsseln, und zwar mit gedämpften Maniokstäbchen. Brot gibt es hier in keiner Form, deshalb sind Maniok und Pisangfrüchte unsere hauptsächliche Stärkenahrung. Eben habe ich eine Portion Waldkartoffeln gekauft, lange, wurzelartige Dinger, die im Dunkel des Urwalds wachsen; sie gehören zu einer Schlingpflanze, deren lange Ranken an den Bäumen zum Sonnenlicht emporwachsen. Zum Essen benutzen wir das Plastikgeschirr; es verkratzt leider doch, obwohl in der Reklame ja das Gegenteil behauptet wurde.«

Trotz der vielen Ablenkungen, die das Studium der Sprache so erschwerten, nahm Jim sie doch allmählich in sich auf, hauptsächlich dadurch, daß er sie mit den Indianern praktisch »lebte« – wenn er das Buschmesser schwang, sie in ihren Häusern besuchte (mit stets bereitem Bleistift), wenn er sich auf engen, zugewachsenen Pfaden durch den Urwald kämpfte, immer war er in Berührung mit diesen lachenden, schwarzäugigen Brüdern.

Die Ketschuas gewannen rasch sein Herz – eigentlich hatten sie das schon viel früher getan, lange bevor er sie gesehen hatte. Aber jetzt, wo er mit ihnen lebte, erwachte eine größere Liebe, genauso wie Jesus, »da er das Volk sah«, von Mitgefühl ergriffen wurde. Die Ketschuas sind klein und untersetzt, haben eine schöne bronzebraune Haut, dickes schwarzes Haar und starke Backenknochen. Sie wohnen in Häusern, die mit Palmblättern gedeckt sind und nur einen Raum haben; die Wände, wenn überhaupt vorhanden, bestehen aus Bambus oder gespaltenen Palmenstämmen. Dörfer gibt es gar nicht, die Häuser liegen ganz verstreut an Flußufern, eins hier, eins da, deshalb schwer erreichbar. Die Verbindungspfade wechseln von oft knietiefen Schlammseen zu kittartigem Modder, der nur bis zum oberen Schuhrand reicht. Nach dem ersten halben Jahr im Urwald waren die sechs Paar Tennisschuhe, die Jim aus den Staaten mitgebracht hatte, völlig durchgefault.

Aber auch der Matsch konnte seine Stimmung nicht herabziehen; man sieht es an Notizen seines Tagebuchs:

21. September. »Wenn ich Luis als Dolmetscher benutze, wird das Sprechen mit den Ketschuas zu einfach, und ich empfinde es dann nicht mehr als so dringend nötig, die Sprache zu können. Aber dabei weiß ich, daß ich sie lernen muß,

und zwar gründlich und schnell. Durch Deine Gnade, Herr, wird es mir gelingen.«

24. September. „Erfüllte, glückliche, fruchtbare Tage. Wie danke ich Gott, daß er mir Pete gegeben hat. Starke Verbundenheit und Übereinstimmung in unseren Auffassungen. Nicht umsonst sind wir ‚zu zwei und zwei' hinausgesandt worden.«

In einem Brief berichtete er mir über seine Versuche und Erfahrungen im Garten:

»Kurz bevor wir in Shell Mera aufstiegen, sagte der Pilot, die Ladung müsse um zwanzig Pfund verringert werden, deshalb sind die Blumenknollen und die Rosensträucher leider dort geblieben. In unserem Garten hier, der zuerst so vielversprechend aussah, sind bei den Sämlingen fast alle Wurzeln abgefressen worden. Als einziges blieben ein paar Gurkenpflänzchen übrig. In Zukunft müssen wir es anders machen und die Pflanzen irgendwie in Kästen vorziehen, damit sie feste Wurzeln haben, bevor wir sie dem Ansturm der Insekten aussetzen. Das einzige, was gut gedeiht, sind die Pflanzen, die ich aus dem Urwald mitbringe und an dem sandigen Stufenpfad gepflanzt habe, der zum Fluß führt – wunderbar gezeichnete Blätter, einige Orchideen, ein wildes Löwenmaul und eine samtige Glockenblume. Die kleinen Gewächse geben dem gewaltsamen Urwald irgendwie etwas Graziöses, viele haben einen herrlichen Duft.«

30. September. »Ein wichtiger Tag für die Arbeit hier. Der erste Flug nach Shandia, den ganzen Morgen Funkverbindung mit dem Piloten. Mindestens hundertfünfzig Indianer sammelten sich an, um das große Ereignis mitzuerleben – die Jungen liefen aufgeregt herum, die Frauen kreischten vor Begeisterung, die Männer drängten sich nach der Landung um das Flugzeug, um sich hineinzusetzen. Wir dankten Gott, daß wir den Landestreifen in so kurzer Zeit fertigstellen konnten. Er gab uns Geld, hielt die Männer in guter Stimmung und erfüllte uns mit Freude bei der Arbeit. ‚*Denn dieser Gott*

ist unser Gott immer und ewiglich! Er wird uns leiten bis an den Tod.'«

Ein Brief, den ich von ihm erhielt, erzählte weiteres von den Schönheiten von Jims neuer Heimat:

»Der Gesang der Urwaldvögel ist bezaubernd – langgezogene Pfeiftöne, leise und fast schelmisch, sanftes Flöten und Gezwitscher, dann gedämpfter und manchmal übertönt von den scharrenden Geräuschen der Grillen und anderer Insekten. Oft denke ich, es wäre schön, all die nächtlichen Geräusche auf ein Tonband aufzunehmen, vom Piepsen der Fledermäuse im Dachstroh bis zum ständigen Rauschen der Stromschnellen. Eigentlich ist es ein Donnern wie bei Meeresbrandung – jedoch nicht rhythmisch, sondern gleichbleibend und ohne Ende. Meistens allerdings dringt es einem nicht mehr ins Bewußtsein, nur beim Hinsehen oder in der Dunkelheit, wenn man liegt und lauscht. Diese Nacht übrigens stieg der Fluß fast einen Meter; die Kanus, die wir gestern abend auf den Strand gezogen hatten, schaukelten heute morgen in der vollen Strömung, und der trockene Arm mit den weißen Steinen, zwischen der Insel und dem anderen Ufer, hatte sich in einen trüben, schiefergrauen Strom verwandelt.

Manche der Bäume sind wahre Wunder an Größe und Majestät. Einer, den wir vom Haus sehen können, jenseits des Landestreifens, hat Wurzeln, die wie Wälle abwärts laufen und den Stamm wie Strebepfeiler stützen.«

Am 18. Oktober schrieb er an die Eltern:

»Heute morgen habe ich meinen ersten Sarg gemacht, aus Brettern von den Kisten, in denen die Radiogeräte neulich angekommen waren. Gerade als das erste Tageslicht hereinbrach, kam die Nachricht, daß die Frau unseres Kochs in der Nacht eine Fehlgeburt gehabt hatte. Dr. Tidmarsh war dabei gewesen, aber die Familie wollte seine Hilfe nicht. Sein Rat, den schon hervorgekommenen Rumpf in warme Tücher einzuwickeln, wurde nicht befolgt. Dr. Tidmarsh fürchtete, wenn der Leib der Kälte ausgesetzt sei, werde sie die Atmung in

Gang bringen, während der Kopf des Neugeborenen noch im Mutterleib steckte und keine Luft bekommen konnte. Aber der Indianer, der als Geburtshelfer fungierte, sagte schlichtweg: Nein; er nahm die Mutter an den Achselhöhlen, hängte sie mit einem Seil an der Wand auf und schüttelte sie so lange, bis das Kind herauskam. Im ganzen dauerte es zwanzig Minuten, bis nach den Füßen auch der Kopf zutage kam, und natürlich war das Kind inzwischen erstickt. Aber die Sache muß nun einmal so gemacht werden; von jeher haben sie es so gemacht, und dabei müsse es auch bleiben, erklären die Medizinmänner – die ‚Wissenden', wie sie hier genannt werden. Gegen sie war Dr. Tidmarsh machtlos. Die Mutter wischte selber auf, und heute früh, als ich auf der Veranda Sachen wusch, sah ich, wie sie das Ganze in den Fluß kippte. Ich machte dann den Sarg und der Vater ließ sich herbei, das Grab zu graben. Das Leben ist hier nicht sehr wichtig, und der Tod ist es noch weniger. Geweint hat niemand – ein Etwas, das noch gar nicht geatmet hat, ist in ihren Augen kein menschliches Wesen.

Es war ein heißer Tag, und wir hatten etwa zehn Männer da, die an dem Fundament für das Krankenhaus gearbeitet und dahinter Bäume gefällt haben. Heute nachmittag ging plötzlich ein tropischer Gewitterguß nieder. Der Sturm riß den Dachfirst unseres Schulgebäudes fort, außerdem wehte er die ganzen Kleider von den Wäscheleinen, blätterte die Wandkalender um und richtete unter unseren Papieren ein großes Durcheinander an. Das Ganze dauerte nur zehn Minuten. Bei Fenstern aus Gitterdraht hat man bei einem Sturm nichts, was man zumachen kann.«

Das Tagebuch war für Jim ein Ventil für Gedanken, die er mit anderen nicht teilen konnte, und als er durch den Kurzwellenempfänger hörte, daß ich von Quito wegging, um im westwärtigen Urwald mit dem Untersuchen der Coloradosprache zu beginnen, schrieb er:

»Ich wußte nicht, was ich sagen sollte – mir war, als müßte ich den ganzen Abschiedsschmerz noch einmal durchmachen. Die Briefe werden jetzt viel länger brauchen, Funkgespräche werden seltener sein, die Aussicht, sich zu sehen, rückt in die Ferne. Wieder habe ich alles dem allmächtigen Vater gesagt, wie ich mich nach ihr sehne, wie sehr ich sie hier brauche; und ich muß bekennen, die Tröstung des Glaubens, meines schwachen Glaubens wenigstens, sind nicht immer völlig ausreichend. Doch ich weiß, daß mein Glaube, so dürftig er auch ist, nicht zuschanden wird . . . O Herr, Du hast mich so gemacht und hast mich so geführt – Du wirst auch machen, daß ich beides ertragen kann.«

Mir schrieb er am 27. Oktober folgendes:

»Das eine weiß ich: Wenn das nächste Jahr genauso von freudigen Überraschungen und staunenswerten Wendungen erfüllt sein wird wie dieses jetzige (und ich sehe keinen Grund, warum man solches nicht erwarten dürfte), dann wird das ein noch stärkeres Zeugnis für die starke, gütige Hand sein, die über uns und auf uns ist, die Hand dessen, der Seine Verheißungen wahr gemacht und alles bestätigt hat, was wir von Ihm erhofft haben. Ist es nicht wunderbar, so zu leben, Betty, trotz des bitteren Stachels? Von etwas zu träumen und es herbeizuwünschen, und darum zu beten, mit ganzer Inbrunst; und dann es Ihm anheimzugeben und zu warten und zu sehen, wie Er alle Träume still beiseite räumt und durch das ersetzt, was wir nicht erträumen konnten: Verwirklichung des Großen Willens?«

Neben dem gemeinsamen Sprachenlernen, der ärztlichen Betreuung, dem Errichten weiterer Gebäude und anderer Tagespflichten, trugen Jim und Pete gemeinsam auch die Verantwortung für die vierklassige Schule. Von den Schülern spricht ein Tagebucheintrag vom 5. November:

»Zur Zeit sind wir dabei, den Indianern Handball beizubringen. Sie spielen gern, nur fehlt ihnen bei Mannschaftsspielen die Geduld und auch die nötige Begabung zum Zusammenspiel. Sie fangen aber doch schon an zu begreifen, und eines Tages werden wir auch schon kompliziertere Spiele einführen können, wie Softball oder Basketball . . . Das Verhältnis zu den Jungen – es sind zehn bis zwölf – ist sehr kameradschaftlich, aber alle sind sehr ausgeprägt und eigenwillig, jeder meint, er könnte das tun, was er möchte, deshalb muß man ständig irgendwelche kleinen Streitereien schlichten. Jeden Morgen vor dem Unterricht halten wir mit ihnen eine Andacht auf Spanisch. Für abends haben wir verschiedene Möglichkeiten – wir führen ihnen Filme vor, zweimal in der Woche, wenn der Strom eingeschaltet ist, oder Dias mit einer Benzinlaterne, oder wir holen sie in den Rundfunkraum und spielen ihnen Radio- oder Grammophonmusik vor oder zeigen ihnen in dem kleinen Guckapparat Farbdias von zu Hause. (Sie finden, wir hätten es zu Hause doch so schön und wundern sich, warum es uns dort nicht gefällt und wir hierher gekommen sind!)«

Ein Brief vom 16. November erzählt vom Tod eines kleinen Kindes, das Jim und Pete behandelten, nachdem der Medizinmann alle seine Heilkünste probiert hatte:

»Wir hatten der Familie Petroleum geliehen, damit sie die Nacht über wach bleiben konnten, aber das ganze Haus war eingeschlafen und wachte erst auf, als unsere Schuljungen mit ihrer Laterne kamen. Die Mutter und die Großmutter hatten die Totenklage der Hinterbliebenen angestimmt, ein gespenstisches, auf- und abgehendes Heulen – grausig, besonders wenn man sich direkt daneben betätigen muß. Da der Körper noch warm war, versuchten wir, ihn durch künstliche Atmung wieder zum Leben zu bringen. Neben dem hohläugigen Baby auf dem schmutzigen Boden kniend, schwitzend und zu Gott flehend, daß das Leben wiederkehren möchte, arbeitete ich über eine halbe Stunde, immer im Zweifel, ob das Pochen, das ich an meinen Fingerspitzen fühlte, von meinem eigenen Herzschlag oder dem des Kindes kam, und immer mich bemühend, die Totenklage und das ständige Schluchzen der Familie nicht zu hören. Als ich die Sache schließlich aufgab und den Kopf hob und in die trüb beleuchteten Gesichter sah, war der einzige Erfolg, daß das Heulen sich noch steigerte, denn jetzt schwand auch die letzte Hoffnung. Und dann begann das Leichenfest, und in den Gesang der Eltern mischte sich das Lachen der Gäste bei den Spielen. Die Gäste müssen die ganze Nacht hindurch spielen und aus einem ausgehöhlten Kürbis trinken, damit die Hinterbliebenen Unterhaltung haben. Wir blieben nur bis elf Uhr abends und spielten einige Partien Schach. Eine der apartesten Unterhaltungen war die, daß ein Ball aus zusammengepreßtem Kapok mit Petroleum getränkt, angesteckt und zwischen die Gäste geworfen wurde, damit sie munter blieben und tüchtig schrien. Wir warfen auch – und zwei Tage später behandelten wir einen Jungen, der sich dabei verbrannt hatte.«

Bei diesem Leichenfest wurde Jim auch in ein weiteres Spiel eingeweiht, das »Topfschleudern«. Ein Topf mit Chicha wurde auf den Boden gesetzt, und einer der Gäste spreizte die Beine, beugte sich hinab, packte den Rand des Topfes mit den Zähnen und schleuderte ihn rückwärts über seinen Kopf. Die ganze Flüssigkeit ergoß sich über ihn. Der nächste war geschickter, nicht ein einziger Tropfen kam an ihn. Nachdem ein dritter Indianer nicht nur sich, sondern auch verschiedene der Indianer bekleckert hatte, trat Jim vor. Großes Gelächter weckte ein paar Gäste, die in dunklen Winkeln eingenickt waren, und alles drängte sich herzu und wollte sehen, wie der ungeübte weiße Mann sich anstellen würde. Jim stellte sich genauso hin, wie er es bei den Indianern gesehen hatte, setzte seine Zähne an den Topfrand, schnellte das Gefäß in einem prächtigen Bogen über seinen Kopf und blieb unbefleckt. »Pacha!« – etwa: »meisterhaft« – konnten die Indianer nur sagen.

In dem obigen Brief heißt es dann weiter:

»Ja, ich höre es schon, das Knurren – ‚Und das nennt sich missionarische Arbeit?' Auch in mir knurrten solche Stimmen. Aber ihre Totenfeiern sind tatsächlich so, und einer, der sich nicht daran beteiligte, würde hier als unhöflich und gefühllos angesehen werden, so wie bei uns zu Hause einer, der nicht zur Beerdigung ginge und keine ernste Miene machte. Es ist eben ihre Art, sie versuchen damit zu vergessen, was für eine traurige und grausame und bittere Tatsache der Tod ist. Bei uns macht man prächtige Särge, schickt Kränze, zündet Kerzen an und trägt schwarze Kleider. Hier macht man Spiele, sitzt die ganze Nacht beisammen und trinkt Waynsa.

Am Samstagmorgen kamen sie und fragten, ob sie das Kind unter unserem Schulhaus beerdigen dürften. Ihr eigenes Haus hätten sie ganz aufgeben müssen, wenn sie es dort begraben hätten. Gerade als ich den Deckel auf den Sarg nageln wollte, kam die Mutter an und brachte etwas Banane und Maniok, einen zerbrochenen Spiegel und eine Schale Wasser und legte alles in die primitive kleine Kiste. Dann begruben sie das Kind mit dem Kopf nach Westen, als dächten sie, so könne es am Jüngsten Tag die aufgehende Sonne der Gerechtigkeit sehen. Und eine Stunde später war alles vorüber, vergessen in der Aufregung über das ankommende Flugzeug.«

20. November. »Das Tempo, in dem die Arbeit fortschreitet, ist nicht gerade überwältigend. Von unseren Schülern sind einige ausgeschieden; das Lernen der Sprache leidet unter den ständigen Unterbrechungen, Post bleibt liegen, und bei Hausbesuchen können wir noch nichts ausrichten, weil wir mit der Ketschuasprache noch ganz in den Anfangsgründen stecken.«

Aus einem Brief vom 25. November:

»Du fragst, ob ich schon ketschuanisch spreche. Nein, bis jetzt kann ich es nicht mal verstehen. Die paar Worte und Sätze, die ich auswendig gelernt habe, sind lediglich ein Verteidigungsmittel bei Gesprächen. Beitragen kann ich nichts. Aber was soll ich machen? Heute morgen zum Beispiel ging ich nach der Andacht in der Schule in mein Arbeitszimmer.

Da fiel mir ein, daß einer der Männer, die ich in den Wald geschickt hatte, Bambus für das Krankenhaus zu schlagen, angeleitet werden mußte, den Landestreifen zu mähen. Um neun Uhr ungefähr ist das Gras so weit trocken, daß es sich schneiden läßt, also ging ich hinaus und zeigte einem von den Männern, wie man mit dem Rasenmäher umgeht. Kaum war ich zehn Minuten dort, als Pete mir vom anderen Ende zurief, jemand sei von einer Schlange gebissen worden. Der Vater paddelte uns zwanzig Minuten flußaufwärts; wir fanden seine zwölfjährige Tochter auf einem Bambuslager liegend. Der Biß war schon über eine Stunde alt, und wir mußten allerhand Mittel probieren, bis die Blutung in Gang kam. Als ich nach Hause kam, war es zwölf Uhr. Durch solche Dinge schrumpft die Zeit, die man zum Studieren hat, immer mehr zusammen.«

Sein nächster Brief war vom 2. Dezember:

»Ich merke immer mehr, wie sehr Gott recht hat, daß Er uns so geführt hat, Betty. Wenn ich eine Familie hätte, könnte ich vieles, was ich jetzt tue und was nötig ist, nicht tun (z. B. jederzeit, wenn wir zu Hause sind, Indianer ins Schlafzimmer eindringen lassen). So dagegen knüpfen wir jetzt Kontakte und freundschaftliche Beziehungen an in einer Weise, die für unsere künftige Arbeit hier sehr günstig ist – wir spielen viel mit den Indianern und nehmen so weitgehend an ihrem Leben teil, wie ich es als Ehemann nicht tun könnte, allein schon deshalb, weil ich nicht die Zeit hätte. Es ist ein Übergang. Auch ich finde, daß ein Plastiktischtuch nichts fürs ganze Leben ist, aber in der jetzigen Lage ist es das einzig Richtige, einen Tisch zu haben, den die Indianer auch mit schmutzigen Händen anrühren können. Der Aufbewahrungsort für unsere Bücher und Papiere sind jetzt meine Koffer – in einem Eheheim, glaube ich, würde ich mich mit Koffern nicht zufrieden geben, ich würde mir irgendein verschließbares Gestell mit Fächern und Schubladen fabrizieren. Sehr eingenommen war ich von dem Vers, den Du mir in das Buch geschrieben hast, das Du mir neulich schicktest: ‚*Lieder waren mir deine Ord-*

nungen im Haus meiner Fremdlingschaft.' Jedes Haus ist nur ein Haus der Pilgerschaft, und bei diesem hier empfinde ich es ganz besonders.«

4. Dezember. »Sehr oft – in diesem Monat bei der großen Flut von Arbeit ganz besonders – bin ich mir verloren vorgekommen ohne Dich, Betty; mir war, als wenn die Welt in einem Wirbelstrom von Wunderdingen vorüberrauschte, und ich selber ließe ihn verwirrt vorbeiziehen, zwar körperlich daran beteiligt, aber mit meinem eigentlichen Ich doch abseits und nach etwas ausschauend, das sich in dem Wunderstrom nicht zeigte, und dieses Etwas, merkte ich, warst Du.

Viel Trost hat mir Dein Bild gegeben. Es zeigt Dich so, wie ich Dich in der Erinnerung gern sehe – groß und schlank gebaut, mit klaren, ruhigen Augen. Oft spricht es mir Frieden zu, wenn mein Gemüt erregt ist, es gibt meinen Gedanken etwas von der Weisheit, der Geduld des Alters, weil es mich zurückdenken läßt und ich die vielen Orte und Stationen meines Lebens vor mir sehe, an die es mich begleitet hat – die dunkle Eichenholzkommode in dem trüben Appartement in Chester, die aus Ahornholz zu Hause, das Bettischchen in meinem Zimmer bei Cevallos in Quito, die vielen Male, wenn es irgendwo auf meinem Koffer stand und mich plötzlich von der Seite ansah und mich überraschte. Das Bild gibt mir das Gefühl, als hätte es alles mitgemacht, was wir erlebt haben – alles, auch das Jetzige, und es schaut mich an, als wenn es zu mir sagen wollte: ‚Zerbrich dir nicht soviel den Kopf, Jim; die Geschichte ist noch lange nicht zu Ende, du hast keinen Anlaß anzunehmen, daß sie als Tragödie enden wird.' Und doch, Betty, gerade das befürchte ich zuweilen; wie eine ängstliche Mutter stelle ich mir vor, Dir könnte etwas zustoßen, und ich würde Dich verlieren, und was sollte ich dann machen – wenn mein eigentliches Ich nicht hier ist, wo würde es dann sein können? Wohin sollten die Gedanken meiner Phantasie wandern abends vor dem Einschlafen, wenn Du nicht mehr da wärst? Nichts in diesem Leben würde mich so hart treffen. Komisch – daß mir etwas zustieße und Du mich verlörest, daran denke ich nie!«

An seine Eltern schrieb Jim am 18. Dezember:

»Eure Wunschträume mit der Südamerikareise sind gar nicht so utopisch. Bei der Ekuadorischen Luftfahrtgesellschaft kostet ein Flug von Miami nach Quito etwas weniger als hundert Dollar. Gebt Eure Wunschträume nicht auf. Es ist nichts so phantastisch, als daß es sich nicht verwirklichen könnte. In meinem eigenen Leben habe ich gefunden, daß die kühnsten Jugendträume weniger phantastisch waren als das, was ich dann in Wirklichkeit erlebte – das Einssein mit dem Willen Gottes. Und davon bin ich überzeugt: Etwas Besseres könnte es nicht geben. Das bedeutet nicht, daß ich mir nicht manches anders wünschte, als es mir zuteil geworden ist, aber in meinem Innern weiß ich, daß meine Hoffnungen und Pläne keine bessere Lenkung und Erfüllung hätten finden können, als Er sie gegeben hat. Möge es uns allen so ergehen, mögen wir erfahren, wie wahr das Wort ist: *‚Er wird uns leiten bis an den Tod.'*«

In sein Tagebuch schrieb er am Nachmittag des gleichen Tages:

»Das Haus ist voll von Handwerkern. Pete verkauft in der Bodega, Tidmarsh schärft einen Hobel. Ich bin gerade hier ins Schlafzimmer gekommen, um einen Augenblick darüber nachzudenken, was wir hier schaffen, über unsere Fortschritte, über Hoffnungen und Aussichten. O Herr, unser Tun ist langwierig, trotz aller Rührigkeit und allem Streben. Die Arbeit am Krankenhaus stockt, an diesem ganzen Vormittag ist nicht mal eine halbe Wand geschafft worden. Die Verbreiterung des Landestreifens geht so langsam voran bei so wenig Männern, die Sprache der Indianer klingt noch immer fast genauso unverstehbar wie vor einem Vierteljahr, wenigstens bei manchen. Betty scheint so weit entfernt. Was soll ich sagen, Herr? Daß ich unzufrieden sei, daß mir der Weg, auf dem Du mich geführt hast, nicht gefällt? Fast möchte ich es sagen. Ach, warum kann ich den Arbeitern nicht Befehle zurufen, die Bauten vorantreiben, mit der Sprache rascher vorwärtskommen, die Heirat beschleunigen? Das Leben im Einklang mit dem Großen Willen scheint mir jetzt so schleppend, ein Warten auf etwas, was nicht eintritt, es scheint sich mühsam hochzukämpfen wie die Bäume, die zum Licht streben, scheint sich selber langsam aufzuzehren, selbst die Wolken am Himmel kriechen träge dahin wie dicke Schnecken. Ich glaube zwar, auch wenn das Leben anders wäre, wäre es nicht glücklicher – in dieser heißen Stunde scheint es mir entmutigend.«

DREI GLAUBENSPRÜFUNGEN

»Darin frohlockt ihr, die ihr jetzt eine kleine Zeit, wenn es nötig ist, in mancherlei Versuchungen betrübt worden seid, damit die Bewährung eures Glaubens viel kostbarer erfunden wird als die des vergänglichen Goldes, das durch Feuer erprobt wird.«

Am Abend des 29. Januar 1953 saß ich wie gewöhnlich an einem Kartentisch in einem strohgedeckten Haus im westlichen Urwaldgebiet und arbeitete an meinen Aufzeichnungen über die Coloradosprache. Durch die nächtlichen Geräusche mit ihrem Ticken, Flöten, Schnarren, Summen drang plötzlich Pferdehufschlag. Ich ging mit der Laterne hinaus und sah, daß es ein Bekannter war aus einem Dorf, das ungefähr zehn Kilometer entfernt lag. Er überreichte mir ein Telegramm. Jim erwartete mich in Quito.

Am nächsten Tag ritt ich nach Santo Domingo de los Colorados, und am Tage darauf, nach einer zehnstündigen Fahrt in einem Bananenauto, das mich zu der 3000 Meter höheren Ebene hinaufbrachte, erreichte ich am Abend Quito.

Jim wohnte bei der Familie von Dr. Tidmarsh. Am 1. Februar schrieb er an die Eltern:

»Ich ließ Pete und Dr. Tidmarsh am Donnerstag in Shandia zurück und fuhr mit Gwen in ihrem Dodge nach hier. Ich genieße die Abwechslung und das Zusammensein mit Ed McCully (der soeben eingetroffen war) und mit Betty außerordentlich. Das könnt Ihr erst ganz verstehen, wenn ich Euch sage, daß ich Betty gestern abend einen Verlobungsring gegeben habe. Daß ich mich verloben sollte, stand für mich schon seit Monaten fest, es fehlte nur noch, daß sich eine Möglichkeit des Zusammentreffens fand und daß Betty ja sagte. Das hat sie getan. Eigentlich wollte ich ihr den Ring schon zum Geburtstag schenken, am 21. Dezember, aber da ich Pete nicht in Shandia allein lassen wollte, denn Dr. Tidmarsh war damals hier in Quito, mußte ich vierzig Tage und Nächte warten, bis ich Betty fragen konnte. Ich glaube, daß ich bei diesem Schritt im Einklang mit Gottes Willen bin. Ich habe ihn bestimmt nicht ohne reifliche und lange Überlegung getan, und die innere Ruhe, die Er mir bei diesen Überlegungen seit vorigem Herbst geschenkt hat, war mir eine ständige Bestätigung meiner Gewißheit.«

Schon knapp acht Tage später wurde diese »Gewißheit« zum erstenmal auf die Probe gestellt. Auf Grund einer Röntgenuntersuchung, die bei mir gemacht worden war, wurde uns gesagt, ich hätte offene Tuberkulose. Da ich wußte, genauso wie Jim, daß er gerufen war, bei den Urwaldindianern zu leben, war ich der Ansicht, daß wir unsere Heiratspläne aufgeben mußten, denn auch wenn ich geheilt würde, würde ein Leben im Dschungel nicht ratsam für mich sein. Jims Hoffnung jedoch blieb unverändert.

»Sofern ich überhaupt Pläne hatte, haben sie sich nicht geändert«, berichtet sein Tagebuch. »Ich werde Betty heiraten zu der Zeit, die Gott bestimmt, und das wird auch für uns das Allerbeste sein, selbst wenn wir Jahre warten müßten. Gott hat uns nicht so weit geführt, um alles wieder rückgängig zu machen, und Er weiß genau, wie man Tuberkulose behandelt. Wie das aussehen wird, weiß ich nicht. Ich weiß nur, daß Gott mit denen ist, die rechtschaffen vor Ihm wandeln, und daß Er ihre Schritte richtig lenkt. Außerhalb von Seinem Willen und Beschluß gibt es keine gangbaren Pfade; nur auf der Bahn, die Er uns führt, ist fester Boden. Dort stehe ich jetzt, und mehr begehre ich nicht.«

»Euch geschehe nach eurem Glauben.« Jims Glaube wurde belohnt – noch in der gleichen Woche zeigten weitere Untersuchungen, daß meine Lunge ganz in Ordnung war.

Als Jim nach Shandia zurückfuhr, begleitete ihn Ed McCully, der das Leben, auf das er sich vorbereitete, schon vorher etwas kennenlernen wollte. Am 2. März heißt es in Jims Tagebuch:

»Gestern ist Ed wieder abgefahren, nach den ersten zehn Tagen gemeinsamen Dschungellebens, die sehr glücklich verliefen. Die Gemeinschaft mit ihm ist noch enger als früher, und manchmal überkommt mich ein ehrfürchtiges Staunen, wenn ich denke, daß Gott uns tatsächlich zusammengeführt hat. O Herr, laß jetzt unsere Zubereitung rasch vorangehen, gib, daß wir in die Sprache eindringen und wieder beim Predigen zusammenwirken können. Der langersehnte Vorstoß in die Urwälder des Innern ist in greifbare Nähe gerückt, und das gemeinsame Planen hat mir neuen Auftrieb gegeben.

Montag vor acht Tagen kam Betty an den Sprechfunkapparat und sagte: ‚Es war alles ein Irrtum.' Die Befürchtung, daß Betty Tuberkulose hat, ist vorüber. Hat Gott sie in diesen zehn Tagen geheilt, oder hat Er durch eine irrtümliche Diagnose unseren Glauben erprobt? Was immer Er getan hat, es war gut und richtig, und ich preise Ihn und danke Ihm für ihre und meine Gesundheit.

Henri Audi ist am Freitag gestorben. Letzten Montag fing er an, große Mengen Blut zu spucken. Die nächsten Tage ging es ihm einigermaßen, aber am Freitag mußte er wieder Blut spucken und wurde furchtbar unruhig. Er warf sich hin und her und jammerte, und sein Puls ging in kurzer Zeit von 104 auf 38 herunter und dann auf Null. Es war das erste Mal, daß ich einen Menschen sterben sah. Und so ähnlich, mußte ich immer denken, wird es eines Tages auch bei mir kommen. Ob der Satz, den ich früher manchmal in Predigten verwandte, etwas Prophetisches gehabt hat? Der Satz: ‚Bist du bereit, in einer Eingeborenenhütte zu liegen und an einer Krankheit zu sterben, die die Ärzte in Amerika nicht einmal vom Hörensagen kennen?' Ich bin bereit, Herr. Was immer Du sagst, und was Du über mich beschlossen hast, ich nehme es aus

Deiner Hand, auch in der Stunde meines Todes. Aber, Herr, ich möchte leben und Dein Wort verkündigen. Laß mich auf dieser Erde, Herr, bis ich den Menschen deine Taten kundgetan habe.

Eben kamen die Witwe und die Mutter des Verstorbenen vorüber. Sie jammerten. Hier hat der Tod etwas Verzweiflungsvolles, wie ich es nirgends sonst erlebt habe. Er ist das absolute Ende. Seine Taschenlampe haben sie zerbrochen und ins Grab geworfen. Den großen Tontopf, in dem für die Familie gekocht wurde, hat die Frau zerschlagen. Die Mutter hat die Stricke der Bambuswände losgemacht und die Wände einfallen lassen, um alles zu verbrennen. Und die ganze Zeit das Wehklagen; viele Frauen sind so heiser, daß sie kaum noch sprechen können. Zwei ganze Nächte haben sie gespielt und geschrien, und auch jetzt kann man sie noch hören, obwohl die Menschenmenge, die uns mit dem Sarg von dem Haus der Mutter zu seinem eigenen folgte, sich größtenteils verlaufen hat.«

Zwei Auszüge aus Briefen an die Eltern berichten von den Fortschritten beim Bauen:

5. März. »Zur Zeit bin ich allein – seit Montag, wo das kleine gelbe Flugzeug sich mit Ed über den Rand des Flußufers erhob und mich, von einem Grüppchen Indianer umgeben, hier zurückließ. Ed war hergekommen, um mit mir den Platz für das neue Haus auszusuchen. Inzwischen habe ich das Fundament gelegt und die beiden ersten Verschalungen für Betonpfosten gemacht. Da wir mit Brettern knapp sind, werde ich wahrscheinlich immer zwei bis drei auf einmal machen und dann, wenn sie sich gesetzt haben, die Verschalungen für die nächsten benutzen. Langwierig, aber so ist alles hier.«

15. März. »Ich habe jetzt acht Pfosten gegossen, und morgen will ich wieder Verschalungen aufsetzen und weitere gießen. Sicher, Vater, Hilfe könnte ich bei dieser Bauerei ganz gut gebrauchen. Ich glaube aber, bis Du die Papiere hast, um

herzukommen, wird alles schon vorüber sein. Na ja, die Erfahrungen, die ich hierbei sammle, kann ich gut gebrauchen, deshalb ist es keineswegs verlorene Zeit.«

Mir schrieb er folgendes:

»Ich sehe zur Zeit nur Beton und Nägel und Bretter. Ich hoffe immer, daß ein Wunder geschieht, etwas, das unsere Pläne über den Haufen wirft und mich beweglicher macht, so daß ich auch noch etwas anderes tun könnte als nur Häuser bauen für andere Menschen. Aber einstweilen, Betty, ist außer mir niemand da, der diese Arbeit machen könnte, und Gott hat mich hierher gesetzt, damit ich sie tue – ob es mir gefällt oder nicht. Es ist sonderbar, aber meine Hoffnung – und Befürchtung zugleich – ist die, daß irgendein umstürzendes Ereignis eintreten wird, das uns beide zusammenbringt: Ich glaube jetzt, etwas Unvorhersehbares müßte es schon sein, wo die Dinge hier so gut eingefahren sind und so gut weiterlaufen.«

Jim war gut ein halbes Jahr bei den Ketschuas, als er mir schrieb:

»Es ist eine große Freude, daß ich jetzt kleine Andachten in der Ketschuasprache halten kann, obwohl ich offen zugeben muß, daß meine Sprachkenntnisse noch sehr kümmerlich sind. Heute morgen habe ich über das Gleichnis aus Lukas 14 gesprochen, von den Leuten, die die Einladung zu dem großen Mahl zurückweisen, und ich war sehr beglückt, als ich manchen Gesichtern ansah, daß sie den Sinn verstanden hatten. Ach, Betty, bete doch, daß Gott uns Seelen für Christus aus dem Urwald gibt und daß wir uns an jenem Tage gemeinsam freuen können über Menschen dieses Volksstammes, die durch unser Reden und durch Dein Beten zum Glauben gefunden haben. Denn das, was wir vorher mehr in der Theorie gewußt haben, das erleben wir jetzt praktisch: ‚*Wenn der HERR das Haus nicht baut, arbeiten seine Erbauer vergebens daran.*' Nichts kann das Herz dieses Volkes wandeln als der Geist Gottes selbst, und zu Ihm flehen wir, wenn wir immer wieder merken müssen, wie hilflos wir in dieser Sprache sind.

Durch ein Buch, das wir gelesen haben – über Beispiele apostolischer Missionsmethoden – sind wir wieder sehr in dem Vertrauen bestärkt worden, daß Gott hier bei den Urwaldketschuas ähnlich eingreifen wird wie bei den Menschen damals, zu denen die Apostel redeten. Wie verkehrt und fleischlich zu denken, es würde hier etwas geschehen, ‚weil Pete, Ed und Jim gut vorgebildet, fähig, jung und stark sind'. In der letzten Zeit ist mir wieder sehr stark aufgegangen, wie unbedingt nötig es ist, daß das Gewissen von Gott selbst geweckt wird. Ich selber weiß es nicht, wie oder wo ich ansetzen muß, damit ein Mensch beginnt, ernsthaft über Sünde und Gericht nachzudenken; ich muß vielmehr ausschauen und sehen, ob der Heilige Geist irgenwo zu wirken begonnen hat und mir zeigt, wo die Ansatzstelle auch für mich ist. Und bete doch, daß es hier so kommen möge, Betty, daß Gott das Werk in Seine eigene Hand nimmt und daß Er es auf SEINE Art tut. Wenn ich erleben würde, daß einer der jungen Indianer, von denen wir jetzt wissen, daß sie Freunde sind, Christus ehrt und offen bezeugt, das wäre so, als wenn ich mit meinen eigenen Augen ein Wunder geschehen sähe. Ein Wunder wäre es ja auch, aber nie ist mir das so deutlich klar geworden wie jetzt. Gott muß Sein Werk tun, sonst kann nichts geschehen, und auf Ihn warten wir jetzt hier.«

27. April. »Ich ringe darum, wirklich fest zu bleiben in dem aufrichtigen Glauben, daß es zu echten Bekehrungen von erwachsenen Indianern kommen wird und zu öffentlichen Bekenntnissen bei unseren Schuljungen. Manchmal meine ich, mein Glaube sei vielleicht nicht echt, weil er nämlich mit Befürchtungen verknüpft ist – daß unsere Arbeit hier ein Fehlschlag werden könnte. Ich denke zum Beispiel: ‚Wenn wir nun keinen zur Bekehrung bringen, was dann? Was nützen sie dann, die neutestamentlichen Prinzipien des Gemeindeaufbaus? Unser Unterricht im Bibellesen?' O Jesus, ich

möchte einen Glauben haben, der keinerlei Hemmungen kennt, jenen Glauben, der Berge versetzt.«

Im Mai ging Jim nach Quito, um an einer Tagung der Studentischen Missionsvereinigung teilzunehmen und sich mit mir zu treffen. Wir verlebten zwei glückliche Wochen, kauften Sachen ein für die Bauten in Shandia und besuchten Freunde. Dann fuhren wir gemeinsam zu der Missionsstation westlich der Anden, wo ich meine Arbeitsstätte hatte. Von dort mußte Jim zunächst nach Quito zurück. Über diese Fahrt, die er in einem altersschwachen Lastwagen mit Bananen machte, schrieb er mir in seinem nächsten Brief:

»Von allen Touren, die ich je gemacht habe, war das die schwierigste und, im Vergleich zu ihrer Dauer, mit Abstand die teuerste. Kurz nachdem wir aus dem Ort herauskamen, war in der Benzinpumpe lauter Wasser. Nach etwa hundert Kilometern hatten wir einen Plattfuß – bis die Sache repariert war, war es drei Uhr. Von dort nach Chiriboga hinauf krochen wir mit einem Durchschnittstempo von sieben Kilometern. Um neun Uhr abends kamen wir an der Schranke an, aber der Wächter weigerte sich, uns durchzulassen. Nach einem reichlich unbequemen Schlaf im Führerhaus des Wagens konnte ich ihn schließlich um fünf Uhr morgens bereden, die Schranke aufzumachen. Der Fahrer ermunterte mich dann, einen anderen Lastwagen zu nehmen; er sei nicht sicher, ob er mit seinem überhaupt bis Quito kommen werde. Als ich meinen Koffer nehmen wollte, stellte sich heraus, daß er gestohlen war. Während unserer langen Schneckenfahrt nach Chiriboga hinauf war nämlich der Transportbegleiter ins Führerhaus gekommen, weil es regnete. Danach war wahrscheinlich irgend jemand hinten aufgesprungen und hatte meinen Handkoffer samt dem Gepäck von anderen Mitfahrern heruntergeworfen, während wir alle ahnungslos vorne aufeinander hockten. Schau Dich um nach einer grünen Ölhaut, einer Siebzig-Dollar-Kamera, Lichtmesser, Mundharmonika, meinen sämtlichen Farbdias, Schuhen, Nylonhemden, wollenen

Arbeitshosen. Und sage allen Senoritas in San Miguel, daß sie ihre Briefe neu schreiben müssen und sie jemand mitgeben, der zuverlässiger ist als ich . . . Der Herr hat mir durch den Verlust einen Gewinn geschenkt, Er hat mich daran erinnert, dankbar zu sein für die vielen Güter, die ich besessen habe. Ich glaube, Er hat mir das geschickt, um mich dahin zu bringen, daß ich immer weniger auf materielle Dinge schaue – auch wenn es gute, legitime Dinge sind – und mein Herz entschiedener an Ihn hänge. Wer Ihn hat, hat alles – mehr kann man sich nicht wünschen!«

Das Tagebuch fährt fort:

14. Juni. »Dies wird in späteren Tagen vielleicht ‚die Zeit der großen Flut' heißen. Es begann vor etwa einer Woche; die letzten fünf Tage und Nächte hat es ununterbrochen geregnet. Vorgestern sahen wir an der Wand des Flußufers, weiter unterhalb, mehrere große Erdrutsche, und für den Fall, daß das Wasser plötzlich weitersteigen würde, befestigten wir am Sockel des Motorhauses und am Generator ein starkes Seil und knoteten es an einen Orangenbaum. Heute morgen beim Frühstück sah man deutlich, daß das Toben des Napo noch im Zunehmen war, daß er zu einem Großangriff ansetzte. Der Höhepunkt kam zwischen zehn und zwölf. Inzwischen hat die Wut etwas nachgelassen, aber von der Uferwand sind weitere große Stücke abgefressen worden, zwischen unserem Haus und dem Rand des Uferhangs sind jetzt nur noch fünfzehn Meter. Unmengen von zerbrochenen, blankgeschabten Stämmen treiben auf dem schmutzigbraunen Wasser und stauen sich an den Bäumen am Ufer. Die Frage ist: Sollen wir mit dem Bau des neuen Hauses weitermachen, mit all dem teuren Material, angesichts der Möglichkeit, daß sich dieses Schauspiel von heute morgen plötzlich wiederholt? Die Indianer sagen zwar, so wie heute morgen sei es seit dreißig Jahren nicht gewesen, aber wer kann wissen, wann es wiederkommt? Nur Gott allein, Er, der den Wassern gebietet. Und Er wird uns Seine Macht und Seinen Willen kundtun.«

Am 17. Juni schrieb mir Jim, wie sie sich entschieden hatten:

«Ed und Marilou sind zu dem Schluß gekommen, daß wir den ganzen Neubau nach rückwärts verlegen sollen – alles wieder abtragen, was wir schon gemacht haben; die Zementpfosten und alles hundert Meter weiter nach hinten transportieren. Der Entschluß hat sie einen furchtbaren Kampf gekostet. Die Verlegung wird uns zwei Monate in unserem Arbeitsplan zurückwerfen, aber das Entmutigendste ist, daß wir das, was wir schon geschafft hatten, alles wieder niederreißen müssen. Trotz alledem, die Stimme des Herrn ist zu mir gekommen, und ich bin froh, das zu tun, was Er befiehlt.«

Ein Brief von Mitte Juli berichtete von der weiteren Entwicklung:

»Die ständigen Regengüsse haben uns sehr aufgehalten. Die Löcher für die Pfeiler stehen alle voller Wasser, und in dem aufgeweichten Matsch ist es fast unmöglich, die Pfosten in eine gerade Linie zu bringen. Außerdem macht es keine rechte Freude, wenn man etwas wieder aufbauen soll, was man vorher abreißen mußte. Ach, Betty, es kommt mir jetzt alles so nebensächlich vor; so unwichtig im Vergleich zu dem, was ich möchte. Häuser, Unterricht, Examen und alle diese Dinge, sie haben mit unserer Liebe nichts zu tun, und gerade sie ist es, die mich in diesen Tagen ganz erfüllt.«

In sein Tagebuch schrieb er am Nachmittag des gleichen Tages dieses Gebet:

»Gott, mein Herr und Vater, ich rufe zu Dir, daß Du in alle Wege meines Lebens heute eintretest und jede seiner Einzelheiten mit mir teilst, so wie Du mich gerufen hast, daß ich an deinem Leben teilnehme und allen seinen Wundern. Und wie ich Anteil habe am Schicksal, an der Herrlichkeit und an den künftigen Dingen Deines Sohnes, so möchte ich, daß Er an meinem geringen Erdenschicksal teilnimmt, an dessen Freuden und an allen seinen kleinen Angelegenheiten, auf daß wir eins seien, Du und ich, wie wir es sind in Christus.«

In der Nacht, unmittelbar nach dieser Auslieferung des Herzens, wirkte Gott das »umstürzende Ereignis«, das Jim erhofft und zugleich befürchtet hatte. Der Regen, der die ganze Woche fast ununterbrochen angehalten hatte, steigerte sich zu Wolkenbrüchen und ergoß sich sechsunddreißig Stunden lang unbarmherzig auf die Erde. Als ich am Nachmittag des nächsten Tages in Dos Rios – einer Missionsstation, sechs Stunden von Shandia entfernt, wo ich angefangen hatte, Ketschua zu lernen – an den Sprechfunkapparat ging, hörte ich aus Shandia Jims Stimme:

»Das Ufer ist jetzt nur noch fünf Meter vom Haus entfernt. Der Fluß unterspült das Ufer immer weiter. Wenn du um zwei Uhr nichts von uns hörst, weißt du, daß wir das Haus aufgeben mußten.«

Um zwei Uhr war nichts zu hören. Auch an den beiden nächsten Tagen nicht. Ich versuchte, einen Indianer zu finden und nach Shandia zu schicken, um festzustellen, was passiert war, aber alle sagten, die Flüsse seien unpassierbar, und keiner wollte sich auf das Unternehmen einlassen. Aber einer fand sich schließlich doch bereit, hinzugehen und brachte folgenden Brief von Jim mit:

1. August, Samstag: »Shandia existiert nicht mehr. Diese Zeilen schreibe ich an einem Feuer draußen, umgeben von Indianern, die zusehen und mir sagen, was ich schreiben soll. Am Donnerstagnachmittag um drei brach das erste Haus zusammen, und die Zwischenzeit haben wir damit verbracht, unser ganzes Zeug vom Fluß weiterzuschleppen; nur die vorige Nacht haben wir geschlafen, die ganze Nacht, mit dreißig Indianern unter einem Dach. Die meisten Sachen haben wir jetzt hier, unter provisorischen Schutzdächern. Die schwereren allerdings – Motor, Fässer, Kühlschrank – liegen an verschiedenen Stellen im Urwald (wir hoffen, daß sie von der Flut nicht erreicht werden). Dank der aufopfernden Hilfe sämtlicher Indianer ist das meiste gerettet, obwohl wir einiges durch Diebstahl verloren haben. Verlorengegangen sind auch

die Bretter, die wir von den Häusern gerissen hatten, die Indianer waren zu abgekämpft, um sie noch vom Fluß wegzuschleppen. Die Schule sank um Mitternacht dahin, die Schulküche in den ersten Morgenstunden gestern; am Nachmittag krachten auch das Krankenhaus und unsere Indianerküche zusammen. Sende doch bitte das folgende Telegramm an Mr. K. L. Fleming, 1403 Tenth Avenue, Seattle:

‚Shandia von Flut zerstört. Sachen gerettet. Alle wohlauf. Benachrichtigt Portland. Gruß Pete.'

Heute wollen wir versuchen, unsere Zelte aufzuschlagen und einen provisorischen Haushalt in Gang zu bringen. Es war sehr fürsorglich von Dir, daß Du uns Brot geschickt hast. Wir fanden etwas Butter und Honig, und gestern haben wir uns eine Hühnersuppe gemacht – die erste richtige Mahlzeit seit sechsunddreißig Stunden. Es tut mir leid, daß ich Dir nicht früher Nachricht geben konnte, aber als Dein Bote kam, waren wir gerade sehr beschäftigt mit Sachenschleppen, und bis gestern abend hatte ich keine Ahnung, wo das Schreibzeug war. Das neue Haus ist jetzt ganz nah am Uferrand, und von unserer Landebahn haben wir ein Achtel verloren. Ob sie es riskieren werden, trotzdem zu landen, kann ich nicht sagen. Wenn ja, brauchen wir Antennendraht für das Radio. Die Indianer, die ihn bewachen sollten, haben nicht genügend aufgepaßt. Neben mir auf dem Feuer blubbert das Frühstück, und durch die Bäume dringt eine wunderschöne Morgendämmerung. Wir beide sind gesund und munter und warten auf Gott, daß Er uns seinen Plan zeigt, was aus der Station jetzt werden soll.

Meine Liebe haben die Wasser nicht ausgelöscht. Wie dieser Plan sich für uns auswirken wird, weiß ich nicht. Hier zu hausen, scheint einem jetzt etwas sinnlos, und für die nächste Zeit können Ed und Marilou nicht nach hier übersiedeln. Auch im Matsch und Wirrwarr und Zerfall in diesen letzten Tagen habe ich Dich sehr geliebt, und aus irgendeinem Grund habe ich mir gewünscht, Du wärest hier – wozu, weiß ich selbst nicht, denn wir hätten keinen Augenblick zusammen sein können. Wir haben ungezählte Einladungen von Indianern, bei ihnen zu wohnen, und unser Küchenjunge ist sehr tüchtig und fischt nach besten Kräften aus dem nassen Durcheinander unserer Sachen das Nötigste heraus. Uns geht es gut, in ein paar Tagen werden wir uns wieder installiert und alles verstaut und neu organisiert haben und auch wieder trocken sein. Für Schulunterricht sehe ich im Oktober keine Möglichkeit. Vielleicht können wir die Fundamente von Eds Haus für kleinere Behausungen benützen. So, der Maisbrei ist fertig. Für heute Schluß. Immer Dein Jim.«

Auf diesen Brief hin brach ich sofort mit einer kleinen Schar Indianer von Dos Rios auf, um in Shandia, wenn irgend möglich, zu helfen.

Erst am 15. August kam Jim dazu, wieder etwas in sein Tagebuch zu schreiben:

»Zwei Wochen sind vergangen, seit ich etwas eingetragen habe, und diese zwei Wochen haben mich älter gemacht. An dem Tag, an dem ich auf die vorige Seite das Gebet schrieb, hat der Atun Yaku Shandia ausgelöscht. Das Wochenende war trübe, nur dadurch aufgehellt, daß am Sonntag Betty zu uns kam. Dann folgte das mühsame Geschäft, die ganzen Sachen zusammenzutragen, zu sortieren, zu trocknen und irgendwo zu stapeln. Am Dienstag kam Ed, wir redeten und überlegten, was wohl Gottes Absicht für die nächste Zukunft sei, machten Pläne und verwarfen sie. Dann wieder Sachen sortieren, in Sicherheit bringen, unbrauchbar Gewordenes wegwerfen. Es regnete am nächsten Wochenende und riß ein weiteres Stück von der Uferböschung weg, so daß die eben erst zurückgezogenen neuen Fundamente wertlos wurden und wir unsere ganzen Pläne wieder ändern mußten. Dienstag montierten wir die Querträger des Fundamentes ab, und in der Nacht bekam ich meinen ersten leichten Anfall von Malaria. Ed und Pete flogen Mittwoch morgen ab, und der Tag ging dahin mit Fieber, Schüttelfrost, Körperschwäche und

Schmerzen. Legte mit Mühe die Querbalken für das neue Lagerhaus. In der Nacht, während ich mich von einer Seite auf die andere warf, sah ich das Leuchtzifferblatt meiner Uhr flimmern und las jede Stunde ab von Mitternacht bis fünf. Ständig Schwindel und Kopfschmerzen, dazu völlige Appetitlosigkeit; das einzige, worauf ich Lust hatte, war Limonade (die ich als einen großen Segen Gottes ansehe, angesichts der ungezählten Liter, die ich in diesen drei letzten Tagen zu mir nahm). Heute nachmittag entschwanden Nate und Dr. Tidmarsh. Gegen Abend erreichten die seelischen Symptome der Malaria ihren Höhepunkt. Wenn die körperliche Arbeit wegfällt (ich konnte nichts als sitzen und den Männern sagen, was sie machen sollten), arbeitet der Geist mit Hochdruck. Meine Gedanken waren furchtbar. Ich wußte nicht mehr, ob ich Betty liebte. Ich brachte es nicht fertig, auch nur zwei Sätze zu beten. Ich wurde ungeduldig mit den Arbeitern. Es war furchtbar. Einer solchen Teufelsflut von krausen, unbeherrschten, niederträchtigen Gedanken hätte ich meinen Geist nicht für fähig gehalten, besonders beim Beten. Gott verzeihe mir. (Er hat mir verziehen. Ich habe es im Glauben angenommen.)

Allmählich wird es etwas kühler. Die vorigen Tage war ich um diese Zeit schon ins Bett gesunken. Vielleicht schlafe ich diese Nacht, wenn ich etwas länger aufbleibe. Das Lagerhaus ist ein Stück weiter gediehen, die Wandpfeiler stehen, Tür, Fenster und Dachplatten sind fertig, auch ein Teil des Aluminiums. Durch Gottes Güte fühle ich mich wieder kräftiger und verzehre mit Genuß das gute Essen. Heute abend waren es rohe Möhren, Tomaten, Pflücksalat und Blumenkohl mit selbstgemachtem Essig, Gemüsesuppe und ein winziges Stückchen Schokoladenkuchen aus Shell Mera. Gott sei Lob und Dank für alles. Dies ist ein guter Abend hier, wo einmal Shandia war.«

16. August. »Keine große Besserung heute. Hielt morgens eine Andacht mit etwa dreißig Indianern im Freien (da ein geschlossener Raum dafür nicht mehr vorhanden). Luis und

Lukas predigten. Zum erstenmal habe ich einen Indianer die Auferstehung so verkündigen hören, wie sie verkündigt werden sollte. Bin ziemlich matt und elend. Ein paar Leute verarztet und in der Küche Wäsche gefaltet. Das Zelt war heute nachmittag zum Ausruhen zu heiß. Ging zum Talac und badete dort in Ruhe und allein. Das erste Mal, daß ich wieder so weit gehen konnte.

Das Folgende kam mir, als ich nach dem Abendessen hier am Flußufer saß:

‚Weil von Dir, o Gott, alles herkommt, weil aus Deinem eigenen Mund der Odem in uns einging, weil Du das Meer von Luft geschaffen hast, in dem wir schwimmen, und es über uns mit unsichtbaren Banden in der Schwebe hälst, weil Du aus deinem liebevollen Herzen und mit weisem Sinn und starker Hand uns die Erlösung sandtest, weil Du, o Gott, der Anfang aller Dinge bist, deshalb bete ich Dich an.

Weil Du das Ende jedes Weges bist, das Ziel des Menschenlebens, weil zu Dir von allen Völkern Preis und Ehre kommen soll, vor Dir anbeten werden alle Geschlechter der Heiden, weil Äthiopien seine Hand nach Dir ausstrecken wird, Säuglinge Dein Lob singen werden, weil Dein Altar den Sperlingen Schutz gibt, den Sündern Frieden und die Teufel zittern läßt, weil ‚zu Dir alles Fleisch kommen wird', weil alles in Dich wieder einmünden wird: Du seiest gepriesen.

Weil Du entschlossen bist, Deinen Sohn zu rechtfertigen, und Seine Macht offenbaren und Ihn bald wieder zur Erde senden wirst, daß Er von allen gesehen werde; weil der Name Jesus mit Hohn an ein Kreuz genagelt wurde und auch jetzt noch sehr gering geachtet wird auf Erden, und weil Du diesen Namen an den Tag bringen wirst; weil Du, o Gott der Gerechtigkeit, Recht schaffen wirst meinem Herrn Jesus Christus, deshalb bete ich Dich an.'«

Bei einer Beratung mit Pete, Ed und Dr. Tidmarsh wurde beschlossen, eine Erkundungsfahrt in das südliche Ketschuagebiet zu machen: Vielleicht hatte Gott durch die Zerstörung

Shandias anzeigen wollen, daß ein anderer Standort gesucht werden sollte. Ich selbst wurde gebeten, während der Abwesenheit der Männer in ihrem Zelt in Shandia zu wohnen und die Lager mit den wertvollen Ausrüstungsgegenständen zu bewachen, die nur durch aufgepflockte Aluminiumplatten geschützt waren.

Drei Wochen lang durchstreiften die drei Männer – Pete, Jim und Ed – zu Fuß und mit dem Kanu den Urwald, suchten die Indianer an den Ufern des Bobonaza auf, schätzten die Bevölkerungszahl ab und erforschten die Möglichkeiten für die Eröffnung neuer Stationen.

Einundzwanzig Tage mit sengender Sonne und strömendem Regen und schmerzenden Muskeln – die schwerfälligen Einbaumkanus der Indianer werden mit Stangen vorangestoßen – gaben den Männern ein recht realistisches, praktisches Bild von den Freuden des Urwaldforschens, auf das sie sich so gefreut hatten. Jim und Ed bekamen »Urwaldfäule«: Die ständige Nässe weicht die Fußsohlen so auf, daß sich die Haut ablöst.

Entgegen dem, was man in Abenteuergeschichten liest, bekommt der Reisende auf Urwaldflüssen nur selten etwas Aufregendes zu Gesicht. Die Wildtiere sind außerordentlich wachsam, und das Aufstoßen der Kanustangen und das Rufen des Popero (dessen Aufgabe es ist, den Kurs anzugeben), geben den Tieren, die sonst vielleicht vom Fluß aus zu sehen wären, hinreichende Warnzeichen. Die dichte Vegetation quillt über die Ufer, von den Bäumen hängen Lianen bis auf das dunkle Wasser. Zuweilen schnellt ein Fisch hoch oder ein Schwarm Papageien schießt mit schrillem Geschrei über den schmalen Himmelsausschnitt. Der kuriose Dumbiki, der Pfefferfresser, der wie ein Düsenflugzeug aussieht, weil sein enormer Schnabel genauso lang ist wie der Schwanz, flattert schwerfällig und mit eintönigem Schrei über die Köpfe hinweg. Meistens jedoch wird die Gleichförmigkeit des Flusses und seiner Urwaldufer durch nichts unterbrochen, und um einen Tapir oder einen Alligator zu sehen, muß man schon Glück haben.

Schließlich, nachdem sie die Kanus zehn Tage lang in mühsamer Arbeit wieder flußaufwärts gestakt hatten, landeten die drei »Gringos« wieder in Canelos, und von dort kehrten sie auf einem Fußmarsch nach Shell Mera zurück, von der festen Überzeugung erfüllt, daß Gott bei den vielen Ketschuas, die sie besucht hatten, eine Aufgabe für sie habe.

Als Jim wieder in Shandia war, erzählte er mir, daß unter den vielen Stellen, die sie gesehen hätten, eine besonders verheißungsvoll sei – am Zusammenfluß des Pastaza und des Puyo. Dort wohnte Atanasio, ein Indianer mit fünfzehn Kindern; er hatte die drei Weißen gebeten, zu ihnen zu kommen und dort zu wohnen und eine Schule aufzumachen. Diese Bitte – es war das erste Mal, daß sie ein solches Ansuchen von einem Indianer gehört hatten – durfte nicht leichtfertig abgelehnt werden. Die Freundschaft und das Vertrauen von Urwaldindianern zu gewinnen und an einem neuen Ort eine Niederlassung zu gründen, ist gewöhnlich eine sehr problematische Sache, die außerdem viel Zeit erfordert. Hier nun fiel dieses Problem ganz weg. Die drei waren sich ohne weiteres einig gewesen, daß sie Atanasios Einladung annehmen mußten.

Ed war der Ansicht, daß er und Marilou, wenn sie jetzt mit dem Studium der Ketschuasprache beginnen würden, nicht nebenher noch die Pflichten erfüllen könnten, die die Eröffnung einer neuen Missionsstation mit sich bringt. Er beschloß daher, sich vorübergehend in Shandia niederzulassen und sich dort ein einfaches Haus aus Bambusstangen zu bauen. Um ihm sowohl beim Lernen der Sprache als auch bei der Leitung der Station zu unterstützen, mußte einer der unverheirateten Männer ebenfalls in Shandia bleiben. Wer konnte dann die neue Station in Puyupungu eröffnen? Die Antwort, meinten die drei Männer, liege klar auf der Hand.

»Also«, sagte Jim, als er mir davon berichtete, »wie bald willst du mich heiraten?«

SIEHE, DAS IST UNSER GOTT

»An jenem Tag wird man sagen: Siehe da, unser Gott, auf den wir hofften, daß er uns rette!«

Eine der Fragen, in denen Jim und ich uns schon vor Jahren einig gewesen waren, war die, daß eine Hochzeit im üblichen Stil für uns beide nie in Frage kommen würde. Mir machte es wie den meisten Frauen Freude, bei Trauungen anderer dabeizusein, nur mich selber konnte ich mir in einer solchen Aufmachung nicht vorstellen. Jim dagegen verachtete Trauungen überhaupt. In seinem Tagebuch von 1949 finden sich einige Äußerungen, die zeigen, wie er darüber dachte:

»Unsere heutigen kirchlichen Trauungen sind völlig veräußerlichte, sinnlose Zeremonien. Sie haben keine Spur mehr von wirklichem Inhalt. Die Trauzeugen erscheinen in einer Aufmachung wie für eine Revue. Das Weltliche steht ganz im Vordergrund. Die Lieder sind albern – allerdings achtet sowieso niemand auf die Worte; man hört nur darauf, wie sie gesungen werden, nicht, was sie aussagen. Die Platzanweiser nützen keinem, sie machen nur viel Getue, und die Trauzeremonie selbst ist ein nichtssagender Mischmasch mit veralteter Grammatik und antiquitierter Sprache – es klingt, als wenn ein Tertianer etwas von Cicero übersetzt hätte. Und die alberne Sitte, zu fragen, wer die Braut dem Bräutigam zuführt. Wen kümmert das? Jeder weiß, daß es ihr Vater oder Onkel ist oder sonst einer von den schwitzenden Figuren, die vor dem Altar stehen. Und dann halten wir uns über römische Riten auf! Wir Fundamentalisten sind eine Clique von gefallsüchtigen, sich an Stimmungen berauschenden Angebern. Die alten Propheten hätten hierin bestimmt ausgiebigen Anlaß zur Zurechtweisung gefunden. Dies muß ich mir an meinem Hochzeitstag vorlesen (falls ich überhaupt einen haben werde!).«

Ich glaube nicht, daß er daran gedacht hat, sich diese Sätze vorzulesen. Hätte er es getan, dann hätte er sicher über seine frühere Hitzigkeit gelächelt, denn in den vier Jahren, die dazwischen lagen, war er reifer geworden. Die Reife hatte aber keine Neigungen für Schaugepränge in ihm aufwachsen lassen. Das Folgende ist sein Kommentar zu einem Zeitungsbericht über eine Hochzeit, die ein paar Monate vor unserer eigenen stattfand:

»,. . . schwerer elfenbeinweißer Atlas . . . enganliegende Taille . . . Stickerei . . . Diadem aus Bergkristall . . . Tränen und Schluchzen . . . Diener in weißer Livree . . .' – in meinen Augen sind solche Dinge für ein feierliches Ereignis belanglos. Ein kostspieliger, aber gänzlich uninteressanter Zauber mit wenig Erinnerungswert. Irgend etwas in meinem Innern wehrt sich gegen das Prunkhafte bei Hochzeiten aufs heftigste, es gibt kaum etwas, was mir so widerstrebt; genauso wie ich es nicht ausstehen kann, wenn ein Schwächling sich seiner Leistungen rühmt und große Worte macht, während in Wirklichkeit nichts dahinter steht.«

Wir entschieden uns für Ziviltrauung und legten sie auf den 8. Oktober, Jims Geburtstag. Einige Tage vorher berichtete Jim seinen Eltern von unserem Beschluß:

»Es kann uns niemand vorwerfen, wir hätten die Dinge überstürzt, weil wir uns innerhalb von weniger als drei Wochen zum Heiraten entschlossen hätten – wir lieben uns seit über fünf Jahren und haben, glaube ich, die Zeichen von Gottes Zustimmung oder Ablehnung so gewissenhaft beachtet wie nur jemand. Daß wir uns nur standesamtlich trauen lassen wollen, versteht wahrscheinlich niemand, aber wir tun es trotzdem – wir sind überzeugt, daß Gott uns lenkt und unsere Motive kennt, und nur auf Sein Urteil kommt es an. Unsere Heirat ist ja nicht das erste, womit wir die öffentliche Meinung zum Widerspruch gereizt haben. Auch daß wir so lange mit der Verlobung gewartet haben und daß ich alleine in den Urwald ging, haben die meisten sich nicht bemüht zu verstehen. Mich kümmert das, was die Leute sagen, überhaupt nicht. Es war eine lange Lehrzeit, bis ich das gelernt hatte: nur vor Gott zu leben, sich das Gewissen nur von Ihm formen zu lassen und nichts zu fürchten als das Abweichen von Seinem Willen. Aber ich lerne es immer mehr, und anders möchte ich nicht leben. Wie Paulus möchte ich immer sagen können: *‚Mir aber ist es das Geringste, daß ich von euch oder von einem menschlichen (Gerichts-)Tag beurteilt werde . . . Der mich aber beurteilt, ist der Herr.'*«

Wahrhaftig, es war eine »lange Lehrzeit« gewesen – angefangen von den Tagen, als wir gemeinsam Thukydides gelesen hatten; danach die Monate des Schweigens, dann der Beginn des Briefwechsels; die Tage bei Jims Eltern und an der Küste von Oregon; Jahre der Ungewißheit über das Missionsfeld; danach Weisung und Gewißheit; dann Ekuador; Zusammensein in Quito; getrennte Wege in den Urwald, der eine östlich, der andere westlich der Anden; wieder Quito, Verlobung; neue Trennung; die Überschwemmung im Juli; die Fahrt zum Bobonaza im August . . . und dann der 8. Oktober 1953.

»Die auf mich hoffen, werden nicht beschämt werden.«

Ohne jedes Aufheben wurden wir in Quito auf dem Standesamt getraut. Sie waren wundervoll schlicht und einfach, diese zehn Minuten – ein hoher, etwas schmuddeliger Raum in einem alten Haus im Kolonialstil; ein entsprechend feierlicher Beamter las mit monotoner Stimme und in raschem Tempo einen mehrere Seiten langen Text auf Spanisch vor, unterbrochen hier und da von unserem »Si«. Außer Dr. Tidmarsh und seiner Frau, unseren Trauzeugen, waren Ed und Marilou die einzigen Anwesenden. Wir schrieben unsere Namen in ein großes Hauptbuch und waren Mann und Frau.

»Habe deine Lust am Herrn; so wird er dir geben, was dein Herz begehrt.« Gott hatte es uns gegeben, und zwar vielleicht

in einem Sinn, wie Jim ihn mir in einem Brief einmal erklärt hatte:

»Das Wort bedeutet nicht, daß er Dir geben wird, was du Dir wünschst. Es meint: Er wird Dir eingeben, was Du Dir wünschen sollst. Die Lust an Christus bewirkt Verlangen nach Christus. Er gibt dem Herzen Seine Wünsche – das heißt: ‚Er wirkt in uns das Wollen'(Philipper 2, 13). Darum kann Er in Johannes 15, 7 sagen: *‚Wenn ihr in mir bleibt und meine Worte in euch bleiben, so werdet ihr bitten, was ihr wollt, und es wird euch geschehen!'* Die Rebe nimmt ihren Saft vom Rebstock, die inneren Schwingungen des Weinstocks übertragen sich auf die Rebe. Mein Wille wird Sein Wille, und ich kann bitten, was ich will, wenn ich Lust habe an Ihm. Meine Wünsche können mir erfüllt werden, wenn sie Seine Wünsche sind.«

Nach den Flitterwochen in Panama und Costa Rica kehrten wir nach Quito zurück, um unsere Ausrüstung für die Übersiedlung nach Puyupungu zu packen. Umgeben von Koffern und Kisten, fand Jim ein paar Minuten Zeit, einen Brief an seine Eltern zu schreiben, den ersten seit der Hochzeit, am 28. Oktober:

„Wir sind sehr, sehr glücklich – alles, was wir sind und haben, haben wir jetzt gemeinsam. Zur Zeit wohnen wir in der Bodega, einem Haus, das unsere Gruppe gemeinsam gemietet hat als Aufbewahrungsort für unsere Sachen. Auch die anderen Missionare sind größtenteils jetzt hier in Quito, und wir haben viel zu tun mit dem Packen der Sachen für Puyupungu. In Shandia hatten wir ja nur einen kleinen Teil von dem gebraucht, was ich aus den Staaten mitgebracht hatte, und jetzt, wo wir von der Hochzeitsreise kamen und die Kisten und Tonnen von damals wieder aufmachten, kommt es uns so vor, als zögen wir mit lauter neuen Hochzeitsgeschenken los. Zusammen haben wir jetzt eine wirklich prachtvolle Kollektion von rostfreien Bestecken, Töpfen und Geschirr. Ich sitze neben einem kleinen Schließkorb, den Betty gerade vollpackt.

Am Samstag sind wir aus Panama zurückgekommen; jedes der Hotelzimmer hatte einen eigenen Balkon, der unsere ging direkt auf den Stillen Ozean hinaus.«

Das Hotelpersonal war größtenteils zweisprachig, und Jim und ich hatten uns öfter damit amüsiert zu beobachten, daß sie den Gästen immer anzusehen schienen, in welcher Sprache sie mit ihnen reden mußten. Jim wollte ausprobieren, ob er sie nicht reinlegen könne. Eines Morgens, als er an den Verkaufsstand trat, wurde er mit höflichem »Good morning, Sir« begrüßt.

»Ay would laik wan rroll of teerty-faive milimeter film«, sagte er, indem er mit großer Vollendung einen Englisch sprechenden Südamerikaner mimte.

»Muy bien, senor«, lautete die prompte Antwort.

Ich war natürlich ganz verdattert, aber ich bewahrte meine Fassung, bis wir im Lift waren. Ich machte mir klar, daß ich jetzt die Frau dieses unberechenbaren Menschen war und daß ich mich ihm gleichstellen mußte.

In dem obigen Brief von Jim an seine Eltern heißt es weiter:

»Wir blieben dort acht Tage, dann flogen wir nach San José in Costa Rica, wo wir Dave (meinen Bruder) und Phyl mit unserem Besuch überraschten, mitten in ihrem Spanisch-Kursus. Sie wußten nicht mal, daß wir geheiratet hatten, geschweige denn, daß wir sie besuchen würden.

Sowohl in Panama als auch in Costa Rica haben wir mit aufgerissenen Augen die Auslagen in den Schaufenstern angestaunt, wie halbnackte Wilde, die zum erstenmal in ihrem Leben eine Stadt sehen.«

Als wir schließlich unsere Sachen in Schließkörben und Koffern mit Ölpapier gut verpackt hatten, brachen wir von Quito auf und flogen nach Shell Mera, wo wir bei Nate und Marj Saint in der Zentralstelle der Luftfahrt-Missionsbruderschaft übernachteten. Am nächsten Morgen fuhr uns Nate im Auto nach Puyo, der letzten Stadt auf unserem Weg. Dort hatte

Jim Kanus für uns bereitstellen lassen. Unser Gepäck wurde eingeladen, und dann fuhren wir den Puyo-Fluß hinunter, unserer neuen Heimat zu.

Am Spätnachmittag, als die Sonne sich schon neigte, hörten wir einen langgezogenen Ruf, und etwas weiter unterhalb tauchte Atanasio auf, das Oberhaupt von Puyupungu, mit mehreren Kanus voller Freunde. Sie begrüßten Jim herzlich und sagten: »Du bist also einer, der Wort hält!«

Es gab viel Gelächter und freudiges Schulterklopfen, und wir fuhren gemeinsam weiter bis zu der Stelle, wo der Puyo in den mächtigen Pastaza mündet. Oben auf dem Hochufer stand Atanasios Familie – zwei Frauen und ein ganzes Bataillon von Kindern, die durch die Bäume scheu herunterspähten. Als die Kanus knirschend auf den Sandstrand fuhren, kamen alle den steilen Uferpfad heruntergelaufen und halfen uns beim Ausladen des Gepäcks – ein winziger Eisenherd, ein Metallkoffer, Klappbett, Zelt und verschiedene Körbe. Und schon hatten sie alles die Böschung hinaufgetragen und in einer kleinen, mit Palmblättern gedeckten Hütte deponiert, in der wir übernachten sollten. Unverzüglich wurden wir mit allem versorgt, was man sich nur wünschen konnte – Brennholz, Wasser, Eier, Papayas, geräucherte Fische, Pisangfrüchte. Der Empfang, den sie uns bereiteten, kam von Herzen.

Die Palmblatthütte, die an dem ersten Abend wie ein sicherer Hafen für uns beide aussah, war, wie sich dann herausstellte, das gleiche für die Küchenschaben. Zudem konnten weder Jim noch ich aufrecht darin stehen. Zwei Tage später hatte Jim das Zelt aufgestellt, ein 30-qm-Zelt, das ihm jemand kurz vor der Abfahrt in Kalifornien geschenkt hatte. Als wir es aufschlugen, ahnten wir noch nicht, daß es fünf Monate lang unsere Heimstätte sein würde.

Gerade als Jim neben dem Zelt ein paar Pfosten für eine kleine Kochhütte eingeschlagen hatte und im Zelt einen Fußboden aus Bambus legen wollte, überfiel ihn ein Fieber, das ihn außer Gefecht setzte und dessen wir mit unseren üblichen Malariamitteln nicht Herr werden konnten. Der Kurzwellenapparat, den wir mitgebracht hatten, war uns anfangs wie ein etwas übertriebener Luxus vorgekommen; jetzt, als ich Verbindung mit einem Arzt aufzunehmen versuchte, um ihm die Symptome von Jims Krankheit zu beschreiben, wurde er zu einem wichtigen Gebrauchsgegenstand. Der Strom für den Apparat wurde mit einer Handkurbel erzeugt, aber Jim war zu schwach dafür, deshalb mußte ich mir einen bereitwilligen Indianer suchen, der die Kurbel drehte, während ich den Sender bediente. Hierzu kam, daß der Empfang sehr schlecht war, und so verliefen die Versuche, Verbindung zu bekommen, ziemlich erfolglos.

Drei Wochen lang lag Jim im Bett und konnte kaum den Kopf heben; währenddessen drang der Regen unter den Zeltwänden ins Innere, wo er den Boden in einen Sumpf verwandelte, und ergoß sich in die Küche, die noch keine Wände hatte.

Über die Zeit von unserer Hochzeit bis zu seinem Tod sind nur wenige Berichte von Jim vorhanden, und auch diese sind skizzenhaft. Dies hatte mehrere Gründe – vor allem den, daß er mir jetzt keine Briefe mehr zu schreiben brauchte. Außerdem konnte er die Gedanken, die er in Ermangelung eines Partners vorher seinem Tagebuch anvertraut hatte, jetzt mir anvertrauen. Weitere Gründe sind aus einem Brief ersichtlich, den er an seinen Bruder Bob schrieb:

»Herzlichen Dank, Bob, für Deine Aufzeichnungen über den Menschensohn zur Rechten Gottes. Ich glaube, meine Briefe von hier haben über solche Themen herzlich wenig enthalten, und das ist ein Zeichen dafür, daß meine Seele meistens mit anderen Dingen angefüllt ist. Manche finden, das Leben im Urwald sei ein ruhiges Leben, und wenn Du einen Ekuadorer fragst, warum es ihm hier im ostwärtigen Urwald gefalle, sagt er Dir: weil das Leben hier so leicht und ruhig sei. Für mich ist es das nicht. Da ich hier vieles tun muß, worin ich keinerlei

Erfahrung habe, und da alle Augenblicke, tags wie nachts, irgend etwas Neues auftaucht, ist mein Bibelstudienprogramm sehr stark beschnitten worden; bei manchen Stellen muß ich lange überlegen, wo sie stehen – Stellen, die ich früher ohne weiteres präsent hatte. Es ist betrüblich. Ich kann mir auch nicht vorstellen, wie ich je wieder auf Englisch predigen werde. Seit über einem Jahr benutze ich ständig die spanische Bibel, und bei der Verkündigung bin ich meistens von dem wenigen ausgegangen, was es bisher auf ketschuanisch gibt. Es kostet Mühe, sich freizumachen und Zeit herauszuschlagen allein schon zum Lesen, ganz zu schweigen von Meditieren oder konzentriertem Arbeiten. Das Vorhandensein von geistlichem Leben merkt man manchmal nur dadurch, daß man darum kämpft, es aufrechtzuerhalten, nicht etwa, weil man es bewußt und planvoll lebt. Bete doch für meine Seele. Gelder brauchen wir hier nicht, wirklich nicht, auch keine zusätzlichen Mitarbeiter. Wir brauchen Kraft des Geistes und seelische Stärke. Der Widersacher führt seine Waffen sehr geschickt, und so wie unsere sind auch die seinen geistliche Waffen, zur Verteidigung eben jener Bollwerke, die zu zerstören wir ausgerüstet werden.«

Das Tagebuch hatte Jim lange Zeit ganz vernachlässigt. Erst am 1. Dezember findet sich wieder ein Eintrag:

»Im Augenblick regnet es nicht, aber die frischgeschlagenen Bambusstäbe sind voll von nassem Lehm, und die andere Zelthälfte, wo der Fußboden noch fehlt, ist ein glitschiger Matsch, weil es Sonntagnacht die ganze Zeit geregnet hat. Heute wollen sie einen weiteren Haufen Bambus bringen, und bis Ende der Woche werden wir den Fußboden wohl fertig haben. Angeblich habe ich Gelbsucht gehabt, fast vom Tag unserer Ankunft an; auch jetzt bin ich noch ein halber Bettpatient. Betty ist draußen in der Küche tätig, ich selber sitze an unserem Kartentisch, der geschmückt ist mit einer geblümten Teedecke, einer weißen Kerze und einer anmutigen kleinen Urwaldblume, die in einer Blechbüchse reizend aussieht.

Das Eheleben ist ein erfülltes – erfüllt wie das Leben überhaupt, das mir zuteil geworden ist, aber noch reicher wegen seiner Vielfältigkeit. In allem haben wir Eintracht und Harmonie erfahren. Die eheliche ‚Anpassung' – wenn es so etwas überhaupt gibt - vollzieht sich bei mir ohne jede Anstrengung, sogar ohne daß sie mir bewußt würde. Solcher Art ist die Liebe, die wir erleben.«

Im Dezember gingen Jim und ich zu Fuß von Puyupungu nach Puyo – wir wollten Weihnachten bei Ed und Marilou in Shandia verleben. Der Pfad war selbst für Urwaldverhältnisse sehr dürftig; er wurde wenig benutzt, weil die Indianer Kanus besaßen und sich lieber auf den Flüssen fortbewegten. So war er an den meisten Stellen fast zugewachsen. Natürlich konnten wir nur hintereinander gehen. Ein Indianerjunge führte uns. Er hatte den schnellen Gang der Indianer, die ihr Tempo immer beibehalten, auch wenn es bergauf geht oder wacklige Brücken aus Baumstämmen zu überqueren sind. Jim ging als zweiter, ich selbst nach indianischem Brauch am Schluß. Bei den Indianern tragen die Frauen das Gepäck (hierin wichen wir allerdings von ihrer Sitte ab!) und passen auf die Kinder auf, während die Männer, nur mit einem Gewehr oder Blasrohr beladen, an der Spitze marschieren und nach Wild ausschauen und auf Schlangen achten. Während ich hinter Jim herging, fiel mir wieder auf, mit welcher Leichtigkeit er sich auf dem schwierigen Pfad fortbewegte – manchmal mit einem Sprung über einen besonders tiefen Matsch hinwegsetzend, sich an einer Liane eine Böschung hinunterschwingend oder über einen umgestürzten Baum springend. An manchen Stellen mußte man sich ganz zusammenkrümmen, um durchzukommen, an anderen mußte unser Führer mit dem Buschmesser einen Weg durch das Gewirr von Schlingpflanzen hacken, wenn durch ihr Gewicht ein Ast herabgebrochen war. Wir wateten durch Flüsse und gingen ständig hinauf und hinunter

– die Indianer legen ihre Urwaldpfade am liebsten auf dem höchstgelegenen Gelände an, weil dort das Wasser eher abfließt. Zum Bewundern der Natur hat man bei Urwaldmärschen wenig Gelegenheit, nur als wir mittags eine Essenspause machten, konnten wir uns daran erfreuen – am Anblick der gewaltigen Baumriesen, des zarten Mooses und an dem kühlen, leicht süßlichen Duft des Waldes. Nach neunstündigem Marsch erreichten wir schließlich das mit Zuckerrohr bebaute offene Land um die Grenzstadt Puyo, wo Marj Saint schon mit dem Kombiwagen auf uns wartete, mit Kuchen und vier eisgekühlten Coca-Cola. Sie fuhr uns nach Shell Mera, und von dort flogen wir nach Shandia.

Jims nächste Tagebuchnotiz trägt das Datum des 20. Januar 1954:

»Wir verlebten in großer Freude zwei Ferienwochen in Shandia. Die erste Junge-Männer-Tagung verlief ohne genügend Beten und Bibelarbeit, war aber trotzdem von Gott gesegnet. Am Sonntag taufte ich Eugenia Cerda und Carmela Shiwangu im Talac mit großer Freudigkeit und Gottvertrauen. Hier in Puyupungu habe ich mit den Vorarbeiten für die Landebahn und den Hausbau begonnen; der viele Regen hat mich etwas entmutigt, und wegen der Schwierigkeit mit Arbeitskräften geht alles sehr langsam. Aber Gott steht uns bei, und man sieht den Fortschritt. Mit Lucas als Schullehrer bin ich nicht ganz glücklich, aber es ermutigt mich, daß manche das Wort Gottes mit großer Aufmerksamkeit aufnehmen. Gestern abend bei der kleinen Zusammenkunft, wie wir sie dienstags immer abhalten, sagte Atanasio: ‚Ich will in deinen Worten sterben.' Wieviel er versteht, weiß ich nicht, aber ohne Zweifel nimmt er vieles auf. Ich bete, daß Gott etwas wirkt bei den Schulkindern, ihre Zahl beträgt jetzt zehn.

5. Februar. »Heute das Dach des Hauses und des Schuppens fertiggemacht. Die Männer werden die Arbeit etwas leid und bleiben teilweise fort. Nur Gott ist beständig und verläßlich.

Ich bete in diesen Tagen besonders für Pablo und Atanasio. Ach, daß Gott sie doch erleuchten und zum Leben erwecken möchte. Diese Woche habe ich angefangen, Tito und Benito Fortbildungsunterricht zu geben. Tito macht sich gut. Vielleicht wird es Gott so fügen, daß ich ihm ein geistlicher Vater werde.«

1. April. »Pause an einem regnerischen Nachmittag. Dankbar, daß wir jetzt in unserer neuen Behausung wohnen, seit acht Tagen. Es war eine lange Zeit, die fünf Monate im Zelt, schwierig, aber doch erträglich. Gott war getreu, auch wenn der Satan uns sehr zusetzte und durch die langen Regenwochen manchmal zum Verzagen brachte. Es kamen Männer aus Pano zum Helfen, ohne sie hätten wir den Landestreifen jetzt nicht fertig. Das Flugzeug landete gestern auf einem dreihundert Meter langen Stück, aber zum Aufsteigen ist es noch zu naß.«

15. April. (Brief an seinen Bruder) »Du entschuldigst Dich, Bob, daß Du uns Schreibwaren mit Rosen schickst, und meinst, wir hätten uns jetzt wohl ganz auf Orchideen umgestellt. Irrtum. Ich gäbe viel darum, wenn ich hier einen Rosenstrauch zum Wachsen brächte. Es stimmt allerdings, wir haben ganz in der Nähe eine Menge großer, schöner Orchideen, und eines meiner kleinen Hobbys ist, so viele verschiedene Sorten zu sammeln, wie ich kann. Sie blühen nur zu bestimmten Zeiten, aber es ist hochinteressant, ihre Eigenarten zu studieren. Die großblumigen, die wir in den Staaten kennen, sind übrigens eine Züchtung. Wenn ich hier eine neue Sorte finde, nehme ich sie mit und pflanze sie in meinen Orchideengarten – einen Baum hier am Haus. Im ganzen, glaube ich, habe ich jetzt acht verschiedene Sorten, manche haben allerdings noch nicht geblüht. Die Bougaivillaea-Schößlinge, die wir aus Shell Mera mitgebracht haben, sind gut angewachsen. Außerdem haben wir einige Dutzend Ananas gepflanzt, um den Urwald etwas vom Haus fernzuhalten. So etwas bewahrt einen vor dem völligen Verindianisie-

ren. Die Indianer natürlich finden es verrückt, daß einer Blumen pflanzt, aber sie nehmen es hin als eines der verrückten Dinge, die wir nun einmal tun und mit denen wir Erfolg haben.

Dies ist jetzt die Karwoche, und wir haben festgestellt, daß religiöse Festtage besonders geeignet sind für anschauliche Verkündigung des Evangeliums. Wir haben jeden Abend eine Andacht, und Lucas und ich sprechen abwechselnd über die sieben Kreuzesworte. Die Indianer hören sehr aufmerksam zu, und gestern abend sagte Atanasio zu mir, allmählich gingen ihm die Augen auf und er beginne zu verstehen. Er hat den ehrlichen Wunsch, sein Leben zu ändern, ist aber ein Gewohnheitstrinker und sagt, er hätte bisher wie ein Wilder gelebt. Wir beten ernstlich für seine Bekehrung. Seine älteste Tochter, die uns beim Abwaschen hilft, ist dem Reich Gottes nicht ferne. Bete doch, daß die ganze Familie die Königsherrschaft Christi aus vollem Herzen annimmt und daß wir mit unserer Arbeit auch zu anderen Indianern vordringen, zu denen, die ein bis zwei Tagereisen von uns ab wohnen, zu weit, als daß wir sie bisher erreichen konnten.«

Mit großer Erwartung sahen Jim und ich der Ankunft seines Vaters entgegen, der beim Wiederaufbau Shandias mithelfen wollte, und wir hofften und beteten darum, daß wir mit dem Landestreifen fertig würden, bevor wir aufbrechen mußten, um Jims Vater zu empfangen. Am 30. Mai notierte Jim in sein Tagebuch:

»Vater und Pete sind jetzt beide hier bei uns in Shandia, und daß sie da sind, ist sicherlich zum großen Teil die Frucht vieler Gebete. Betty und ich konnten am 21. April mit dem Flugzeug herkommen, und sechs Tage danach traf ich Vater in Puna. Eine ganze Woche hatte er gebraucht, um all die mitgebrachten Baugeräte durch den Zoll zu bringen. Wir blieben acht Tage in Quito, nahmen an der Missionarstagung teil, ließen meine Zähne richten und besuchten Freunde. Hier in Shandia habe ich den Bauplatz für das neue Haus ausgesucht. O Herr, möge es der richtige sein!«

Sein nächster Brief nach Portland berichtet von dem Fortschreiten des Neubaus in Shandia. Sowohl Jim als auch die anderen Männer waren der Meinung, wenigstens eine unserer Stationen solle ein festes Haus besitzen, während Orte wie Puyupungu als Außenstationen gelten könnten. Und so benutzten sie die günstige Gelegenheit, daß Jims Vater helfen konnte, und begannen mit dem Bau.

»Das Bretterhobeln ging gut voran, nur hatte Vater Schwierigkeiten mit dem Richten der großen Säge, aber das Vorbereiten des Bauholzes dürfte in einigen Wochen erledigt sein, denke ich, vorausgesetzt natürlich, daß keine unvorhergesehenen Rückschläge kommen. Hier in Puyupungu ist sozusagen alles fertig und außerdem soviel kleiner und einfacher als in Shandia, daß man es geradezu als Erleichterung empfindet, wieder hier zu sein.

Von Pete haben wir uns vorige Woche verabschiedet, weil er in die Staaten flog, um zu heiraten. An unserem letzten Sonntag in Shandia habe ich sechs weitere Indianer getauft, und zum erstenmal haben wir eine Abendmahlsfeier in ketschuanischer Sprache gehalten . . .

Eben kam ein kleines Mädchen von Atanasios Haus herüber und fragte, ob heute abend Bibelstunde sei. Ich sagte ja. Betet, daß Gott in dieser kleinen Indianergruppe etwas wirken möge und daß Er uns hier beschütze gegen die Anläufe des Teufels.«

DAS MUSTERBILD WIRD WIRKLICHKEIT

»Nach der Gestalt, die der HERR dem Mose gezeigt, so hatte man den Leuchter gemacht.«

Ende Juni veranstalteten wir in Puyupungu eine kleine Abschlußfeier für unsere Schulkinder und ihre Eltern; dann, nachdem wir ihnen versprochen hatten, sie so oft wie möglich zu besuchen, schlossen wir das Haus zu und begaben uns nach Shandia, damit Jim sich dort ganz den Bauarbeiten widmen konnte, solange sein Vater noch in Ekuador war. Jim und ich zogen in das winzige Bambushaus, das Pete sich dort gebaut hatte, und zum Essen gingen wir zu Ed und Marilou.

Jims Tage waren angefüllt mit schwerer und anstrengender Arbeit – Bauen, Bäume fällen, Sand und Steine schleppen, Verschalungen für Betonguß machen – und mit der Überwachung der Handwerker. Wenn ich nachmittags mit einem Limonadekrug zu ihm hinausging, fand ich ihn mit nacktem Oberkörper, braun verbrannt und schweißglänzend an der kleinen Mischmaschine stehend, mit Sandsäcken hantierend und die Indianer dirigierend, die mit ihm zusammen arbeiteten. Gegen Abend kehrte er zum McCully-Haus zurück, zwölf Minuten von seinem Arbeitsplatz entfernt, und badete vor dem Essen im kühlen Fluß. Die Abende vergingen mit Briefeschreiben, Erörterung von Sprachproblemen, Vorbereitung für den Bibelunterricht oder Unterhaltung mit McCullys. Daß Jim jetzt im Urwald mit Ed zusammen arbeiten konnte, auch das war einer seiner vielen Träume, die sich verwirklicht hatten. Für Marilou und mich war es eine reine Freude, die beiden zu beobachten. Sie verstanden sich, schien es, in allem, und die Gemeinschaft, die sie in Wheaton und Chester erlebt hatten, hatte nichts von ihrer Freudigkeit verloren; im Gegenteil, durch die gemeinsame Missionsarbeit bei den Indianern war die Freundschaft noch viel inniger und fester geworden.

Am 8. Oktober schrieb Jim an seine Mutter, die damals bei seinen Brüdern in Peru war:

»Heute ist unser Hochzeitstag. Dieses Jahr war das glücklichste und tätigste meines ganzen Lebens. Nächste Woche, hoffe ich, werden wir in unser drittes Haus seit unserer Heirat ziehen – erst das Zelt, dann das Palmblattdach in Puyupungu und nun richtige Bretter, Zement und Aluminium. Was kommt danach?

Ed ist übers Wochenende in Arajuno. Er hat dort eine Hütte gebaut, in der er mit seiner Familie einige Wochen gewohnt hat. Es wird dort jetzt ähnlich sein wie in Puyupungu, eine Außenstation, und nächstens können wir »Rundreisen« machen und unterrichten und predigen, mit Shandia als Basis. Donnerstags haben wir den Schulunterricht angefangen mit elf Schülern und erwarten für Montag weitere. Es kommen jetzt auch einige ältere, deshalb wollen wir uns um die Schule besonders kümmern und nicht den ganzen Unterricht dem armen jungen Religionslehrer überlassen, den wir dieses Jahr aus den Staaten hergebeten haben.«

12. Dezember. »Ed und ich sitzen in der kleinen Hütte, die er sich hier in Arajuno, der ‚Geisterstadt' der Shell Company, gebaut hat, und schwitzen uns durch einen heißen Nachmittag. Es sieht unheimlich und gespenstisch aus hier – und überall liegen zerbrochene Zementplatten, Eisenträger, Erdbohrer, Rohre, Trümmer von zerfallenen Gebäuden, und alles rostig und zerfressen. Gestern, als ich im Freien sprach, kamen fünfundzwanzig Zuhörer, und heute morgen versammelten sich fünfzig zu einem Vortrag, den ich in einem Indianerhaus hielt. Die Menschen hier haben wirkliches Interesse für das Evangelium. Sie sind nicht so abgekämpft wie die in Shandia. Die Botschaft Menschen zu verkündigen, die sie

noch nie gehört haben, ist immer ein besonderes und aufregendes Erlebnis, und es hilft einem, finde ich, sich auf die Hauptsache zu konzentrieren und Nebengedanken und Einzelheiten wegzulassen. Wenn man an so abgelegene Orte kommt wie diesen, hat man das Gefühl, als sehe man mit eigenen Augen, wie das Wort sich buchstäblich erfüllt: *‚Und dieses Evangelium des Reiches wird gepredigt werden auf dem ganzen Erdkreis . . .'*«

Weihnachten 1954 waren wir in Shandia allein, weil McCullys nach Quito geflogen waren zur Geburt ihres ersten Sohnes Mike. Wir hatten Ende Oktober in das neue Haus einziehen können und hatten viel Freude mit dem Herrichten und Ausstatten des Innern.

Eine Tagebuchnotiz vom 16. Januar 1955 bekundet eine schwermütige und bedrückte Stimmung:

»Ziemlich niedergeschlagen an diesem Sonntagmorgen. Soeben zurückgekommen von einem Gottesdienst mit fünfundzwanzig Indianern, größtenteils Schuljungen und junge Frauen. Ich hatte das Gefühl, daß ich ohne Kraft, ohne Inbrunst predigte, und das Resultat war entsprechend. Unruhe, Unterbrechungen, Spiele. Es kommen keine Erwachsenen. Die Frau von Vicente, von Kuwa, von Upuchu; keine Männer. Mein erster Gedanke ist der, daß sie das Predigtenhören leid sind, daß sie keine Freude mehr daran haben. Vielleicht predigte ich zu schwer, vielleicht bin ich zu abgekämpft durch die vorige Woche und das Einrichten des Hauses – es ging in einem durch bis zum Abendessen am Samstag. Ich übersetzte eine Stelle aus Titus und predigte dann darüber, spürte aber in dem, was ich sagte, wenig Leben, auch keinen richtigen Zusammenhang. Das Haus und das ganze Einrichten muß jetzt an die zweite Stelle rücken. Meine erste Sorge muß sein, daß die Indianer zu den Versammlungen kommen und daß ich zu den einzelnen hingehe und persönliches Zeugnis ablege. Elias Cerda zum Beispiel möchte getauft werden, aber zu den Gottesdiensten heute ist er nicht gekommen. Auch mit Gervacio, Venancio und Abelardo muß ich sprechen, und zwar noch vor dem Jungmännertreffen am 4. Februar.

Es ist schade, daß ich in der letzten Zeit nichts eingetragen habe. Oft kamen frische Gedanken, aber ich habe sie nicht festgehalten, und jetzt sind sie fort.«

Im Februar, als das Jungmännertreffen stattfand, konnten Pete und Ed mit ihren Frauen nach Shandia kommen und helfen. Siebzig bis hundert Indianer nahmen an den Zusammenkünften teil. Am letzten Sonntag ließen sich vier junge Männer taufen und erzählten den Zuschauern, wie Christus in ihr Leben eingegriffen hatte. Einer war ein notorischer Trinker gewesen, sein Leben war jetzt völlig umgewandelt. Für Jim bedeutete dies eine große Ermutigung, denn den jungen Männern galt seine Hauptsorge: Sie waren es, die allmählich in der kleinen Gemeinde die geistliche Verantwortung übernehmen mußten. Er lehrte sie mit viel Sorgfalt und Geduld, immer darauf bedacht, ihnen beizubringen, selber zu lehren. Jeden Montag hielt er eine besondere Bibelstunde ab, die nur der Anleitung von Gläubigen diente und die über die evangelistische Verkündigung in den Sonntagsgottesdiensten weit hinausging. Außerdem versammelte Jim jetzt eine kleine Kerngruppe von Gläubigen zu schlichten Abendmahlsfeiern, bei denen Christus angebetet und im Lobpreis erhoben wurde. Ohne Predigt oder Belehrung – es wurden Anbetungslieder gesungen, es wurde gebetet, und die neu im Glauben Stehenden begriffen so allmählich, was Anbeten heißt und welchen Sinn es hat –, schlicht und aufrichtig brachten sie dem Herrn die Liebe ihrer Herzen dar. Andere fingen an, diese Zusammenkünfte von draußen zu beobachten – manche um zu spotten oder aus bloßer Neugier, manche mit dem Wunsch, zu verstehen. Zu sehen gab es freilich wenig. Der Raum, in dem wir zusammenkamen, war das Schulzimmer – Wände und Boden aus Bambus, Strohdach, Bänke ohne Lehne. Ein kleiner Tisch stand in der Mitte des Kreises, darauf ein Brotlaib und ein Kelch mit Wein. Die Indianer versammelten sich still und ruhig, im Gegensatz zu sonst (die Hunde und die Babys blieben draußen), und saßen barfüßig und ehrfürchtig um die Symbole, die ihnen vom Tod ihres Herrn Jesus Christus sprachen, den sie erst vor so kurzem kennen- und liebengelernt hatten. Einer nach dem anderen trugen sie ihr Teil bei, schlugen ein Lied vor, beteten, und gemeinsam erhoben sie die Herzen zu Christus. An Seinen Tod erinnert, gedachten sie auch Seiner Wiederkunft, und oft sangen sie zum Abschluß: »Kirikgunaga, kushiyabguichi – Cristo shamunmi!« »Freut euch, ihr Gläubigen – Christus wird kommen!«

Anfangs übernahm meistens Jim die Predigt, nachdem Ed und Pete Shandia verlassen hatten. Hierbei mußte er meistens die Schriftstelle, über die er predigen wollte, zuerst einmal übersetzen, denn bisher war nur ein ganz geringer Teil der Bibel in die Sprache der Tiefland-Ketschuas übertragen. Die drei arbeiteten ständig an dieser großen Aufgabe und tauschten ihre Erfahrungen und Ergebnisse gegenseitig aus. Ed und seine Frau stellten auf ihrem Abziehapparat in Arajuno eine erstaunliche Vielfalt von Textmaterial her. Jim übersetzte den größten Teil des Lukasevangeliums – eine seiner letzten Arbeiten – und beim Vorbereiten seiner Predigten außerdem viele einzelne Schriftstellen.

Allmählich jedoch, fand er, mußte das Amt des Predigens auf die jungen Indianer übergehen, und zu diesem Zweck befaßte er sich viel mit ihnen einzeln, indem er eine Stelle vornahm und durchsprach und ihnen eine Art des Schriftstudiums zu zeigen suchte, nach der sie selbständig vorgehen konnten, auch wenn sie allein waren. Mehrere der jungen Männer zeigten eine ausgesprochene Begabung und konnten schon nach kurzer Zeit den ganzen Sonntagsgottesdienst übernehmen – vom Führen beim Gesang bis zum Predigen. Für die meisten Indianer war es etwas gänzlich Neues, einen der ihrigen vorne stehen zu sehen, und es bedurfte vielen Zuredens und geduldigen Erklärens, bis sie es zu schätzen und zu würdigen lernten. In ihren Augen war das Predigen etwas für »Gringos«, nur für gelehrte Leute. Ein Indianer, der predigte? Verrücktheit! Aber sie kamen dennoch.

Nach einiger Zeit konnte Jim ihnen klarmachen, daß Jesus sich die, die er aussandte zu predigen, auch nicht aus den Absolventen von Predigerseminaren ausgewählt hatte. In vielen Fällen waren es einfache Handwerker gewesen, den gleichen Ständen und Gesellschaftsschichten angehörend wie auch ihre Zuhörer. Eine Scheidung in Geistliche und Laien hatte es nicht gegeben. Jim beschloß, daß es sie auch in Shandia nicht geben sollte. Die Bibel war für alle da, und jeder, der wollte, konnte lernen, sie zu lesen. Jim wollte alles tun, um ihnen die Schrift in ihrer eigenen Sprache in die Hand zu legen; und sie sollten nicht nur lernen, sie zu lesen, sondern auch, sie »richtig darzubieten«. Wenn die Indianer nur kamen, um einen Fremden zu hören, konnten sie auch wegbleiben. Sie mußten einsehen, daß das geschriebene Wort die Stimme Gottes ist – auch wenn es ein Indianer predigte –, sonst waren alle missionarischen Bemühungen vergeblich.

In den Vereinigten Staaten wird dem Wort Gottes im allgemeinen Ehrfurcht entgegengebracht – wenigstens nach außen, auch wo man nicht daran denkt, es zu befolgen. Zu dieser »Kulturhöhe« hat es der Indianer der ekuadorischen Urwälder noch nicht gebracht – Ehrfurcht vor dem Wort bekundet er weder dadurch, daß er es befolgt, noch dadurch, daß er aufmerksam zuhört, wenn es vorgelesen wird. Am schwierigsten sind bei den Versammlungen die Frauen – sie suchen die Köpfe ihrer Kinder nach Läusen ab, stehen geschlossen auf, wenn draußen jemand vorübergeht, rennen ans Fenster, strecken dem Nachbarn den Fuß hin, um sich eventuelle Dornen ausziehen zu lassen, laufen rein und raus mit ihren Kindern und führen ungeniert Privatgespräche. Die Männer, die gewöhnlich hinten sitzen, machen ihnen dann zuweilen Vorhaltungen, kommen mitten in der Predigt vor, um die Bänke wieder zurechtzurücken, oder gehen ans Fenster und unterhalten sich mit jemand draußen – im allgemeinen aber sind sie sehr viel aufmerksamer als die Frauen. Tiere mitzubringen, gilt als selbstverständlich; zwischen den Bänken laufen Hunde umher, auf den Köpfen der Frauen thronen Vögel oder Affen, junge Hündchen werden im Tragtuch auf dem Rücken mitgebracht. Man wird immer an das »viele Volk« erinnert, das hinter Jesus herzog – die Schreiber der Evangelien haben es unserer Phantasie überlassen, uns die Gedanken Jesu über diese Volksmengen auszumalen, aber trotz allem gab es jene wenigen, die mehr wollten als nur Brot und Fische. Und diese wenigen hörten auf Sein Wort und folgten Ihm nach. Und so geschah es auch in Shandia. Es gab die zwei und drei, die Ihn, den Unsichtbaren, trotz aller Ablenkung doch sahen, die glaubten und Ihm nachfolgten. Diese waren es, für die Jim sein Leben und alles, was er hatte, einsetzte. *»Auch wir sind schuldig, für die Brüder das Leben hinzugeben.«*

Wenn ich sah, mit welcher Geduld und mit welchem Geschick er sie zu behandeln wußte, mußte ich immer wieder staunen. Die Art, wie ein Indianer auf eine Situation reagiert, ist gänzlich anders als die unsrige – im gleichen Maß, wie sich seine Sitte, mit Teller und Löffel am Boden zu sitzen, von unseren hochkomplizierten ‚Essensriten' unterscheidet mit Tischen, Stühlen, Decken, Servietten, verschiedenartigen Tellern und Bestecken, Blumen – von der Vielzahl der aufgetragenen Gerichte ganz zu schweigen. Wenn er etwas falsch macht, zeigt er nicht Verlegenheit, Enttäuschung, Bedauern oder Angst, sondern meistens lacht er. Mich ärgerte das immer und verwirrte mich. Auch für Jim war dieser Wesenszug sicher schwierig, aber er hatte die Indianer lieben gelernt, und die Liebe hat die Eigenschaft, daß sie einem zeigt, was man tun muß.

Im Februar gingen Jim und ich nach Shell Mera; dort half er beim Bau eines Krankenhauses, das vom Missionssender in Quito ins Leben gerufen worden war und den Bedürfnissen aller Urwaldstationen dienen sollte. Zwei Tage nach unserer Ankunft wurde unsere Tochter geboren. Kaum war sie da, stellte Jim nüchtern fest: »Sie heißt Valerie« – ein Beschluß, der wohl einer plötzlichen Eingebung entsprang, denn obwohl wir verschiedene Namen in die engere Wahl gezogen hatten, darunter auch Valerie, hatten wir uns auf keinen geeinigt.

Geboren wurde sie im Haus des Piloten, der während unseres gemeinsamen Urwaldlebens so viel für uns getan hatte. Bei ihm und seiner Frau – Nate und Marj Saint – blieben wir acht Tage; es gab viel zu besprechen, und oft saßen wir bis in die frühen Morgenstunden und unterhielten uns mit Ihnen in ihrer kleinen Küche bei vielen Tassen Kakao. Einmal, als Jim Valerie auf den Arm genommen hatte und in ihr Gesicht blickte, schaute Nate ihm mit glänzenden Augen und voller Mitgefühl zu (sein eigener Sohn war gerade zwei Monate alt) und sagte: »Sind sie nicht phantastisch?« Jim brauchte nichts zu erwidern. Man sah es: Valerie hatte sein Herz erobert. Für ihn existierten weder klinische Vorschriften noch geregelte Besuchsstunden. Schon wenige Minuten nach der Geburt nahm er Valerie auf den Arm, und auch später tat er es, wann immer er Lust hatte, mochte es gerade ihre Schlafenszeit oder sonst etwas sein. Er gehörte jedoch nicht zu denen, die ihre Kinder auch trockenlegen. Jim war ein überzeugter Verfechter der Arbeitsteilung. Es gab Männerarbeit und es gab Frauenarbeit, und wenn sie sich auch berührten, so griffen sie doch nicht ineinander über. Das war eine Regel, die ich zu Beginn unserer gemeinsamen Tage in Puyupungu erst hatte lernen müssen; denn während der Monate meines Urwaldlebens hatte ich selber Holz gehackt, Fliegendraht angenagelt und mit dem Buschmesser gearbeitet, während Jim in seiner Junggesellenzeit dafür hatte sorgen müssen, daß die Wäsche hereingeholt wurde, wenn es anfing zu regnen, und daß in der Küche wenigstens ein Mindestmaß an Sauberkeit gewahrt blieb. Jim gab mir klar zu verstehen, daß diese Zeiten nun vorüber seien. Natürlich war er immer bereit, mir bei meinen eigenen Arbeiten zu helfen, wenn es nötig wurde, doch ich sorgte nach Möglichkeit dafür, daß dieser Fall nie eintrat.

Jims Eltern, die vorher seinen Bruder in Peru besucht hatten, waren kurz vor Valeries Geburt zu uns gekommen. Darum ist der nächste Brief an die Eltern vom 25. März:

»Es ist tiefschwarze Nacht hier in Shandia, mit viel Froschgequake, aber wir haben die Lampen mit neuen Dochten versehen und die Zylinder blank geputzt, und ich will Euch rasch ein paar Zeilen senden, die vielleicht noch vor Euch zu Hause ankommen werden. Den heutigen Tag habe ich damit verbracht, ein Bett für Valerie und den neuen Schrank zu streichen.

Eben hörten wir von einem Angriff der Aucas in der Nähe von Arajuno, und obwohl das Haus dort sozusagen einzugsfertig ist, macht Ed sich jetzt Gedanken, ob er mit der Familie dort hinziehen soll. Die Aucas haben zwei Kinder und deren Mütter umgebracht, und zuletzt wurden sie gesehen, wie sie in einem gestohlenen Kanu den Arajunofluß hinauffuhren. Betet doch für Ed, denn er möchte die Ketschuas dort erreichen . . .«

Ein weiterer Brief an die Eltern folgte am 26. April:

»Die beiden letzten Wochen waren Wochen der Ernte. Noch nie habe ich so viele für das Wort aufgeschlossene Indianer erlebt. In Dos Rios vorige Woche, bei der Tagung, kamen über zwanzig, in Pano ungefähr die gleiche Zahl und hier in Shandia ein Dutzend. Jetzt ist unsere nächste Aufgabe, daß wir sie bereitmachen für das Leben in Christus. Preist Gott für diesen Aufbruch und betet für die, die ihn eingeleitet haben. Viele haben ihre Familien weiter oberhalb, und die eigentliche Bewährungsprobe ist noch nicht gekommen.

Das Abendessen ist beendet. Eugenia und Camilo sind fortgegangen, um ihre Familien zu besuchen. Betty und ich haben das Geschirr gespült, und eben haben wir ein Lied gesungen. Sie geht jetzt zu Valerie zum Stillen, und ich will nachher etwas Lesestoff für unsere Neubekehrten fertigmachen. Wenn man ihnen gibt, was sie verstehen können, lesen sie es auch.

Dann muß ich einen ganzen Haufen Briefe beantworten; entschuldigt deshalb, wenn ich mich heute kurz fasse. Wir haben hier alles, was wir brauchen, sogar reichlich und in Fülle, erzählt deshalb den Leuten zu Hause bitte keine solchen traurigen Geschichten, damit sie nicht meinen, sie müßten uns bemitleiden. Wir sind die Glücklichen, und in der Arbeit mit Gott hier in den Urwäldern erleben wir zur Zeit viel Freude. Wir hoffen, daß das Werk gefestigt wird und sich außerdem weiter ausbreitet. Wir beide sind anscheinend dazu bestimmt, dieses Jahr an der Festigung zu arbeiten, während Ed und Marilou die Ausbreitung übernehmen, wie wir es letztes Jahr in Puyupungu taten.«

Aus dem Tagebuch:

16. Mai 1955. »Dies war ein arbeitsreicher Vormittag, einer von denen, die nicht sehr viel Befriedigung in einem hinterlassen, nachdem das Ganze geschafft ist. Die Bibellese heute morgen war aus 2. Thessalonicher 3: ‚*Wenn jemand nicht arbeiten will, soll er auch nicht essen.*' Gestern hatte ich drei Mädchen gesagt, sie sollten zum Arbeiten kommen. Es kamen sechs, um die beiden winzigen Maniokfelder sauberzumachen. Dann ging ich los, um Urpi und Sohn zum Einsäen von Weideland anzustellen. Sie schafften heute vormittag einen Streifen von dreißig Meter Länge, drei Meter breit. Die anderen Männer warteten auf Werkzeuge und daß sie losgeschickt würden, Dachblätter zu holen. Ich schickte sie. Über zwanzig Frauen brachten Pisangfrüchte und Chicha, die sie mir verkaufen wollten für die Verpflegung der Schüler; sie waren beleidigt, daß ich nur einen Vorrat für zwei Wochen kaufte, weil ich für eine Woche schon genügend da hatte; von jeder kaufte ich ein Päckchen Chicha. Dann ging mein Kleingeld zu Ende. Die Handwerker, die am Lehrerhaus arbeiteten, mußten Bretter gehobelt bekommen, 2 x 4-Zöller. Also hobelte ich 2 x 4-Zöller. Danach kamen die Mädchen zurück, die die Maniokfelder gesäubert hatten; sie wollten, daß ich ihre Pisangfrüchte kaufte. Domingo wollte Farbe zum Mar-

kieren von Brettern. Ein kleiner Junge kam und kaufte für fünf Pfennig Schnecken für Senora Rosa. Die Handwerker hatten eins der Bretter zu kurz geschnitten und brauchten Hilfe. Venanzios Bein mußte massiert werden; bei der Gelegenheit wollte er mir Bohnen verkaufen, obwohl ich ihm gestern welche gab, weil er behauptet hatte, er hätte nichts zu essen. Den Männern mußte ich sagen, sie sollten mit dem Dachflechten anfangen und nicht untätig herumstehen. Yuyu wollte Geld für fünfzehn Kilo Erdnüsse, und seine Mutter wollte einen Sack, den Ed ihr nicht zurückgegeben hatte. Protaco wollte seinen Arbeitslohn und das Gewehr, das Pete zum Verkaufen aus Quito geschickt hatte. Pete war morgens am Sprechfunk gewesen, und ich mußte einen eiligen Brief an Dr. Tidmarsh schreiben. Heute nachmittag Bibelstunde für die Gläubigen. Mein Patient mit dem Schlangenbiß in Limon Chikta ist ziemlich übel dran. Ich war Freitag da und gestern und muß morgen wieder hin, jedesmal ein Weg von über einer Stunde. Betty und das Kind sind beide erkältet. Ich selber habe eben ein gutes Lunch gegessen.«

Ein Brief vom 2. Juni war an die Heimatgemeinde in Portland gerichtet:

»Wir haben wieder allerhand mit Kranken zu tun. Dreimal die Woche bin ich zu einem Indianer gegangen, eine Stunde weiter unterhalb, der von einer Schlange gebissen worden ist, ähnlich unserer Klapperschlange. Die Indianer haben meistens zu viel Angst, die Bißwunde aufzuschneiden und auszusaugen, deshalb dringt das Gift fast immer in die Blutbahn, wo es die Zellen angreift und das Gewebe auflöst. Inzwischen geht es dem Burschen wieder besser, und er wird wohl bald wieder gehen können (er starb kurz darauf an Aushungerung – die indianischen Tabus schreiben vor, daß einer, der von einer Schlange gebissen worden ist, nur bestimmte Speisen essen darf), aber im Augenblick hat er vorn am Schienbein keinen Fetzen Haut mehr, und an manchen Stellen sind die Sehnen sichtbar. Nachdem ich das zerstörte Gewebe weggenommen habe, besteht jetzt die Gefahr einer Sekundärinfektion. Im Zusammenhang mit diesen Krankenbesuchen haben wir dort unten jede Woche eine Bibelstunde gehalten und Kontakte mit Indianern geknüpft, die uns bisher als Teufel ansahen. Morgen will ich mit einigen Gläubigen wieder hingehen. Sie sind eine Hilfe beim Singen und beim Zeugnisgeben, und im übrigen können wir nur beten, daß Gott jenen blinden und hoffnungslosen Seelen Licht schenken möge. Sie haben in ihrer Sprache nicht einmal ein Wort für ‚Hoffnung'.«

10. Juni. »Bin für ein paar Tage wieder in Puyupungu, um an der kleinen Schule die Abschlußprüfungen zu halten und die Indianer zu besuchen, damit sie wissen, daß wir uns noch für sie interessieren. Letzten Samstag starb Elena, Atanasios Frau, an Pocken, und seit meiner Ankunft habe ich mit Atanasio schon verschiedene längere und gute Gespräche gehabt. Die Pocken grassieren hier in der ganzen Gegend, deshalb wollte Betty nicht mit Valerie hierher kommen, sie ist noch nicht geimpft. Ob ich selber geimpft bin, kann ich mich nicht erinnern, aber in zehn Tagen werde ich es sicher wissen!

In Shandia habe ich bei den Palmen vor unserer Haustür Dahlien angepflanzt, sie blühen dort sehr schön. Außerdem haben wir einen breiten Weg zum Wasser angelegt, so daß wir einen schönen, freien Blick auf den Fluß haben. Außerdem pflanze ich jetzt Kaffee und Palmen und lege Weiden für künftige Viehherden an, damit der Urwald uns nicht so auf den Leib rücken kann. Die Umgebung unseres Hauses wird so immer hübscher.

Valerie fängt schon an zu lachen und ist so zierlich und so reizend, wie ein Baby nur sein kann. Wir sind sehr tätig und sehr glücklich – wir wünschen uns nur, daß wir die Macht Christi in noch reicherem Maß erfahren.«

Im Juli besuchte uns Jims Bruder Bert mit Colleen, seiner Frau, die von Peru herüberkamen. Auch dies war wohl die Erhörung eines von Jims Gebeten – vielleicht eines ungesprochenen; aber Gott sieht, »was das Herz wünscht«, und Er gibt es uns, noch ehe wir darum bitten.

Am 3. Juli schrieb Jim in sein Tagebuch:

»Es ist sehr schön, wieder mit Bert und Colleen zusammen sein zu können. Jetzt, nach den beiderseitigen Erfahrungen des Urwaldlebens, haben wir eine Menge von Berührungspunkten, die wir früher nicht hatten. Ihre Arbeit in Peru ist ganz anders, das macht die Gespräche besonders interessant. In den letzten Tagen wurde unsere sonstige frühe Bettgehzeit erheblich überschritten! Heute morgen sprach Bert in der Bibelstunde, und ich selber dolmetschte, aber für viele war das Übersetzen gar nicht nötig, denn Bert spricht ein sehr gutes Spanisch, und manche beantworten seine Fragen ohne vorherige Übersetzung.«

Im Lauf des Monats schlug Jim einen Besuch bei McCullys vor, damit Bert und Colleen auch das Werk in Arajuno sehen könnten. Ich selber scheute mich mitzugehen und sagte, ich würde in der Zeit in Shandia bleiben und mich um alles kümmern. Aber davon wollte Jim nichts wissen. Mit allen möglichen Mitteln versuchte er mich zu überreden, jedoch ohne Erfolg. Vor Monaten waren wir übereingekommen – obwohl die Ziviltrauung natürlich kein Gehorsamsgelöbnis enthielt –, daß der biblische Grundsatz befolgt werden müsse: *»Wie nun die Gemeinde sich dem Christus unterordnet, so auch die Frauen den Männern in allem. Ihr Männer, liebt eure Frauen, wie auch Christus die Gemeinde geliebt . . .«* Es war der einzige Fall, wo Jim es nötig fand, von seinem Hoheitsrecht Gebrauch zu machen. Ich ging mit nach Arajuno. Später wurde mir klar, daß Jim im Einklang mit dem biblischen Prinzip gehandelt hatte – die Fahrt wurde mir zum Segen. Er hatte recht gehabt, auf seiner Meinung zu bestehen.

Die Arbeit bei den Ketschuas trug Frucht, und am 17. Juli schrieb er an die Eltern:

»Dienstag kamen einige der Indianer, die getauft werden wollten, und schlugen vor, wir sollten nach den Schulprüfungen eine Taufe halten. Wie sie darauf gekommen waren, werde ich wohl nie erfahren, aber sie sagten immer wieder, sie hätten jetzt lange genug gewartet, und es ist hartherzig, solche Menschen abzuweisen! Obwohl ich allein war, rief ich denn die Gläubigen zusammen, und in einer vierstündigen Sitzung am Samstagnachmittag prüften wir die achtzehn Taufanwärter. Meiner Meinung nach sind die älteren Gläubigen wirklich interessiert und auch befähigt, Echtes von Falschem zu unterscheiden. Sie beschlossen, vier von den jungen Frauen zurückzustellen. Zu einem großen Sieg kam es bei Kupal Angu, einem jungen Burschen, der vor mehr als einem Jahr nach einem Streit seine Frau verlassen hatte, aber jetzt getauft werden wollte. Es wurde ihm unzweideutig klargemacht, daß er sich zuerst mit ihr versöhnen müsse; das lehnte er zuerst energisch ab, aber schließlich sagte er, er werde sie wieder annehmen. Sie selber wollte auch getauft werden, daher ließen wir sie holen, und die Sache wurde gleich bereinigt.

So tauften wir denn heute morgen im Talac, am sogenannten ‚Teufelsloch', vierzehn Menschen; Venanzio, der Hilfslehrer, und ich wechselten uns immer ab. Alle Täuflinge legten ein klares Bekenntnis ab, und wir können nur hoffen, daß die Ungläubigen, die zusahen, es sich zu Herzen nehmen und bald auf dem Weg des Gehorsams folgen werden. Bete für Vicente, Vater; er ist wieder gesund und arbeitet, und wir bitten Gott, daß Er zu ihm reden möchte.

Die Zahl derer, die hier am Abendmahl teilnehmen, ist nun auf fünfundzwanzig angewachsen – bei uns zu Hause würden wir ein solches Wachstum in einer Gemeinde als phänomenal betrachten, aber mir scheint es eigentlich normal; es kommt eben darauf an, daß die Gläubigen dem biblischen Prinzip nachstreben und die Leitenden sich um die richtige Lehre bemühen. Vergeßt übrigens bitte nicht – mehr als die Hälfte dieser Täuflinge sind Analphabeten; genährt werden und wachsen können sie nur durch das, was sie hören und sich merken können, deshalb betet doch für sie, ja?«

Jims Tagebuch berichtet über diese Taufe Einzelheiten, die in dem Brief an seine Eltern nicht enthalten sind:

»Meinem Fleisch fehlt oft das tiefe innere Gefühl, das mich bei solchen Handlungen durchdringen müßte; ich blieb heute morgen ziemlich kühl und nüchtern, aber ich kann nicht warten auf Gefühle. Mein Herz ist so kalt, daß ich meistens nur auf Grund von Geboten handle und mich zu Dingen zwinge, die ich nicht empfinde, die ich aber tue, weil ich ein Diener bin und Befehle habe. Heute morgen passierte außerdem eine reichliche Fülle von Ablenkungen, die mich gar nicht dazu kommen ließen, mich in höhere Regionen zu erheben. Ein Stück des Steilufers rutschte plötzlich ab, und drei Mädchen, die dort gesessen hatten, landeten unter Lachen und Gequietsche unten am Strand. Die Schuljungen warfen Steine ins Wasser; der Sohn von Antonia fiel kopfüber von der Böschung und brach in ein lautes Geheul aus, gerade als seine Mutter getauft wurde. Venanzio tauchte Carmelas Gesicht nur zur Hälfte unter Wasser, und eine Gruppe von Männern, die vorüberkamen, machten sich über die Täuflinge lustig und riefen ihnen zu, warum sie in Kleidern badeten. Aber Gott ist mein Zeuge, daß ich Sein Wort nach bestem Wissen befolgt habe.“

Im August machte Jim mit den Schulbuben von Shandia und einer Gruppe Bergland-Ketschuas einen fünftägigen Ausflug. Sie fuhren bis Puyo und wanderten von dort nach Papallacta. An einer Stelle mußten sie durch einen ziemlich reißenden Fluß waten, und die Jungen aus den Bergen, die zum großen Teil noch nie in ihrem Leben einen Fluß gesehen hatten, bekamen Angst. Zwei wurden von der Strömung fortgerissen, und erst nachdem Jim sein Hemd samt Brieftasche und Geld eingebüßt hatte, konnte er den einen retten; den anderen rettete Ed McCully. Später berichtete Jim den Eltern:

»Die Tour hat uns insofern enttäuscht, als der geistliche Wert ziemlich gering war, denn abends, nach einem Tagesmarsch von dreißig Kilometern oder so, waren alle viel zu müde zum

Denken. Immerhin war ich froh, daß die Indianerjungen mancherlei erlebten, was ihren Horizont erweiterte – manche waren noch nie in einem Auto gefahren, und keiner hatte je einen Berg bestiegen; in Quito sahen sie die Regierungsgebäude, und später fanden sie ihr Bild in einer Quitoer Zeitung.

Valerie wird mit jeder Woche größer. Sie ist ungeheuer lebhaft, sie wälzt sich herum, strampelt wie ein Radfahrer und ‚rudert', wie die Indianer sagen – sie hebt die Arme über den Kopf und läßt sie niederfallen. Mit ihrem breiten Lachen und den feinen, kaum sichtbaren Haaren hat sie manchmal Ähnlichkeit mit Eisenhower. Sie ist noch immer erkältet und niest sich fast die Seele aus dem Leib, so wie Vater früher. Nachts geht es etwas besser – sie schläft von fünf bis fünf, wacht zwar manchmal auf und weint, aber dann schläft sie bald wieder ein.«

In einem anderen Brief an die Familie, vom 18. September, klingt die Freude wieder, die Jim am Herrichten von Haus und Garten hatte:

»Ich habe außen an den Fenstern Holzverkleidungen angebracht und sie lackiert, ebenfalls die Giebelbretter. Oben will ich mich möglichst bald an den Fußboden machen. Vicente und sein Sohn roden jetzt den Bauplatz für ein neues Schulhaus. Die Kaffeesträucher und die Avokatobirnen habe ich etwas ausgelichtet. Im Garten vor dem Haus habe ich jetzt Dahlien und weiße Gladiolen am Blühen. Auch drei Rosenbüsche habe ich hochgekriegt, und eben habe ich drei Gardenien gepflanzt. Die Ananas werden jetzt schnell reif, und wir essen Papayas direkt vom Baum, haben auch unseren eigenen Maniok. Hinter dem Haus habe ich Mais angepflanzt, so daß es rundherum wirklich hübsch geworden ist. Das Weidegras zwischen Garten und Fluß gedeiht prächtig, und so danken wir Gott für die tropische Wachstumsperiode. Der Regen hat plötzlich wieder eingesetzt, und im Augenblick ist es ziemlich kühl.«

AUFTRAG AUSGEFÜHRT

»Wahrlich, wahrlich, ich sage euch: Wenn das Weizenkorn nicht in die Erde fällt und stirbt, bleibt es allein; wenn es aber stirbt, bringt es viel Frucht. Wer sein Leben liebt, wird es verlieren; und wer sein Leben in dieser Welt haßt, wird es zum ewigen Leben bewahren.«

Eines Tages im September 1955 überbrachten uns McCullys eine Nachricht, wie wir sie uns aufregender nicht hätten denken können – Ed und Nate, der Missionspilot, hatten endlich einige Aucahäuser entdeckt, nur wenige Flugminuten von Arajuno. Von diesem Augenblick an hatte Jim, wie die Indianer sagen, »den einen Fuß im Steigbügel«. Seine Gebete, seine Selbsthingabe, seine langjährigen Hoffnungen, bei den Aucas wirken zu können, waren nicht vergeblich gewesen. Vielleicht wollte Gott ihm und Ed einen Anteil an diesem Werk geben.

Ed und Nate hatten angefangen, in regelmäßigen Abständen bei den Häusern Geschenke abzuwerfen; auf diese Weise hofften sie, mit den Wilden in ein freundliches Verhältnis zu kommen und später mit ihnen in direkte Berührung treten zu können. Daß alle bisherigen Versuche anderer, mit diesen Indianern Kontakt aufzunehmen, fehlgeschlagen waren, wußten sie sehr wohl. Doch sie kannten auch Den, der gesagt hat: *»Mir ist alle Macht gegeben im Himmel und auf Erden. Geht nun hin . . .«*

Das Werk in Shandia war immer mehr gefestigt worden; es gab jetzt eine Kerngruppe von Gläubigen, von denen einige die Bibel selbständig lesen und verstehen konnten; sie hatten Teile der Schrift auf Ketschuanisch; die Jungen und Mädchen waren durch Fortbildungskurse gefördert worden; die wichtigsten materiellen Bedürfnisse hatten erfüllt werden können – ein festes Haus, der Zementgrund für eine neue Schule, eine ausreichende Landebahn. Die Grundlagen, auf denen eine Eingeborenengemeinde sich in Zukunft entfalten konnte, waren gelegt. Mit neuer Kraft betete Jim jetzt um das, was seit Jahren sein Herz erfüllte – daß die, welche die Botschaft noch nie gehört, daher auch gar nicht die Möglichkeit gehabt hatten, sie abzulehnen, jetzt hören möchten. Von den Ketschuas hatten viele die Botschaft gehört; viele hatten sie abgelehnt, aber deren Blut war nun auf ihren eigenen Häuptern. Das Blut der Aucas dagegen sah Jim auf seinem Haupt.

Noch planmäßiger als vorher verwandte er seine Kräfte darauf, die jungen Männer dahin zu bringen, daß sie die Leitung der Gemeinde selbst übernahmen. Am 23. Oktober schrieb er den Eltern:

»Viel Freude heute morgen im Bibelunterricht – ich sprach über das Gleichnis Jesu, daß man alte Kleider nicht mit neuem Tuch flickt und jungen Wein nicht in alte Schläuche faßt. In Kulturen, wo das tägliche Getränk berauschend ist, wie das Chicha hier oder der Wein in Italien, versteht man erst richtig manche Aussagen Jesu, zum Beispiel, daß ein Mensch, der an starkes Getränk gewöhnt ist, nicht von heute auf morgen das Verlangen nach frischem Wasser hat. Immer wieder muß ich staunen, wie die erhabenen Lehren Jesu – da Er sie primitiven Verhältnissen anpaßte – oft viel leichter und bereitwilliger von einem Urwaldindianer aufgenommen werden als von einem Gebildeten, der das Produkt der modernen Zivilisation ist.

Zur Zeit versuche ich, zwei unserer früheren Schüler zu bereden, daß sie dienstags und freitags den Bibelunterricht übernehmen. Venanzio hat die Stunde am Mittwoch und Hector (der Schullehrer) die am Montag, so daß ich selbst nur die am Donnerstag habe – natürlich sitze ich an den anderen Tagen auch dabei. Eine Schule ist nur dann etwas wert, wenn die Wahrheit Gottes jeden Tag gelehrt wird. Und zwar profitiert der Lehrende – wie wir an Venanzio gesehen haben – doppelt soviel wie die Schüler, deshalb möchten wir diesen Segen noch auf andere ausdehnen, indem wir ihnen die Möglichkeit zum Unterrichten geben. Mit den Zusammenkünften nachmittags an der Talacmündung haben wir am Freitag wieder angefangen, und vorgestern hatten wir in einem Indianerhaus zwanzig Zuhörer.

Neulich ist es am Arajuno wieder zu Angriffen von Aucas gekommen. Ed ist auf der Hut und hat einen Elektrozaun aufgestellt. Nächsten Dienstag wollen wir nach Ila, um von einer geflüchteten Aucafrau ein paar Sätze in der Aucasprache zu lernen. Außerdem will ich dort ein Ferkel kaufen, das die Schuljungen aufziehen sollen.«

29. Oktober. »Ed und ich flogen am Dienstag nach Villano, um die Indianer dort für einige Tage zu besuchen. Nachmittags, als wir uns weiter unterhalb am Fluß mit den Indianern unterhielten, kamen einige mit der Nachricht an, daß dort, wo wir vorher gebadet hatten, ein Junge ertrunken sei. Wir eilten zurück und fanden die ganzen übrigen Indianer friedlich plaudernd am Ufer sitzen. Sie hatten die Umgebung nach der Leiche abgesucht, aber nichts gefunden. Seine Mutter nahm dann ein Kanu und fuhr unter Klagegesängen flußabwärts, um auch dort zu suchen. Zwei Stunden später hörten wir, wie sie aufschrie und mit ihrer Totenklage von neuem anhob. Wir gingen zu der Stelle, wo der Junge verschwunden war, und sahen, wie die Mutter mit einer Stange auf uns zupaddelte; vorn im Kanu lag die nackte Leiche des Knaben. Für künstliche Atmung war es schon zu spät. Die Sache war die: Der Junge war mit seinem Freund zum Baden gegangen, hatte sich ausgezogen und war als erster mit einem Kopfsprung hineingesprungen. Er war lachend wieder hochgekommen, dann hatte er geschrien: ‚Was zieht da an meinem Bein?' Im nächsten Augenblick war er untergegangen. Die Indianer sagten, es sei ein böser Geist gewesen. Für uns war es ziemlich

klar, daß eine mittelgroße Riesenschlange auf der Nahrungssuche seine Füße gesehen und ihn hinuntergezogen hatte; dann, als sie merkte, daß er zum Verschlingen zu groß war, hatte sie ihn fahren lassen.

Wegen des Vorfalles konnten wir am Nachmittag keine Ansprache mehr halten, und auch am Abend waren sie durch die Totenklage viel zu müde, um noch zuzuhören, daher flogen wir Samstag früh zurück. Betet doch für die dortige Gruppe von Indianern, denn wir möchten öfters wieder hin und die Botschaft predigen; es könnte sein, daß sich bei manchen durch den Vorfall eine Schranke zwischen sie und uns schiebt.«

Da das Unternehmen mit den Aucas geheimgehalten werden sollte, abgesehen von den unmittelbar Beteiligten, hatte Jim seinen Eltern in dem obigen Brief nichts davon geschrieben. Sein Tagebuch berichtet im Anschluß an den Besuch in Villano auch das, was darauf folgte:

»Wir flogen zusammen nach Arajuno zurück, besprachen einige taktische Einzelheiten und stiegen wieder auf, ausgerüstet mit einem Batterie-Lautsprecher und den Aucasätzen, die ich von Dayuma, dem geflohenen Aucamädchen in Ila, gelernt hatte. Während wir in etwa sechshundert Metern Höhe über den Häusern kreisten, wiederholte ich mehrmals die Sätze: ‚Tauscht uns einen Speer gegen eine Machete. Wir sind eure Freunde.' Wir sahen, wie vielleicht acht Indianer um das Haus herumrannten, einer watete durch den Fluß und schien eine neue Machete in der Hand zu haben. Soviel ich sehen konnte, kam er nicht zurück, obwohl er anscheinend nur zu dem kleinen Maniokfeld gegangen war. Ein anderer lief ins Haus und kam mit einem Speer zurück. Ich nahm dies als Zeichen, daß der eine als Gegengabe Maniok holen wollte und der andere den erbetenen Speer gebracht hatte. Aber als wir dann die Leine mit der Machete hinabließen, rissen sie sowohl die Machete ab als auch den kleinen Korb, den wir drangebunden hatten, um eventuelle Gegengaben in Empfang zu nehmen. Einer der Männer ging um das Haus herum und schwenkte das Stück Leinen, in das wir die Machete eingewickelt hatten. Wir zogen unsere Leine ein (ein schwieriges Unternehmen!) und ließen sie nach mehreren mißlungenen Versuchen wieder hinunter, weil wir dachten, sie würden vielleicht etwas daranbinden. Stattdessen schnitten sie ein Stück davon ab. Darauf zogen wir die ganze Länge ein und setzten den Lautsprecher wieder in Betrieb und nahmen diesmal zwei andere Sätze: ‚Wir haben euch gern; wir wollen euch einen Topf geben.' Hierauf lief die eine Gruppe unter die Bäume hinterm Haus, während ein einzelner zum Flußufer ging. Er hielt die hohlen Hände vor den Mund und schien etwas zu rufen. Dann schwang er die neue Machete über dem Kopf. Wir warfen einen kleinen Aluminiumtopf mit Bändern ab, in dem ein gelbes Hemd und Glasperlen lagen. Der Mann am Ufer deutete auf die Stelle, wo der Topf hingefallen war, die anderen liefen hin, hoben ihn auf, und einer nahm das gelbe Hemd und schwenkte es durch die Luft. Beim Anfliegen des Hauses hatten wir noch bemerkt, daß zwei Kanus, die etwas weiter unterhalb flußab fuhren, sofort kehrtmachten und eilig zurückpaddelten.

Wir flogen über den Curaray zurück und hielten dabei Ausschau nach einem als Landeplatz geeigneten Uferstreifen. Die Aussichten sind nicht gut. Herr, führe uns.«

Jim trug die Aucasätze, auf Kärtchen geschrieben, in der Tasche, um sie immer wieder vorzuziehen und sich einzuprägen. Nachts nahm er sie mit ans Bett, um sie vor dem Einschlafen noch einmal zu überfliegen. Wenn er mit Nate von einem Aucaflug zurückkam, war er so erregt, daß er kaum etwas essen konnte – ich glaube, ich hätte ihm Heu vorsetzen können, er hätte nicht darauf geachtet. Ich wußte, daß er an einem entscheidenden Punkt angelangt war. Was er Gott schon vor Jahren gelobt hatte – daß er bereit sei, den Weg bis zu Ende zu gehen – diese Gelöbnisse wurden nun auf die Probe gestellt. Mir kamen leise, aber beunruhigende Zweifel.

War es wirklich Gottes Plan, daß Jim zu den Aucas gehen sollte? Stürmte er nicht eigenwillig vor? Konnte Gott tatsächlich wollen, daß er die Arbeit in Shandia schon so bald verließ?

Ein Ziel vor sich sehen ist etwas anderes als es verwirklichen. Es standen jetzt die greifbaren Tatsachen vor uns. Die Männer hatten die Aucas leibhaftig gesehen. Von ihnen gewußt hatten sie schon vorher, auch, daß sie offenbar aus Sport andere töteten, daß sie die Weißen und alles, was mit ihnen zusammenhing, verachteten. Aber nun hatten sie sie selbst gesehen, hatten ihnen zugerufen, hatten beobachtet, wie sie ihnen lachend zuwinkten, hatten Kämme, Federkopfschmuck und Armbänder bekommen, die die Aucas selbst verfertigt hatten. Und dieses Volk, diese nackten Wilden, hatten von der Botschaft, die die Männer in den Händen hielten, noch nie ein Wort vernommen.

Doch es gab noch andere, noch naheliegendere Fakten zu bedenken. Da war das Schulhaus, dessen Bau erst gerade angefangen war, da waren eine Reihe junger Ketschuas, die mit Gottes Wort genährt werden mußten, ein Haus und Garten, die erst jetzt ihre richtige Form bekamen – ganz zu schweigen von einer Frau und einem neunmonatigen Baby, die beide auf Jim angewiesen waren.

Welcher Weg war der richtige? Wie immer ließ sich Jim bei seinem Handeln mehr von Grundsätzen als von inneren Impulsen leiten. Wäre er dem Impuls gefolgt – ich weiß nicht, welchen Weg er dann gewählt hätte. Gewiß war der Trieb, sogleich zu den Aucas zu gehen, in ihm sehr stark; genauso stark war seine Liebe zu Shandia, zu den Ketschuas, zu seiner Familie. Aber leiten ließ er sich von dem, was er in vielen Jahren gelernt und erkannt hatte über Gottes Wege. Im Jahre 1948, als er im 4. Buch Mose, Kapitel 32, die Geschichte von den Kindern Ruben und den Kindern Gad gelesen hatte, wie sie Mose baten, sich im Lande Jaser und Gilead ansiedeln zu dürfen und nicht mit den anderen über den Jordan gehen zu müssen, hatte er in sein Tagebuch geschrieben:

»Der Grund, warum sie ‚diese Jordanseite' wollten, war, daß sie sie gesehen hatten und für ihre eigenen Bedürfnisse geeignet fanden. Wie sehr gleichen ihnen viele Menschen heute - die Länder der Außenmission haben sie nicht gesehen, und da sie Talente und Vorbildung haben, die sie in ihrem eigenen Land verwenden können, sagen sie unentwegt: ‚Führe mich nicht über den Jordan; dies ist ein Land mit guter Viehweide (und ich habe Vieh!), oder dies ist ein Ort, wo dringend Lehrer gebraucht werden, und ich glaube mich zum Lehrer befähigt.' ‚Eure Brüder sollen in den Streit ziehen, und ihr wollt hierbleiben?' Der gleiche Ungehorsam, zur Zeit der Kundschafter, hatte Israel vierzig Jahre Wüstenwanderung eingebracht, 603550 Menschen hatten in der Wüste enden müssen. *‚Verflucht sei, wer das Werk des HERRN lässig treibt, und verflucht, wer sein Schwert vom Blut zurückhält!'* Nur dann bleibt man schuldlos, wenn man Hab und Gut und Kind verläßt und über den Jordan in den Kampf zieht.«

Mit dem Ausziehen aus dem Vaterland und aus der Verwandtschaft befaßte sich auch eine Tagebuchnotiz vom 10. Juni 1950:

»Abraham lernte langsam. Als ihm befohlen wurde, seine Angehörigen zu verlassen, nahm er Lot dennoch mit – aus Freundlichkeit wahrscheinlich, aber trotzdem war es Ungehorsam. Das Zurücklassen der Familie in Gottes Hand ist bei denen, die berufen werden, häufig, siehe Jakobus, Johannes, Zebedäus. Jeder Ungehorsam führt zum Zweifel und zur Tändelei.«

Auch das Verhältnis der Bevölkerungszahlen hätte Jim bei seinen Überlegungen erwägen können. War es richtig, ein Missionsfeld, das vielleicht mehrere tausend Ketschuas umfaßte, zu verlassen, um einen Volksstamm zu erreichen, dessen Zahl höchstwahrscheinlich wenige hundert nicht überstieg? Auch hier gaben biblische Grundregeln die Antwort. 1951 hatte Jim notiert:

»Der Hinweis auf Volkszahlen ist nicht ganz stichhaltig, denn wenn ich aufgerufen wäre, dorthin zu gehen, wo besonders viele notleidend sind, hätte ich gar nicht Südamerika gewählt, sondern Indien. Wie die Offenbarung andeutet, ist es Gottes Plan, daß eine Schar aus jedem Volk, aus jedem Stamm, aus jeder Sprache einst vor Seinem Throne stehen und den Erlöser preisen soll. Dies ist ein besonderer Hinweis, daß das Evangelium zu solchen Stämmen getragen werden muß, die in der großen Schar der Lobsingenden bis jetzt noch nicht vertreten sind. Das ist der Grund, warum mir Volksgruppen, die bisher noch nicht erreicht wurden, so sehr auf dem Herzen liegen.«

Was die Grundsätze besagten, daran bestand kein Zweifel. Und Jim war bereit, sie zur Richtschnur zu nehmen. Nur bei mir bestand ein Zweifel – ob ich bereit sei, ihn gehen zu lassen. Schließlich forderte ich ihn heraus, indem ich ihm die Frage stellte, die mir auf der Seele brannte.

»Jim«, begann ich, »weißt du sicher, daß du bestimmt bist, hinzugehen?«

»Ich bin gerufen«, lautete die einfache Antwort. Nun, dann war alles richtig. Die biblischen Grundregeln, die von Gott geführten Umstände und Jims innere Gewißheit, sie stimmten überein. Nun konnte ich ihm ohne Vorbehalte zustimmen, ich konnte ihm mit freudigem Herzen planen helfen.

Einige Wochen später ging auch ich nach Ila und sammelte weitere linguistische Unterlagen, die Jim und ich dann gemeinsam verarbeiteten, indem wir mein Material mit dem seinen verglichen, alles sorgsam ordneten und den Satzbau studierten. Es war ein aufregendes Erlebnis, wieder gemeinsam zu lernen wie in früheren Tagen, und diesmal eine gänzlich neue Sprache. Wir sprachen auch davon, ob es möglich sei, daß wir zusammen zu den Aucas gingen, wenn ein freundliches Verhältnis angebahnt sei. Wie der Plan damals stand, wollten die Männer zunächst im Kanu den Curaray hinabfahren, das Gebiet erkunden und vielleicht auch eine Landebahn am Ufer vorbereiten. Wahrscheinlich, meinte Jim, könnte ich mitgehen – ein Vorschlag, den ich freudigst aufgriff.

Ihn selber trieb die vor ihm stehende Entscheidung dazu an, seine eigenen Motive, die Gründe, warum er überhaupt nach Ekuador gegangen sei, erneut zu überprüfen. Am 6. November schrieb er:

»Du fragst, warum man sich sein Arbeitsfeld in fernen Ländern sucht, wo doch bei uns zu Hause junge Menschen draufgehen, weil keiner sich die Zeit nimmt, ihre Schwierigkeiten anzuhören. Ich will Dir sagen, warum ich weggegangen bin. Weil die jungen Leute in den Staaten tausenderlei Möglichkeiten haben, zu studieren und verstehen zu lernen, und die Indianer überhaupt keine. Damit sie begriffen, was ‚kreuzigen' heißt, mußte ich ein Kreuz aus zwei Baumstämmen machen und mich drauflegen. Wenn hier eine derartige Unwissenheit besteht und bei uns zu Hause soviel Erkenntnis und Gelegenheit zum Lernen, dann frage ich mich nicht mehr, warum mich Gott hierher gesandt hat. Die wehleidige Jugend in den Staaten wird am Jüngsten Tage aufwachen und sich zu einem schlimmeren Geschick verurteilt sehen als die dämonenfürchtigen Indianer, weil sie die Bibel hatte, aber kein Interesse dafür aufbrachte, während die Indianer nicht einmal davon gehört hatten, daß man lesen oder schreiben kann.«

Das Leben in Shandia ging unterdessen weiter. Die alte Schule, aus Bambus und mit Palmblätterdach, sah so aus, als wenn der nächste Sturm sie umwehen würde, daher arbeitete Jim mit Hochdruck an einem neuen Bau aus Brettern.

Am 9. November schrieb er:

»Den ganzen Tag habe ich Bretter gehobelt, deshalb bin ich ziemlich müde. Ich traue mich nicht, die Indianer an den Maschinen allein zu lassen, aber das Zementgießen machen sie sehr gut. Sieben Pfeiler haben wir diese Woche schon geschafft, und jetzt können wir keinen Zement bekommen . . .

Am Montag, so Gott will, werden wir sämtliche Indianer anstellen, daß sie die Querbalken zum Bauplatz schleppen. Wenn wir ihnen eine gute Suppe brauen, erreichen wir von ihnen mehr, als wenn wir ihnen Geld zahlen.

Valerie hat jetzt angefangen, sich in ihrem Laufstall am Gitter hochzuziehen bis sie steht und sich wieder hinunterzulassen. Ihr würdet jetzt begeistert von ihr sein, sie ist ganz reizend. Ihr Gaumen ist wieder etwas entzündet, und es sieht so aus, als wenn zwei weitere Zähne kämen. Sie lacht von morgens bis abends. Viel freie Zeit läßt sie uns nicht, außer nach dem Abendessen, aber uns gefällt es. Wir fragen uns nur manchmal: Was tut man, wenn man Drillinge hat?«

Am Spätnachmittag und abends machte Jim konzentrierte Bibelarbeiten mit jungen Indianern. Er setzte sich mit zweien oder dreien zusammen, ging einige Verse gründlich mit ihnen durch, stellte Fragen, beantwortete die ihrigen und half ihnen, den Sinn herauszufinden. Nur so, fand er, konnte sich Gemeinde bilden, ihr Fundament mußte sie in Gottes Wort haben, und von Ihm mußten sich die Glieder nähren. Er hatte einen großen Teil des Lukasevangeliums übertragen, und einige Stellen hatte ich übersetzt. »Wir müssen es fertig kriegen, bevor wir zu den Aucas gehen«, sagte er. Und so arbeiteten wir gemeinsam, fügten unsere Übersetzungen zusammen, verglichen sie, gingen sie mit einigen zuverlässigen Indianern nochmals durch und korrigierten sie, so gut, wie wir konnten. Bevor wir aufbrachen, konnten wir die Rohübersetzung beenden.

20. November. »Dieses Wochenende ist ein großer Teil der Indianer flußaufwärts gefahren, deshalb sank die Zahl beim Gottesdienst auf vierzig. Venanzio Tapui, der Hilfslehrer, leitete das Singen, Gervacio predigte. Er sprach über ‚Weinet nicht über mich, sondern weinet über euch.' Recht gut, fand ich, nur brauchen sie noch etwas mehr Sicherheit, damit sie den Zuhörern richtig in die Augen sehen können. Morgen wird Hector den Bibelunterricht halten, Dienstag Mariano,

Mittwoch Venanzio, Donnerstag gebe ich eine Übersicht, und Freitag unterrichtet Asencio. Ich versuche, alle dazu zu bringen, mitzutun, und sie gehen darauf ein. Die Predigt nächsten Sonntag wird Abelardo halten, so Gott will, Freitagmorgen gehen Betty und ich nach Pano, deshalb wird Venanzio die Zusammenkunft am Talac übernehmen.«

Das Tagebuch fährt fort:

27. November. »Zweiter Flug mit Nate zu den Aucas. Wir flogen ihren Fluß hinunter bis zu dem Grasschuppen, bei dem man eingezäunte Anpflanzungen, aber keine Menschen sieht. Ich bemerkte, daß die gerodeten Stellen sich seit meinem letzten Flug vergrößert hatten. Sie wissen also anscheinend, was man mit Äxten und Buschmessern anfängt. Am ersten Haus, wo wir eine Frau sahen, die eine graue, bei einem früheren Flug abgeworfene Unterhose trug, warfen wir ein Paar Shorts ab. Auf dem Dachfirst des zweiten Hauses haben sie eine geschnitzte Nachbildung unseres Flugzeuges angebracht. Dort warfen wir ein Buschmesser und eine kurze Unterhose ab, und dann sah ich etwas, was mich stark bewegt hat: Ein anscheinend älterer Mann stand neben seinem Haus und winkte mit beiden Armen, als wollte er uns auffordern, zu ihm herabzukommen. Ein Auca, der mich zu sich winkt! An dem nächsten Haus haben sie eine große Lichtung geschlagen und eine Art Podest aus Bambus gebaut, darauf stand ein Mann in einem weißen Hemd und winkte. Nate warf eine Rolle Toilettenpapier und mehrere mit Fähnchen versehene Kämme (an die Kämme wurden Streifen von Mullbinden gebunden, damit die Aucas sie im Urwald leichter finden konnten) in die Bäume am Rand der Lichtung, um ihnen zu zeigen, daß wir auch diese Bäume noch gefällt haben wollten. Außerdem warfen wir dort ein Buschmesser ab. Mit der Leine ließen wir einen Aluminiumtopf und eine Axt hinab, und sie banden mit einem roten Band irgend etwas an, das wir aber auf dem Rückweg beim Einziehen der Leine leider verloren.

Es war schon spät am Nachmittag, Nate hatte Eile und drehte ziemlich auf, und so ging das Geschenk verloren.

O Herr, sende mich bald zu den Aucas.«

An dem Tage, an dem Jim dies in sein Tagebuch geschrieben hatte, berichtete sein Brief an die Eltern nur von den Fortschritten in Shandia:

»Zu meiner großen Freude kann ich sagen, daß unsere Indianer sich bei den Zementpfeilern sehr ins Zeug legen; es fehlt jetzt nur noch einer, dann können wir uns an die Querbalken machen . . .

Auch beim Leiten der morgendlichen Schulandachten machen sich die Indianer sehr gut. Heute morgen hat Abelardo die Andacht gehalten. Er sprach, nachdem ich ihm vorher etwas geholfen hatte, über die Heilung des fallsüchtigen Knaben, über den Unwillen Jesu beim Anblick der Volksmenge, die nicht glauben wollte – über seine ermutigenden Worte an den Vater, welcher glaubte, aber eine Stütze seines Glaubens brauchte, und über die Jünger, die zwar glaubten, aber machtlos waren, weil sie nicht mit der richtigen Inbrunst gebetet und deshalb ihre Macht verloren hatten.

Jeden Nachmittag und manchmal auch abends habe ich einige Burschen hier im Haus, und wir nehmen eine Schriftstelle gründlich durch, und dann höre ich mir an, was sie darüber sagen – in einem Ketschua, das bedeutend besser ist als meines, und mit dem großen Vorzug, daß sie wirkliche Fortschritte im Verstehen und Vortragen machen. Zur Zeit besteht mein Dienst fast nur aus diesen Bibelarbeiten mit den Einzelschülern; die Wortdarbietung für die Allgemeinheit überlasse ich jetzt ihnen, nur die Bibelstunde Montag nachmittag für alle Gläubigen halte ich auch weiter selbst. Gott helfe ihnen. Sie sind so begierig, mehr zu lernen, und man braucht sie gar nicht anzutreiben, nur muß man ihnen sehr viel Hilfe geben, daß sie den Sinn verstehen.

Tausend Dank, daß Ihr den Samen geschickt habt. Es tut mir leid, daß Ihr plötzlich einen solchen Kälteeinbruch hattet, bevor die Äpfel abgenommen waren. Sind einige Bäume verschont geblieben?

Bete doch weiter für die Männer, Vater, besonders für die vier: Vicente, Venanzio, Chaucha und Capitan. Sie haben mir diese Woche ganz besonders auf dem Herzen gelegen, und ich glaube, sie sind dem Reich nicht mehr fern. Auch vergiß bitte nicht, daß wir daran denken, nachdem die Gläubigen hier in Shandia so gefestigt worden sind, das Evangelium weiter hinauszutragen. Wenn Gott uns für einige Monate an einen anderen Ort schickt – ich glaube, es wäre für die junge Gemeinde hier recht gut.

Im Vorgarten leuchten die Eibischblüten – so lange, bis irgendein Indianer vorbeikommt und sie abreißt. Diese Woche habe ich Lack für die Hauswände und Teer fürs Dach bekommen, so daß wir unsere Behausung weiter vervollkommnen können.

Ich glaube, das ist im Augenblick wohl alles. Es ist kurz nach sechs, und die Grillen und Frösche haben ihr Abendkonzert begonnen. Wir haben mit Freunden ein Geschäft abgeschlossen – sie wollen uns eine gute Milchkuh gegen einen Kühlschrank tauschen. Unser Weidegras wächst jetzt enorm. Dank für alle Eure Liebe und Fürbitte und Sorge für uns. Wir spüren ständig Gottes Hand in unserer Arbeit und werden immer wieder neu gestärkt.«

Ich weiß nicht, ob Jim irgendeine Vorahnung davon hatte, daß Gott ihn bei seinem Versprechen nehmen würde – daß Er die Bitte, die Jim in jenem Gebet vom 18. April 1948 ausgesprochen hatte, wörtlich erfüllen würde: »Vater, nimm mein Leben, ja mein Blut, wenn Du willst, und verzehre es in Deinem Feuer. Ich will es nicht behalten, denn es ist nicht mein, daß ich es für mich behielte. Nimm es, Herr, nimm es ganz. Gieß mein Leben aus als eine Opfergabe für die Welt. Blut ist nur von Wert, wenn es von Deinem Altar fließt.«

Eins der letzten von den vielen Ketschualiedern, die er schrieb, schilderte, was vorgeht, wenn ein Mensch stirbt. Jim benutzte dabei ein Bild aus Prediger 11, 3, das einfach und für den Indianer leicht verständlich war:

»Wenn ein Mensch stirbt, fällt er um wie ein Baum;
wo immer er hinfällt, da liegt er.
Ist er ein Ungläubiger, wartet der Feuersee sein.
Doch wenn der Tod einen Glaubenden trifft,
wird der nicht fallen,
er wird im selben Augenblick
hinaufgenommen werden in das Haus Gottes.«

In Shandia zählte dieses Lied zu den Lieblingsliedern, und mehrere Indianer haben mir gesagt, daß es jetzt eine besondere Bedeutung für sie habe.

Aber der alte Feind läßt sich die Macht über ein Gebiet, wo er herrscht, nicht so leicht entreißen. Als er sah, daß seine Herrschaft über das Aucaland bedroht wurde, startete er alsbald einen Angriff auf die Bedroher. Jim wurde von Anfechtungen befallen, wie er sie noch nie erlebt hatte. Mit jener raffinierten Waffe, der Entmutigung – die seit Jims Ankunft in Ekuador nichts mehr über ihn vermocht hatte –, trat der Feind ihm jetzt auf Schritt und Tritt entgegen. Eine Wolke von Schwermut schien über ihm zu hängen, und Kämpfe schienen sich in seinem Innern abzuspielen, bei denen ich ihm nicht zur Seite stehen konnte. Um diese Zeit, im Dezember, dichtete er ein kleines Lied, schmerzlich-zart und voll verhaltener Klage – Worte, deren bitterer Unterton, wenn man sie übersetzt, verlorengeht:

»Manchmal sagt eine Stimme in mir
‚Dein Glaube ist umsonst.'
Aber wenn ich ihn aufgeben will,
sagt Jesus zu mir:
‚Glaube an mich, lieber Sohn,
bitte, folge mir.
Ich möchte dich in das Haus meines Vaters
führen,
lieber Sohn, in ein wunderschönes Land.'«

Als Nate den Sandstrand entdeckte, auf dem man, wie er sicher glaubte, mit dem Flugzeug landen konnte, wurde der ursprüngliche Plan, in Kanus den Curarayfluß hinabzufahren, aufgegeben, und auch die Beteiligung einer Frau wurde unnötig. Ich wußte jetzt, daß Jim zu den Aucas gehen würde ohne mich. Wir begannen von der Möglichkeit zu sprechen, daß er nicht zurückkehren werde.

»Wenn Gott es will, Liebste«, sagte Jim, »bin ich bereit, für die Aucas zu sterben.«

Kurz vor Weihnachten veranstalteten Pete und seine Frau, die kurz vorher die Station in Puyupungu übernommen hatten, eine Fiesta für die dortigen Indianer. Auch Jim und Ed waren eingeladen worden, um bei der Verkündigung zu helfen. Als er zurück war, am 22. Dezember, schrieb Jim den Eltern über diese Tage:

»Etwa hundert Indianer waren da, manche aus ziemlich weit entfernten Gegenden. Aus Shandia waren zehn unserer Schuljungen mit einigen Schwestern den ganzen Weg zu Fuß gegangen (drei Tage!). Bei der Verkündigung wurde sehr aufmerksam zugehört, nachdem wir ihnen den Schnaps am ersten Abend weggenommen hatten; Pete gab ihn am Montagmorgen dem Eigentümer wieder. Besonders interessiert zeigten sich die älteren Männer – noch nie hatte ich bei Indianern soviel Aufmerksamkeit erlebt – ich kann nur hoffen, daß Gott sie erleuchtet und ihnen hilft, den Schritt über die Linie zu tun und sich für Christus zu entscheiden. Von den jüngeren Burschen haben einige schon mit dem Trinken aufgehört. Betet doch für Atanasio und seinen Bruder Isaac. Luis Capitan wollte nach Puyupungu gehen, aber unterwegs, in Puyo, betrank er sich und kam nicht weiter.

Am Freitagmorgen, als Ed und ich am Sprechfunk standen und auf Nachricht von Marilou aus Arajuno warteten, klang ihre Stimme verängstigt. Ein Indianer, der bei ihr übernachtet hatte, war früh aufgestanden und einem nackten Auca, der keine fünfzig Schritt vom Haus mit einem Speer gestanden hatte, sozusagen in die Arme gelaufen. Daher flogen Ed und Nate eiligst hin, aber von dem Auca war nichts mehr zu sehen. Der Indianer hatte ihm nachsteigen und ihn töten wollen. Aber Marilou nahm ihm das Gewehr weg, ging in die Richtung und rief einen Satz, der ungefähr bedeutet ,Wir sind Freunde', doch der Auca blieb verschwunden. Das einzige, was sie von ihm zu sehen bekam, war ein nasser Fußabdruck auf einem Brett und zertretenes Gras. Wir möchten diesen Stamm gern erreichen. Er hat weder mit Weißen noch Indianern jemals freundliche Beziehungen gehabt, aber wir wissen jetzt, wo er wohnt, und wir werden in nächster Zeit den Versuch machen, mit ihm in Kontakt zu kommen. Dazu sind zwei Dinge nötig. Erstens, daß das Vorhaben geheim bleibt. Es gibt einige, die den ganzen Plan zum Scheitern bringen würden, wenn sie Wind davon bekämen; sagt deshalb bitte niemandem davon, erst wenn ich Euch schreibe, daß Ihr darüber sprechen könnt. Und das zweite ist Fürbitte. Diese Menschen sind Kopfjäger, friedlichen Umgang mit Außenstehenden kennen sie überhaupt nicht. Unsere Indianer haben eine Todesangst vor ihnen, auch die Weißen, und jeder wird den Kopf schütteln, daß wir uns um sie bemühen; aber unser Glaube ist, daß Gott ihretwegen Ed nach Arajuno geführt hat, und Seinen Auftrag wollen wir ausführen, indem wir das Evangelium zu diesen Menschen bringen. Sie haben in ihrer Sprache nicht einmal ein Wort für Gott. In Ila wohnt eine Aucafrau, die sozusagen ,gezähmt' ist. Betty und ich haben sie mehrmals aufgesucht, und zur Zeit bemühen wir uns, etwas in die Sprache einzudringen. Sie ist viel schwieriger als die ketschuanische, und ihren Aufbau herauszufinden, wird viel Arbeit kosten, deshalb betet doch für uns. In vier Wochen oder so, wenn unsere Pläne sich entwickelt haben, hört Ihr weiteres darüber.

Mach Dir doch bitte keine Mühe mit Sachenschicken durch Ruth Jordan, Mutter. Sie hat ohnehin schon einen ganzen Koffer voller Sachen, die Bettys Mutter für uns eingekauft hat und ihr mitgibt, auch für mich. Wir brauchen nichts, nur

Kraft von Gott, und die kann uns keiner schicken – außer Ihm.«

Weihnachten verlebten wir mit Flemings und McCullys in Arajuno. Unsere Gespräche drehten sich vor allem um die Aucas, um die Pläne für die erste Fühlungnahme auf dem Boden, die in der Woche nach Weihnachten stattfinden sollte, und um die Auswertung des Sprachmaterials, das Jim und ich gesammelt hatten. Nate war es gelungen, einen vierten Mann zu finden, der mit ihm, Ed und Jim zu den Aucas gehen wollte – Roger Youderian, Missionar bei den Jivaros im südlichen Urwaldgebiet. Auch Pete beteiligte sich an allen unseren Besprechungen, er hatte sich jedoch noch nicht entschlossen, ob er mit den anderen gehen würde oder nicht.

Kurz nach Weihnachten kehrten wir alle nach Shandia zurück, wo für Neujahr ein Treffen für die zum Glauben gekommenen jungen Indianer angesetzt war.

Den letzten Brief an seine Eltern schrieb Jim am 28. Dezember:

»Wenn diese Zeilen bei Euch eintreffen, werden Ed, Pete, ich und noch ein anderer den Versuch gemacht haben, mit den Aucas in persönlichen Kontakt zu kommen. Wir haben seit mehreren Monaten für diesen Plan gebetet und ihn vorbereitet, aber mit niemandem davon gesprochen (selbst unsere Missionarsfreunde in der näheren Umgebung wissen nichts davon). Vor einiger Zeit hat Nate bei Erkundungsflügen an zwei verschiedenen Stellen Aucahäuser ausgemacht, und seitdem haben wir jede Woche Freundschaftsflüge unternommen, Geschenke abgeworfen und mit unserem Lautsprecher Sätze hinuntergerufen, die wir uns von der Frau in Ila hatten vorsprechen lassen. Nate hat eine besondere Abwurftechnik entwickelt; die Geschenke werden an einer Leine hinabgelassen und den Aucas direkt vor die Haustür gelegt, und wir haben verschiedentlich Gegengeschenke bekommen, kleine Tiere, Eßsachen und selbstfabrizierte Gegenstände, die sie an die Leine gebunden haben. Unser Plan ist, den Fluß hinabzufliegen, auf einem sandigen Uferstreifen, den wir in der Nähe der Siedlung entdeckt haben, zu landen, dort ein Baumhaus zu bauen, dessen Teile ich mit unserer Motorsäge angefertigt habe, und dann vom Flugzeug aus die Aucas einzuladen, daß sie dorthin kommen. Die Begegnung ist geplant für Freitag oder Samstag, den 6. oder 7. Januar. Vielleicht müssen wir auch länger warten. Ihr wißt ja, daß es völlig unzivilisierte, nackte Wilde sind (die erste Spur von Bekleidung sah ich letzte Woche – einen fingerbreiten Lendenschurz), und mit Weißen sind sie bisher nur in der Weise in Kontakt getreten, daß sie sie umgebracht haben. Sie haben keine Feuerwaffen, sondern lange Hartholzspeere; sie kennen kein anderes Mittel zum Feuermachen als durch Reiben von Holzstäben auf trokkenem Moos; sie tragen ihre kleinen Kinder in Basttüchern auf dem Rücken, schlafen in Hängematten, rauben Äxte und Buschmesser, wenn sie unsere Indianer töten; sie haben kein Wort für Gott in ihrer Sprache, nur für Dämonen und böse Geister. Ich weiß, Ihr werdet beten. Unser Befehl lautet: ‚Das Evangelium jeder Kreatur.' – Euer Euch liebender Sohn und Bruder Jim.«

Das Treffen endete am Neujahrstag abends. Die Gäste sollten am 2. Januar wieder aufbrechen, und anschließend wollte Jim nach Arajuno, wo sich die Teilnehmer der Auca-Expedition am 3. Januar treffen wollten. Aber am 2. Januar rief uns Nate aus Arajuno über den Sprechfunk an und sagte, da das Wetter günstig sei zum Fliegen, sollte man es ausnutzen und Jim sollte gleich mit den anderen nach Arajuno kommen. So blieb für Jim und mich nicht, wie wir gehofft hatten, noch ein Tag des Zusammenseins.

Er begann mit dem Packen. Ich half ihm, alles zusammenzutragen, was den Aucas Spaß machen konnte, Dinge, die ihr Interesse wachrufen und Gelegenheit zu freundschaftlichem Kennenlernen bieten würden; denn die Männer waren sich darüber klar, daß mit den wenigen Sätzen, die sie konnten, ein längeres Gespräch unmöglich sein würde.

Schließlich verglichen wir das Ganze noch einmal mit Jims Liste. Alles war bereit. Wir stellten noch einmal Radioverbindung mit dem Flugzeug her, dann schlang sich Jim das Tragnetz um die Stirn und ging zur Tür. Als er die Hand auf die Klinke legte, hätte ich beinahe laut gesagt: »Weißt du, daß du diese Tür vielleicht nie wieder aufmachen wirst?«

Er öffnete sie, ging mit mir hinaus und ließ sie zufallen. Festen, entschlossenen Schrittes wie immer, ging er den Bambuspfad entlang. Als wir zum Landestreifen kamen, kreiste das Flugzeug schon in der Luft, und das weitere war eine Sache weniger Minuten – Jim gab mir einen Kuß, schwang sich auf den Sitz neben dem Piloten und entschwand über den Fluß. Am Dienstag, dem 4. Januar 1956, sandte er mir einige mit Bleistift geschriebene Zeilen aus »Palm Beach«:

»Liebste Betty: Eben bin ich an der Handkurbel des Funkgeräts ordentlich in Schweiß geraten. Niemand hört uns, aber wir selber bekommen alle Morgenverbindungen sehr deutlich. Wir haben eine gute Nacht verbracht mit einer kurzen Unterbrechung bei Sandwiches und Kaffee um zwei Uhr früh. Wache gehalten hat keiner, denn wir fühlen uns wirklich sehr geborgen hier in unserer kleinen Kabine, etwa zehn Meter über dem Erdboden. Der Strand ist zum Landen sehr geeignet, aber zum Starten zu weich. Wir haben jetzt drei Möglichkeiten:

1. zu warten, bis die Sonne den Strand hart gemacht hat und genügend Wind zum Starten aufkommt,

2. nach ‚Terminal City' zu gehen und dort einen Landestreifen anzulegen,

3. zu streiken.

Wir haben Fährten von Pumas gefunden, und diese Nacht hörten wir sie fauchen. Der Urwald hier ist prachtvoll, luftig und voller Palmen. Viel heißer als in Shandia. Diese Nacht habe ich geschwitzt, obwohl ich nur ein Netz über hatte.

Wir sind voller Hoffnungen, aber von den ‚Nachbarn' haben wir noch nichts gesehen. Vielleicht ist dies der Tag, an dem wir sie persönlich kennenlernen. Unsere Hütte hier heraufzukriegen, war eine ziemliche Strapaze, aber dafür sind wir hier in sicherer Entfernung von der Erde.

Jetzt steigen wir hinunter, in der Tasche Pistolen, Geschenke und Spielzeug, im Herzen Gebet. – Genug für jetzt.

In Liebe Jim.«

Soweit ich weiß, sind dies die letzten Worte, die Jim geschrieben hat. Alles, was wir von jenen vier folgenden Tagen wissen, ist an anderer Stelle erzählt. Hier sei nur gesagt, daß am Freitag das große Erlebnis von Jims Dasein sich ereignete. Er nahm einen Auca bei der Hand. Die durch Welten Geschiedenen begegneten sich. Fünf Amerikaner, drei nackte Wilde.

Zwei Tage später, am Samstag, dem 8. Januar 1956, töteten die Menschen, für die Jim Elliot sechs Jahre lang gebetet hatte, ihn und seine vier Gefährten.

NACHWORT

In seinem Buch »Der Menschen Hörigkeit« sagt W. Somerset Maugham an einer Stelle: »Dieses alte Volk hatte nichts getan, und wenn die Menschen starben, war es so, als wenn sie nie dagewesen wären.« »Gott bewahre mich«, hatte Jim dazu gesagt.

Als er starb, hinterließ Jim weniges von Wert – wenig Dinge, welche die Welt als Werte ansieht. Schon seit langem waren wir uns einig gewesen, daß wir keinerlei Versicherungen haben wollten. Unsere Schätze wollten wir im Himmel haben; wir wollten das, was der Herr uns gab, mit anderen teilen, und was unsere Zukunft anging, auch im Materiellen ganz auf Ihn vertrauen, im Einklang mit den Grundsätzen, wie Paulus sie den Korinthern darlegt:

»Denn nicht auf daß andere Erleichterung haben, ihr aber Bedrängnis, sondern nach der Gleichheit: in der jetzigen Zeit diene euer Überfluß für den Mangel jener, auf daß auch jener Überfluß für euren Mangel diene, damit Gleichheit werde; wie geschrieben steht: ‚Wer viel sammelte, hatte nicht Überfluß, und wer wenig sammelte, hatte nicht Mangel.«

Als den Kindern Israel Manna gegeben wurde in der Wüste, empfingen sie jedesmal soviel, wie für einen Tag genügte. Es wurde ihnen nicht gesagt, sie sollten einen Vorrat für den nächsten Tag zurücklegen.

So war an materiellen Dingen wenig da; ein Haus im Urwald, abgetragene Kleidungsstücke, Bücher, Werkzeug. Die Männer, die auszogen, um die fünf zu retten, brachten mir die Uhr, die sie noch an seinem Arm gefunden hatten, und die verschmutzten, am Strand verstreut gelegenen Blätter seines Notizbuches. Keine feierliche Beisetzung hatte stattgefunden, kein Grabstein war errichtet worden als Gedächtnismal (Zeitungsberichte von „fünf hölzernen Kreuzen am Ufer" entsprachen nicht der Wahrheit).

Die Toten hatten also nichts hinterlassen? War es so, »als wenn sie nie dagewesen wären«? *»Die Welt vergeht und ihre Lust; wer aber den Willen Gottes tut, der bleibt in Ewigkeit.«* Was Jim mir hinterlassen hat in der Erinnerung und uns allen hinterlassen hat in diesen Briefen und Tagebüchern, ist das Zeugnis eines Menschen, der als einziges den Willen Gottes zu erfüllen strebte und der betete, daß sein »Leben ein offenes Zeichen dafür sei, was es bedeutet, Gott zu kennen.«

Der Ertrag, der aus dieser Hinterlassenschaft erwachsen wird, ist noch nicht zu übersehen. Andeutungsweise zeichnet er sich jetzt schon ab: im Leben vieler Ketschua-Indianer, die sich dazu entschlossen haben, Christus nachzufolgen, angetrieben durch das Vorbild Jims; im Leben vieler anderer Menschen, die mir noch immer schreiben und von einem neu aufgebrochenen Verlangen sprechen, Gott zu erfahren, wie Ihn Jim erfahren habe.

Als ich in Wheaton studierte, bat ich Jim, mir etwas in mein Jahrbuch zu schreiben. Statt des üblichen »Es war nett, daß wir uns kennengelernt haben« oder einer anderen Phrase schrieb er:

»Der Staub von Worten würde mich ersticken. 2. Timotheus 2, 4. Der Vers besagt: *‚Niemand, der Kriegsdienste leistet, verwickelt sich in die Beschäftigungen des Lebens, damit er dem gefalle, der ihn angeworben hat.'*«

Jims Tod war die Folge einfachen Gehorsams gegen seinen Führer. Viele Tausende von Männern sind so gestorben – weil sie ihren Anführern gehorchten. Auch die von Gettysburg waren unter ihnen. Die großen Worte, die Abraham Lincoln auf dem Schlachtfeld sprach, gelten auch für andere Soldaten, die den Befehlen folgten und deren Gehorsam nicht minder zur Nachahmung aufruft:

»Wir können diesen Boden nicht heiligsprechen, nicht zu einer Weihestätte machen. Die tapferen Männer, . . . die hier kämpften, sie haben ihn geweiht, und wir mit unserer schwachen Kraft können nichts hinzufügen oder wegnehmen. . . An uns ist es, daß wir uns der großen Aufgabe weihen, die noch vor uns liegt – daß wir mit noch größerer Hingabe nach dem Ziel streben, für das sie das Höchste hingaben, was ein Mensch zu geben hat.«

Lincoln und die, die an jener Feier teilnahmen, überschauten noch einmal das Gelände, auf dem die Männer gekämpft hatten – gewöhnliche Felder in Pennsylvanien, nicht anders als andere, aber doch von einem neuen Sinn erfüllt. Wenn ich Jims eigene Worte wieder durchlese, wie er sie im gewöhnlichen Tagesablauf seines Lebens in die vielbenutzten Hefte und Notizbücher schrieb, dann spüre ich, wie auch diese Worte sich für mich mit neuem Sinn erfüllen. Ihnen kann ich nichts hinzufügen.

»Der ist kein Tor, der hingibt, was er nicht behalten kann, auf daß er gewinne, was er nicht verlieren kann.« (1948)

»Herr, zünde an den toten Reisighaufen meines Lebens, gib, daß ich aufflamme und für Dich verbrenne. Verzehre mein Leben, Herr, denn es ist Dein. Ich trachte nicht nach einem langen Leben, sondern nach einem erfüllten, gleich dir, Herr Jesus.« (1948)

»Vater, nimm mein Leben, ja, mein Blut, wenn Du willst, und verzehre es in Deinem Feuer. Ich will es nicht behalten, denn es ist nicht mein, daß ich es für mich behielte. Nimm es, Herr, nimm es ganz. Gieß mein Leben aus als eine Opfergabe für die Welt. Blut ist nur von Wert, wenn es von Deinem Altar fließt.« (1948)

»Durchtränke mein Wesen mit dem Öl Deines Heiligen Geistes, auf daß ich aufflammen kann. Aber eine Flamme ist vergänglich, oft von kurzer Lebensdauer. Kannst du das ertragen, meine Seele – ein kurzes Leben? In mir wohnt der Geist jenes Großen, dessen Leben so kurz war und den der Eifer für das Haus des Herrn verzehrte. ‚Flamme Gottes, laß mich dein Brennstoff sein.'« (1948)

»Sind wir bereit, so zu bauen – in der einen Hand die Kelle und die andere am Schwert?« (1948)

»Vater, wenn Du mich nach Südamerika gehen lassen willst, um dort für Dich zu wirken und zu sterben, dann bitte ich Dich, laß mich bald gehen. Doch nicht mein Wille.« (1948)

»Wie wenig, wie kurz sind die Tage, die wir hier auf dieser Erde wandeln – dann kommt der große Schritt in die andere, die wirkliche Welt, wo das Unsichtbare wichtig wird.« (1948)

Vom Sarg: »‚. . . auf daß das Sterbliche verschlungen werde von dem Leben.' Das ist auch meine große Sehnsucht.« (1948)

»Wie dein ganzes Leben, so ist auch die Dauer deines Lebens in Gottes Hand. Denke daran: Gott läßt dich nicht sterben, ehe nicht dein Werk getan ist. Aber laß nicht den Sand der Zeit in deine Augen kommen, so daß sie nicht mehr die sehen, die noch in der Finsternis sitzen. Sie müssen die Botschaft hören. Ehefrauen, Familie, Beruf, Erziehung, alles muß lernen, sich der Regel zu unterwerfen: *'Laß die Toten ihre Toten begraben; du aber gehe hin und verkündige das Reich Gottes.'*« (1948)

»Überwinde alles im Vertrauen auf dein Einssein mit Jesus. ‚Um die Freude zu erringen, die ihn als Siegespreis erwartete, hat er des Kreuzes Pein erduldet.' Wenn du auf Ihn blickst, wird der Gedanke an diese einstige Freude auch dir Kraft und Trost geben in allen Prüfungen, Verfolgungen und Einsamkeiten. *‚ER hat uns gemacht, und nicht wir selbst – sein Volk und die Herde seiner Weide. Zieht ein in seine Tore mit Dank, in seine Vorhöfe mit Lobgesang.'* Wozu gehen Schafe durch die Tore? Was ist ihr Ziel, wenn sie in die Vorhöfe eintreten? Melodisch zu blöken und die Gemeinsamkeit der Herde zu genießen? Nein, jene Schafe waren für den Altar bestimmt. Das Weiden hatte nur den einen Zweck gehabt, sie zu erproben und zu mästen für das Blutopfer. Sage Ihm also Dank, daß du für würdig erfunden worden bist für Seine Altäre. Gehe ein und beginne das Werk mit Loben.« (1949)

Als sein Bruder Bert nach Peru fuhr, schrieb er an seine Mutter:

»Bedenke – das soll nicht pedantisch oder anmaßend klingen, als wüßte ich, was es Dich gekostet hat –, bedenke, daß wir uns ja dem verschworen haben, der ein Kreuz trug; und wenn er Seine Jünger lehrte, legte er den Nachdruck auf das Opfern, nicht so sehr von weltlichen Gütern als von Familienbanden. Nichts soll uns von dem Wissen abbringen, daß Gott bestimmt hat, daß wir durch Feuer bewährt und stark sein sollen, nach dem Vorbild Seines Sohnes. Es gibt keinen anderen Weg.«

»Ich darf es nicht sonderbar finden, daß Gott Menschen in der Jugend hinwegnimmt, die ich selber noch auf der Erde gelassen hätte. Gott bevölkert das Jenseits, und ich kann nicht von Ihm erwarten, daß Er sich beschränkt auf alte Leute.« (1950)

»Der Grundsatz ‚Wer hingibt, der empfängt' wird durch Gottes eigenes Handeln veranschaulicht:

‚Er hatte einen einzigen Sohn, den Er liebhatte.'
‚Er gibt den Geist nicht nach Maß.'
‚Er verschonte nicht Seines eigenen Sohnes.'
‚Er entäußerte sich selbst.'

Ist der Himmel durch dieses Hingeben ärmer geworden? Nein, sowohl der Himmel als die Erde wurden reicher. Wer würde wagen, Gottes Beispiel nicht zu folgen?« (1951)

»Nur das eine weiß ich, daß mein Leben voll ist. Es ist Zeit zu sterben, denn alles habe ich gehabt, was ein junger Mann nur haben kann, wenigstens dieser junge Mann. Ich bin bereit, vor Jesus hinzutreten.« (Dezember 1951)

»Mich von neuem dargeboten für die Arbeit bei den Aucas, mit größerer Bestimmtheit als je; gebetet um Tapferkeit im Geist, um deutliche und wundertätige Führung.« (Mai 1952)

»Der Wille Gottes ist immer etwas Größeres als wir erwarten.« (1952)

»Gib mir einen Glauben, der soviel von meinem Zagen aus mir austreibt, daß ich singen möchte. Über die Aucas, Vater, will ich singen!« (Juli 1952)

»In meinem Inneren weiß ich, daß meine Hoffnungen und Pläne keine bessere Lenkung und Erfüllung hätten finden können, als Er sie mir gegeben hat. Möge es uns allen so ergehen, mögen wir erfahren, wie wahr das Wort ist:

‚Er wird uns leiten bis an den Tod.'«